AF617533

Sophie Gilbert

# CHICA CONTRA CHICA

## Cómo la cultura pop enfrentó a una generación de mujeres contra sí mismas

Traducción de Silvia Schettin

TÍTULO ORIGINAL: *Girl on Girl. How Pop Culture Turned a Generation of Women Against Themselves*

PRIMERA EDICIÓN: octubre de 2025


Calle San Bernardo 97-99, entresuelo 8
28015 Madrid

ISBN: 979-13-87839-10-9
DEPÓSITO LEGAL: M-18903-2025
CÓDIGO BIC: JFCA, JFFK, DNJ
DISEÑO DE CUBIERTA: Patricia Bolinches
MAQUETACIÓN: María O'Shea
EDICIÓN: Melina Grinberg
CORRECCIÓN: Isabel Bolaños
IMPRESIÓN: Kadmos

El papel utilizado para la impresión de este libro ha sido fabricado a partir de madera procedente de bosques y plantaciones tratados con los más altos estándares de sostenibilidad, lo que garantiza una gestión de los recursos responsable con el medio ambiente y las personas.

IMPRESO EN ESPAÑA - PRINTED IN SPAIN

Las tipografías son League Gothic y Baskerville.

# ÍNDICE

*Para todas las chicas, sobre todo para Lily.*
*(Y para Henry y John, que hacen que todo sea tan divertido).*

Este libro cuenta con numerosas fuentes de medios en inglés que se pueden encontrar en línea. Con el doble objetivo de consumir menos papel y de hacer estas referencias más accesibles, hemos agrupado todos los enlaces en un documento que encontraréis escaneando este código QR.

# Introducción

> La re-visión —el acto de echar la mirada atrás, de ver con ojos nuevos, de abordar un viejo texto desde una nueva orientación crítica— es para nosotras más que un capítulo en la historia cultural: es un acto de supervivencia. Hasta que no entendamos las suposiciones que nos han permeado no podremos conocernos a nosotras mismas.
> ADRIENNE RICH (1972)

> La mujer no nace: se hace.
> ANDREA DWORKIN (1981)

En 1999, el año en que cumplí dieciséis, hubo tres hechos culturales que parecían definir lo que significaba ser una mujer joven, una chica, que encaraba el nuevo milenio. En abril, Britney Spears apareció en la portada de la *Rolling Stone* tumbada sobre una cama rosa, con bragas rosas y un sujetador *push-up* negro, abrazando un muñeco Teletubby con una mano y sosteniendo un teléfono con la otra. En mayo, la imagen desnuda de casi veinte metros de alto de la presentadora de programas infantiles Gail Porter fue proyectada en el Parlamento de Londres[1], donde por aquel entonces menos de uno

[1] Gail Porter había posado para la revista *FHM* (*For Him Magazine*), pero la campaña publicitaria que incluyó proyectar su imagen en el Parlamento se realizó sin su consentimiento. En una entrevista para la BBC de 2020, veinte años después, Porter contó que ese episodio le había afectado tanto que estuvo varios días sin poder salir de la cama.

de cada cinco ministros eran mujeres, en una pirueta viral para promocionar una revista masculina. Y en septiembre, DreamWorks Pictures estrenó *American Beauty*, una película sobre un hombre de mediana edad que tiene fantasías sexuales recurrentes con la mejor amiga de su hija adolescente; la película llegó a ganar cinco premios Óscar, incluido el de mejor película.

Ahora esos tres textos me parecen cargados de una suerte de jocosa ironía posmoderna (¿sábanas de satén fucsias?, ¿un muñeco Teletubby como símbolo de transgresión?). En el reportaje sobre Britney, el entrevistador se mueve entre la lujuria —el logo de su camiseta Baby Phat[2], apunta, se expande con su generoso pecho— y el comentario distanciado de que la sexualidad de los ídolos de las adolescentes milenial no es más que una trampa «hábilmente tendida» para vender discos a los pringados. La proyección de la imagen de Porter, hecha sin su conocimiento ni consentimiento por una agencia de publicidad de nombre Cunning Stunts («trucos ingeniosos») fue vendida como una tremenda broma hilarante al tiempo que parecía afirmar que el sitio natural de las mujeres se encuentra en las sesiones de fotografía erótica, no tanto en el Gobierno. En *American Beauty*, la fijación de Lester por una menor se vende como una crisis de mediana edad de manual, aun cuando la propia película convierte al personaje de Ángela en un centro de mesa floral sumamente erotizado.

A los dieciséis, sin embargo, yo no entendía nada de esto. Lo que sí me resultaba obvio era que el poder, para las mujeres, era de naturaleza sexual. No existía ningún otro, o ninguno

[2] Marca de ropa fundada por la modelo y empresaria Kimora Lee Simmons, el nombre alude a la *baby fat*, grasa parda o grasa inmadura, que se encuentra en mayor proporción en bebés y niños y que se va perdiendo naturalmente en la adolescencia y madurez.

que mereciese la pena tener. Lo que es más importante: el tipo de poder que se fetichizaba en la cultura popular del siglo XXI no era el que se acumula con la vida, como la educación, el dinero o la experiencia profesional. Todo tenía que ver con la juventud, la atención y la disposición para ser cómplices de la broma, aunque al final nosotras resultásemos ser el chiste.

Empecé a pensar en escribir este libro en los primeros años de la década de 2020 en un momento en que el tiempo ya no parecía lineal, el progreso ya no se veía como inevitable y todas las feas tendencias con las que había crecido como adolescente Y2K[3] estaban de vuelta. El fracaso de la campaña presidencial de Hillary Clinton en 2016, seguida de una explosión de testimonios sobre acoso y abuso sexual manifestados en el movimiento #MeToo un año más tarde, hicieron que varias realidades quedaran patentes. La misoginia como pasatiempo de la primera década del siglo XXI había regresado, esta vez acompañada de nuevas formas de tecnología y el líder de un culto, Andrew Tate, que había aparecido en el programa de Gran Hermano mientras lo investigaban por violación. Se había reinventado para TikTok la obsesión de la prensa amarilla por las «mujeres y novias de», donde mujeres con aspecto de muñecas susurraban monólogos flemáticos sobre vivir el sueño de la dependencia económica de una «vida suave, femenina». El movimiento *body positive*, que había hecho todo lo posible por reclamar un espacio para los cuerpos normales en la moda y en los medios de comunicación, estaba cayendo rápidamente en desgracia en favor de los medicamentos

[3] *Y2K* (Year 2000), fue el nombre dado en su día a los problemas informáticos que se suponía vendrían derivados del cambio de fecha en los ordenadores con el salto de '99 a '00. Por extensión, se denomina así actualmente a la estética prevalente en la moda, la música y la cultura en el periodo que va desde finales de los años noventa hasta la primera década de 2000 a 2009 (N. de la E.).

para la pérdida de peso y de un nuevo plantel de mujeres de cinturitas estrechas y costillas prominentes.

Todo lo viejo volvía a ser nuevo y, sin embargo, los tiempos ahora eran más oscuros y más apáticos. En 2022, la anulación de la sentencia Roe contra Wade[4] marcó el retroceso en los derechos de las mujeres más tangible en medio siglo. Desde el punto de vista cultural, no había forma de evitar el tema del momento, que parecía poner de manifiesto lo modestas que se habían vuelto nuestras ambiciones colectivas. Las mujeres de mi edad intercambiábamos brazaletes de la amistad y decodificábamos mensajes supuestamente ocultos en las letras de las canciones pop con la intensidad de los criptógrafos de la CIA. Nos íbamos de viajes de chicas, hablábamos de cosas de chicas, teníamos *hot girl summers*[5] y picoteábamos como pajarillos en cenas de chicas. En 2023 me puse mi mejor chaqueta rosa milenial, la que llevo en las mesas redondas, y guardé cola con otras mujeres que estaban igual de emocionadas que yo de sacarse fotos en una caja de muñecas de tamaño adulto, como si un momento de solidaridad visual pudiese compensar el hecho de perder nuestros derechos reproductivos. El mundo Barbie, con su feminidad hegemónica y su Tribunal Supremo compuesto enteramente de mujeres, no hizo sino dejar claro que seguíamos jugando con las sobras del poder. A finales de 2024, una vez más, una mujer competente, experimentada y empática se veía derrotada en la carrera presidencial de los Esta-

[4] Roe contra Wade fue el juicio de 1973 que sentó el precedente jurídico en Estados Unidos respecto a la legalidad del aborto, basándose en el texto de la Constitución de este país, y que supuso cambios que despenalizaron la interrupción del embarazo en varios estados y a nivel federal. Esta sentencia fue anulada por la Corte Suprema el 24 de junio de 2022 (N. de la E.).

[5] La expresión *hot girl summer* procede de la canción homónima de Megan Thee Stallion de 2019, que se volvió viral y, en palabras de sus fans, en declaración a la revista *VICE*, animaba a las mujeres «a hacer lo que quisieran, sin preocuparse de la atención masculina, y a tener una actitud encaminada a ser la mejor versión de ti misma» (N. de la E.).

dos Unidos por un hombre de negocios fracasado, además de delincuente convicto, cuyo cargo estaba apuntalado por algunos de los más orgullosamente viles misóginos y supremacistas blancos que se recuerdan. ¿Quién no iba a querer ser una chica otra vez, vista la alternativa?

Gran parte de este malestar resultaba conocido. Hubo un momento a comienzos del siglo XXI cuando el feminismo parecía igual de nebuloso e inerte, sofocado por una explosión cultural de jocoso extremismo y cosificación en tecnicolor. Este fue el ambiente en el que crecieron las mujeres milenial. Conformaba cómo nos sentíamos con nosotras mismas, cómo nos veíamos y de lo que nos creíamos capaces como colectivo. Condicionaba nuestras ambiciones, nuestro sentido de la identidad, nuestras relaciones, nuestros cuerpos, nuestro trabajo y nuestro arte. He llegado a la conclusión de que no podíamos avanzar sin entender en profundidad cómo la cultura de la primera década del siglo XXI nos ha definido.

Con este libro buscaba, en calidad de crítica, descubrir cómo y por qué cada género de entretenimiento de la época (la música, las películas, los programas de televisión, la moda, las revistas, el porno) le estaba enviando a las chicas el mismo mensaje, un mensaje que nosotras interiorizamos de forma implacable. Quería entender cómo una generación de mujeres jóvenes llegó a creer que el sexo era nuestra moneda de cambio, que nuestra cosificación era empoderamiento y que éramos una broma. ¿Por qué se nos persuadió tan fácilmente de nuestra insuficiencia? ¿Quién marcaba la pauta? ¿Por qué, durante décadas e incluso ahora, prácticamente todos los productos culturales se han orientado con tanta insistencia hacia el placer y el deseo masculinos?

No esperaba necesariamente encontrar todas las respuestas. Mi objetivo principal era reformular la historia reciente de tal modo que pudiera ampliar mi propia perspectiva. Pero lo que quedó claro fue con qué nitidez la cultura, el feminismo y la historia discurrían por caminos paralelos, moldeándose, perturbándose e incluso desestabilizándose mutuamente. También me sentí fascinada por los ecos (las conexiones, repeticiones y tendencias) que encontré a lo largo del tiempo y de los géneros. Todavía reverberan, mientras nos balanceamos erráticos entre el progreso y la regresión violenta.

En retrospectiva, todas estas corrientes, y la cultura que representaban, parecen ahora inextricables del ascenso del posfeminismo. Menos una ideología explícita que un mecanismo para atraer la atención de los medios y vender cosas, el posfeminismo surgió entre las décadas de 1980 y 1990 como reacción al activismo de las mujeres, reforzado por la sensación de que las feministas de segunda y tercera ola estaban reprimiendo de algún modo nuestra libertad colectiva. En el suplemento dominical de *The New York Times* en 1982, Susan Bolotin señaló que las mujeres jóvenes de repente estaban abandonando su vínculo personal con el feminismo a pesar de reconocerle lo que había conseguido. Parecía que la campaña de desprestigio contra el movimiento de las mujeres había logrado su propósito. Las mujeres jóvenes, apuntaba Bolotin, veían a las feministas como «infelices» y «cargantes», por más que disfrutasen de las nuevas oportunidades que los esfuerzos de otras mujeres les habían conseguido.

El posfeminismo era un concepto impreciso. Parecía definirse a sí mismo sobre todo en oposición a una versión fantasmática del feminismo que alentaba a las mujeres a abrazar el sexo ocasional, gastar con desenfreno y comportarse como chiquillas estereotipadas o mostrarse tan sexis como les viniese en gana. Todas esas cosas se vendían como «empoderantes», una palabra que ahora leo con profundo recelo cada vez que la encuentro por ahí campando a sus anchas. Durante el curso de los noventa, los ideales posfeministas saturaron poco a poco la cultura popular. No fue casualidad que la década comenzase con la salvaje energía activista de las riot grrrls y terminase con las hipercomercializadas Spice Girls, cuyo genio, según escribió la periodista Caity Weaver en 2019, consistía en «representar la idea que tiene una niña de la adultez... las payasadas de una fiesta de pijamas convertidas en una carrera profesional». Ser despojada de ambición equivale a ser infantilizada. Un avatar característico del posfeminismo era la Carrie Bradshaw de *Sexo en Nueva York*, una consumista con apariencia de muñequita y una colección de zapatos con los colores del arcoíris, cuyo apartamento en el Upper East Side era una enorme caja de disfraces. En la literatura y luego en el cine, Bridget Jones fue la precursora de un nuevo pero duradero arquetipo femenino: la calamidad. (El libro, según apunta una reseña en el *New York Times* en 1998, «captura a la perfección las formas en las que las mujeres modernas oscilan entre la independencia de "soy una mujer" y el patético deseo infantil de encarnarlo todo para todos los hombres»: la paradoja del posfeminismo, en resumidas cuentas).

Hasta ese momento, el movimiento de las mujeres había ganado impulso. El libro de Susan Faludi publicado en 1991, *Backlash*, y la conmoción del testimonio de Anita Hill en las audiencias de confirmación de Clarence Thomas[6] en ese

[6] Anita Hill, docente, abogada y figura histórica de los derechos de la mujer en EE. UU. En 1991 acusó a Clarence Thomas, por entonces candidato conservador a la Corte Suprema, de haberla acosado sexualmente cuando este fue su supervisor, en la década de los ochenta, en la EEOC, la agencia federal contra la discriminación laboral. Este juicio mediático dio a conocer al público general la expresión «acoso sexual», que hasta ese momento no había salido de los círculos del feminismo radical. Thomas finalmente fue elegido para el cargo, tras una investigación del Senado que incluyó varios inte-

mismo año, contribuyó a moldear la tercera ola del feminismo, un movimiento que estaba tratando de veras de ser inclusivo, prosexo y optimista de cara al futuro. Lo que me sorprendió mientras investigaba para este libro fue con qué eficiencia esta energía fue mitigada por la cultura popular. En la música, durante esa década fueron apartando a las mujeres cabreadas del rock y las sustituyeron por las chicas del pop, mucho más jóvenes y de opiniones menos obstinadas. En la moda, a las poderosas supermodelos que exigían que se les pagase lo que valían y que se brindaban apoyo mutuo las fueron excluyendo en favor de adolescentes frágiles y pasivas. A medida que avanzaron los noventa, la cultura redefinió el feminismo de ser una lucha colectiva a ser una lucha individual. En lugar de un movimiento inclusivo que reconocía las intersecciones entre raza, clase y género, lo que nos vendieron fue una discriminatoria movilidad ascendente y un consumismo desmedido. Estas modas continuarían desarrollándose con el paso de las décadas, a través del feminismo corporativo epitomado por el libro *Vayamos adelante*, el periodo *girlboss*[7] y la actitud despiadada del «no estoy aquí para hacer amigos» propia de la telerrealidad.

Con esta perversión de la protesta fue como empezó la primera década del siglo XXI. El truco que les surtió efecto a los medios, como argumentó Natasha Walter en su libro de 2010, *Muñecas vivientes*, fue apropiarse de palabras como «liberación» o «elección» para vender a las mujeres «una visión irreal, muy sexualizada y cada vez más estrecha de la feminidad», una en

rrogatorios muy agresivos hacia Hill. Sin embargo, el legado de su caso y la expresión que lo marcó perduran en la cultura y en la jurisprudencia de EE. UU. y del mundo.

[7] Término popularizado por el libro *Girlboss* (Sophia Amoruso, 2014) y por su adaptación a televisión (Netflix, 2017), se define como la mujer segura y capaz que tiene éxito en su carrera, o la que persigue sus propias ambiciones, en lugar de trabajar para otros o conformarse con la vida (N. de la E.).

la que se esperaba que eligiésemos ser objetos por voluntad propia y ser, al mismo tiempo, un blanco fácil.

Para mí, el cambio que se produjo en los modelos culturales en torno a las mujeres en los noventa sirvió para aclarar por qué la primera década del siglo XXI fue tan cruel, puesto que los postulados del posfeminismo se convirtieron en mandatos de los que ninguna de nosotras nos podíamos excluir en realidad. Solo había una forma de existir en público y era una trampa. Mientras las estrellas emergentes salían cada vez más y más jóvenes («¡Están lloviendo adolescentes!», afirmaba una famosa portada de *Vanity Fair* de 2003), la presión que sufrían para cumplir todos los requisitos, a cada cual más discrepante, que hacían falta para triunfar no hizo sino aumentar. De las chicas de diecisiete se esperaba que fueran vírgenes sexis, chicas con aspecto de estrella del porno pero con anillos de castidad, capaces de vender cualquier cosa a cualquier sector demográfico. Nadie podía mantener tal ejercicio de equilibrismo durante mucho tiempo. Y cuanto más reveladoras o sumisas en su sexualidad se volvían las mujeres, más se nos exigía a cambio.

He ordenado el libro de forma cronológica, de los noventa al presente, como un intento de analizar lo que acontecía en la cultura con los sucesos de la historia como telón de fondo. Y, como quedará claro, prácticamente todas las épocas, formas artísticas, momentos históricos, tendencias e iconos reflejan la influencia del género que se ha convertido, durante los últimos veinticinco años, en la forma más omnipresente de entretenimiento. El título *Chica contra chica* estaba en un principio pensado como una broma, un guiño irónico a todas las formas en las que se nos había enfrentado a las mujeres, contra sí mismas y contra las demás, cómo se nos había incapacitado como fuerza colectiva durante el curso de mi edad adulta. Pero cuanto más investigaba más me parecía que el porno se había filtrado en todos los medios.

La influencia del porno irrumpe con fuerza en la música: en el interludio de apertura del *Hardcore* de Lil' Kim, en el inquietante vídeo de «Criminal» de Fiona Apple y en aquel momento de 2003 en el que Snoop Dogg llegó a los premios de música de la MTV con dos mujeres adultas de la correa. Lo vemos en el arte y en la moda: en la explícita serie de Jeff Koons *Made in Heaven*, en las series fotográficas de David Bailey y Rankin de 2003, que la pareja apodó el «pussy show» («el espectáculo del coño»), y en la obsesión Y2K por enseñar la tira del tanga. El porno está detrás de la cuasi extinción del vello púbico, de la proliferación de los peligrosos levantamientos de culo brasileños y está, al menos en parte, detrás del estratosférico aumento de las operaciones de cirugía estética del último cuarto de siglo. Aparece tal cual, aunque con el sonido amortiguado y las imágenes con estática, en la escena que abre *American Pie* y está presente en la temática de las comedias sexuales adolescentes que la imitaron. El porno está detrás de la tendencia del cine de autor de películas que combinaban el sexo explícito con la brutalidad emocional y física. Está presente en las fotos robadas a las jóvenes estrellas por debajo de la falda que se publicaron a finales de la primera década del siglo XXI y en las formas en las que se robaron y diseminaron por internet cintas de vídeo de contenido sexual con chicas famosas de protagonistas. Es muy reconocible en la desconcertante relación sexual entre Hannah y Adam en *Girls*. Y lo vemos incluso en la política: apenas días después de la convención nacional republicana de 2008, Hustler Video empezó la producción de una película *hardcore* titulada *Who's Nailin' Paylin?* («¿Quién se está follando a Paylin?») con actrices que parodiaban a Sarah Palin, Hillary Clinton y Condoleezza Rice.

En los capítulos que siguen se examinan muchos otros temas: la idea limitante y regresiva que se muestra de las mujeres en la telerrealidad, el auge de autoras y la autoficción y cómo la era *girlboss* convierte en oro los valores individualistas del posfeminismo, entre otros. Me fascina, sin embargo, que todo lo que estaba tratando de comprender me devolvía al porno una y otra vez. Es el producto cultural definitorio de nuestros tiempos, aquello que ha moldeado cómo pensamos sobre el sexo y, por tanto, cómo nos pensamos, más que ningún otro. «El porno no informa, ni persuade, ni reflexiona», escribe Amia Srinivasan en el libro de 2021 *El derecho al sexo*. «El porno adiestra». El porno ha adiestrado a gran parte de la cultura popular, como descubrirás en este libro, a que veamos a las mujeres como objetos: como cosas a silenciar, refrenar, fetichizar o brutalizar. Y también ha adiestrado a las mujeres. En un estudio de 2013, la psicóloga social Rachel M. Calogero descubrió que cuanto más propensas fueran las mujeres a autocosificarse (el mensaje definitivo tanto del posfeminismo como del porno) menos proclives eran al activismo o la búsqueda de la justicia social. En mi opinión esto explica una gran parte de lo que les ocurrió a las mujeres y al poder en el siglo XXI.

De ninguna manera es este un libro acabado. He dejado fuera más de lo que he sido capaz de incluir, sobre todo porque quería establecer conexiones y entender patrones. El momento histórico que he analizado estaba en gran medida definido por la heteronormatividad, el esencialismo de género y un rígido binarismo, y todo eso ha limitado mi capacidad para escribir fuera de esos marcos. Este libro es solo una pequeña pieza dentro de un proyecto mucho más amplio de revisión. Analizar la historia juntas es, por encima de todo, una manifestación de esperanza: tratamos de entender de qué formas se torcieron las cosas para ser capaces de concebir una forma más potente de avanzar.

## Capítulo 1

# EL PODER DE LAS CHICAS, LA IRA DE LOS CHICOS

*Música y feminismo en los noventa*

> Escuché a alguien del negocio de la música decir que ya no están buscando talento sino que quieren gente con una apariencia determinada y la predisposición para cooperar.
> JONI MITCHELL (2004)

> ¿Cuándo se acabará esta mierda cavernaria que hacen los chicos?
> DREAM HAMPTON (1991)

En 2003, la crítica musical Jessica Hopper publicó un ensayo en *Punk Planet* titulado: «Emo, donde no existen las chicas», que detallaba la alienación que sintió de uno de los géneros artísticos más influyentes de la época. «Las chicas de las canciones emo de ahora no tienen nombre», escribió. «Nuestras acciones son retratadas puramente a través de un pormenorizado desglose del neurótico ensimismamiento del cantante; nuestra área de poder personal es sencillamente el impacto que tenemos en su vida romántica. No somos más que recipientes redimidos a la luz del amor del chico. Estamos en un pedestal o tumbadas boca arriba».

Muchas de nosotras percibimos esta dinámica en aquella época, aunque no fuésemos capaces de racionalizarla. Lo que Hopper estaba expresando con tanta claridad acerca de la música emo se aplicaba también a mucha otra música de la primera década del siglo: los himnos más populares eran bandas sonoras lentas y pegadizas de un club de *striptease*, llenas de repetitivos clichés sobre las proezas sexuales masculinas y sobre el carácter retorcido y avaricioso de las mujeres. En los últimos años de mi adolescencia y durante toda la veintena, bailé en clubs al ritmo de «Thong Song», de Sisqó, «Dirrty», de Christina Aguilera y «P.I.M.P.» de 50 Cent sin darme cuenta de que algo había cambiado. Es imposible analizar la cultura milenial sin regresar primero a los noventa, donde varios focos de tensión en el mundo de la música anticiparían y conformarían de un modo inquietante lo que estaba por venir. Durante esa década, la música era el lugar donde librábamos la mayor parte de las batallas importantes en torno al sexo, el poder y el feminismo. Era donde los agitadores y los rebeldes venían a plantar cara y protestar. Las mujeres de la música de los noventa eran coléricas, corrosivas y electrizantemente poderosas. Y entonces, como si nada, desaparecieron, sustituidas por *chicas*. La reacción violenta que las expulsó reverberó en todos los medios de comunicación de una forma tan implacable y persuasiva que la gente de mi generación apenas se dio cuenta de lo que habíamos perdido.

A finales de los noventa, Madonna sacó un vídeo para acompañar su nuevo single, «Justify My Love», que marcó el tono de la década que estaba por venir: audaz, muy sexual y un poquito gamberro. La canción era una hipnótica declaración triphop de lujuria; el vídeo era una exploración conceptual y muy sexual de la fantasía y el deseo que hizo estallar por los aires el discurso popular de la era preinternet. En unas imágenes en blanco y negro se ve a Madonna caminando por el pasillo de un hotel hacia una cita secreta, cojeando levemente en tacones y con una gabardina negra, sujetándose la cabeza como por el dolor. Mientras va pasando por distintas puertas atisbamos fugazmente a la gente que ocupa las habitaciones, mirando cómo los miramos. La estrella se reúne con su amante (interpretado por su entonces novio en la vida real, el amigable y atractivo Tony Ward); un hombre ata el corsé de látex de una mujer: un bailarín en leotardos se contorsiona en varias posiciones; Ward mira a Madonna con otra pareja, su cara un cuadro. Llega más gente; se ve a Ward con un corsé fetichista de correas; todo el mundo pone a prueba los amorfos límites de la sexualidad, el género y la dominancia. Al final Madonna se pone el abrigo y se marcha, riéndose, renovada y exultante, y su cansancio ha desaparecido.

La desvergonzada y desconcertante sexualidad de aquel vídeo era toda su razón de ser. A finales de ese año, la epidemia de sida había arrebatado más de 120 000 vidas en los Estados Unidos, un quinto de las cuales estaban en Nueva York, el epicentro de la moda, el arte, la música, los medios de comunicación y la publicidad. La ansiedad cultural que rodeaba la idea de que el sexo podía matarte había generado dos escuelas distintas de pensamiento en los medios. Una, apodada el Nuevo Tradicionalismo, predicaba una vuelta a los valores familiares tradicionales, donde las mujeres se iban a casa y se quedaban allí. (La película de 1987, *Atracción fatal*, materializó ese miedo de la cultura estadounidense en algo de carne y hueso, encarnado en la vengativa y obsesiva mujer de carrera, interpretada por la actriz Glenn Close, el lío que no se deja liar). La otra, llamada el Nuevo Voyerismo, abrazaba el sexo, pero solo desde el palco del espectador. «En un momento en el que hacerlo se había vuelto algo demasiado peligroso, mirarlo, leer sobre ello, pensar sobre ello, se había convertido en una necesidad», dijo un reportaje de *Newsweek* sobre Madonna en 1992. «El sida ha empujado al voyerismo de la segunda fila... a la primera».

Durante el resto de los noventa, el tira y afloja de estas dos fuerzas opuestas moldearía la cultura. El nuevo tradicionalismo y el nuevo voyerismo parecían ideas en conflicto, pero las dos les hacían a las mujeres básicamente la misma promesa: que para sentirse realizadas y prósperas había que satisfacer los deseos masculinos. Sin embargo, era en la música donde las mujeres estaban contraatacando. El vídeo de «Justify My Love» se lee ahora como la descarada afirmación de la libertad sexual en una época turbulenta. Pero aquella lectura tenía otra vuelta. El sujeto del vídeo era Madonna: las fantasías, la imaginería, los placeres eran todos suyos. Si resultaba alienante para los hombres, o para el público convencional, a ella le daba igual. El vídeo termina con unas palabras en la pantalla: «Pobre es el hombre / cuyos placeres dependen / del permiso de otro».

Seguro que Madonna anticipó una indignación en masa, y vaya si la hubo. Sin embargo, también contribuyó a difundir una corriente de música prosexo que priorizaba y se centraba en los deseos de las mujeres. En 1993, Janet Jackson estrenó *Janet*, un aterciopelado y carnal disco sobre la lujuria. El vídeo de la canción «Any Time, Any Place» coquetea con los mismos impulsos voyeuristas de «Justify My Love»; la gente se espía a través de mirillas y buzones y unos vecinos ancianos miran, con desaprobación, mientras Jackson le empuja la cabeza hacia abajo a su amante mientras él está encima de ella: una afirmación revolucionaria de poder sexual y de igualdad que sería más tarde repetida en los vídeos y las letras de TLC, Mary J. Blige y Lil' Kim.

En aquella época, los vídeos musicales todavía eran una forma de arte novedosa. La predilección de los noventa por el voyerismo no era solo una respuesta al sida: las imágenes se volvieron más omnipresentes y más cargadas porque los consumidores tenían ahora la posibilidad de ver música además de escucharla. Cuando surgió MTV en 1981, le dio la vuelta a la naturaleza del estrellato en el pop y el rock como un calcetín. El aspecto que tenías como artista se volvió, de la noche a la mañana, tan fundamental como el tipo de música que hacías. Artistas como Madonna, Cindy Lauper y Tina Turner, cuya singular estética las hacía reconocibles a la primera, florecieron en este nuevo medio. Pero tanto Madonna como Jackson parecían identificar también las formas en las que el vídeo convertía a las mujeres en objetos. Doce días después del lanzamiento de MTV, Duran Duran empezó la producción del vídeo para «Girls On Film», un corto de seis minutos en el que modelos en *topless* se peleaban con almohadas, luchaban en el barro, se besaban, se echaban unas a otras champán sobre los pechos y se montaban a horcajadas sobre un polo de hockey cubierto de crema de afeitar, adaptando así la imaginería sexista de ese deporte a una nueva era tecnológica.

Los vídeos de Madonna y Jackson cuestionaban abiertamente la idea de que las mujeres tuvieran que actuar para satisfacer el placer masculino. En el vídeo de 1986 para «Open Your Heart», que incluye un enorme cuadro de la artista polaca Tamara de Lempicka desnuda, Madonna hacía de una bailarina de *peep show* que bailaba delante de un público de hombres lascivos, pero con la mirada muerta. El año siguiente un estudio concluyó que, aunque los vídeos de rock fueron «la primera contribución auténtica de la televisión por cable al entretenimiento televisivo», la mayoría de los vídeos que salían en la MTV mostraban a las mujeres como objetos sexuales o como estereotipos bidimensionales. Madonna era más prosexo que cualquiera pero, para ella, la sexualidad era sinónimo de poder. Su erótico libro de lujo publicado en 1992, *Sex*, era otra manifestación de sus fantasías: surrealista en partes, *kinky* en otras, a veces totalmente cómico. La autora Mary Gabriel argumenta que «quizá haya sido el primer gran libro de imaginería sexual femenina jamás publicado que no fue creado para excitar a un hombre heterosexual». Y sin embargo el mensaje con el que finalmente se quedó la industria del entretenimiento de aquel libro fue que era de contenido sexual y que se vendió como rosquillas.

En algunos aspectos, la historia de lo que le ocurrió al movimiento feminista durante los noventa se puede contar rastreando la evolución de un único eslogan. En 1991, Kathleen Hanna estaba en Olympia, Washington, en su último semestre de la universidad, absorta en el fanzine que estaba haciendo para su banda punk, Bikini Kill. Hanna había estado leyendo parte de la obra de la psicóloga feminista Carol Gilligan sobre la adolescencia femenina, la confianza y la resistencia y estaba en la fase de lanzar ideas para el título de su siguiente fanzine con la batería de Bikini Kill, Tobi Vail. «Pongamos una palabra junto a "girl" que no suela ir con "girl"», recuerda en su autobiografía de 2024, *Rebel Girl*, haberle sugerido la propia Hanna.

*Power*, contestó Vail. *Girl Power*.

A finales de los noventa, Girl Power sería un eslogan conocido en todo el mundo y, sin embargo, cuanto más se coreaba, menos cosas parecía representar. El Girl Power como ideología de primeros de los noventa fue algo intensa y deliberadamente político. Filtraba la rabia del punk a través de la experiencia vivida, exigiendo más espacio y respeto para las mujeres en los conciertos en vivo, además de crear textos radicales que a menudo se asemejaban —con su uso del collage, los dibujos y las letras de imprenta— al diario de una chica. Un volante publicitario que escribió Hanna para Bikini Kill contaba con una lista de imperativos como «La revolución empieza aquí + Ahora dentro de cada una de nosotras» e incluía exhortaciones como «resístete a la interiorización del capitalismo, la reducción de la gente + una misma a mercancías destinadas a ser consumidas». Otros fanzines contemporáneos asociados con el nacimiento del movimiento que sería denominado «riot grrrl» exploraban temas como el posmodernismo, la bisexualidad, la inclusividad dentro del feminismo y la obra del dramaturgo surrealista francés Antonin Artaud.

En los noventa no existía el *Teen Vogue* político. La revista que yo leía de adolescente en el Reino Unido era *Just Seventeen*, una publicación sumamente consumista y obsesionada con los chicos que había tomado su nombre de la letra de una canción de los Beatles sobre salir con una adolescente. Ofrecía entrenamientos de piernas, veinte razones para llamar al chico por el que estabas colada e incluso consejos explícitos sobre sexo, pero nada sobre Artaud o la automercantilización. Le escritore Olivia Laing, que también creció en Gran Bretaña durante aquella época, tuvo más suerte: descubrió el riot grrrl por medio de una descarnada actuación de la banda punk Huggy Bear en el programa del Channel 4 *The Word* y, acto seguido, envió un sobre franqueado para reclamar su propio fanzine. «Resulta fácil desdeñar a las chicas adolescentes como frívolas, insustanciales o superficiales, pero cuando vuelvo la vista atrás a esos textos secretos, lo que me sorprende es la intensidad de su pensamiento», escribió en *The Guardian* en 2018. «Los primeros fanzines debaten sobre las formas de empoderar a las chicas, de mantenerse seguras, de reclamar las calles y los pogos... Pero el potencial moralista queda socavado por una irreverencia vanguardista en el estilo. Cortan la cultura dominante en pedacitos y luego los vuelven a colocar adornados con garabatos de pistolas y estrellas».

Siempre me he preguntado por qué la gente desdeña la adolescencia de las mujeres como un periodo de cursis o malcriadas, cuando la realidad del paso a la adultez de las jóvenes es algo tan descarnado, lleno de violencia emocional y de sangre de verdad. ¿Acaso las chicas no sufren lo bastante como para ser tomadas en serio? En *Rebel Girl*, Hanna relata las experiencias que la llevaron al activismo punk: su padre maltratador, al que tanto ella como su hermana tuvieron que convencer de que no les disparara, ni a ellas ni a sí mismo; un embarazo no planeado y un aborto para el que, como era menor de edad, tuvo que escribir un auténtico ensayo para que se lo concedieran; la vez en la que su exnovio empapeló la biblioteca de la facultad con fotos de ella desnuda; su experiencia como voluntaria en un refugio para mujeres después de que su compañera de piso sufriese una agresión sexual a manos de un extraño; el tiempo que pasó como bailarina en un club para hombres, y la violación por parte de un amigo íntimo en el que confiaba. Recuerda pensar que el tipo de feminismo que buscaba quizá no existía. El nombre «Bikini Kill» era una referencia al atolón Bikini, un arrecife de coral en las islas Marshall donde el Gobierno de Estados Unidos hizo pruebas nucleares después de expulsar a los habitantes a la fuerza. Los militares, escribe Hanna, «pegaron una foto de Rita Hayworth en el lateral de una de las bombas, un acto contrario a la voluntad de la propia Hayworth que la hizo conocida como una *bombshell*, una mujer explosiva».

La energía que impulsó el movimiento riot grrrl desde sus inicios era la rabia ante este tipo de menoscabo y abuso.

A finales de los ochenta, la música punk estaba en pleno esplendor en Washington DC y en el noroeste del Pacífico, pero no daba mucho espacio a las chicas o mujeres que se sentían marginadas en el panorama musical e inseguras en su día a día. A primeros de los noventa, bandas como Babes in Toyland, Bikini Kill, Heavens to Betsy, Excuse 17, 7 Year Bitch y Bratmobile confluían en un movimiento feroz aunque nebuloso. En 1991 Hanna y Vail publicaron el «Riot Grrrl Manifesto» donde alegaban que la visibilidad, el apoyo y la seguridad eran necesarios para que las mujeres artistas prosperaran y que estaba llegando el momento de una «revolución rock de chicas cabreadas» que buscaba «salvar la vida psíquica y cultural de chicas y mujeres en todo el mundo». Conforme los grupos hacían giras fueron diseminando el mensaje por todo el país, creando hermandades riot grrrl en todo el territorio nacional.

En 1992, el *Chicago Reader* analizó la escena del movimiento riot grrrl y observó que uno de sus primeros actos políticos no fue una canción sino una lista de hombres que violaban mujeres durante una cita garabateados en la pared de unos baños de la universidad estatal Evergreen. La idea del secretismo (que el movimiento se empoderara tanto por la expresión pública como con el discurso privado entre sus seguidores) fue fundamental en la popularidad inicial del riot grrrl, si bien contribuyó también a su caída. Sin una estructura formal, la coalición estaba fragmentada y era vulnerable a las acusaciones de que era algo juvenil, inmaduro y no lo bastante inclusivo. Muchas fans del punk se sentían apartadas: la músico Ramdasha Bikceem fundó a los quince años su propio fanzine, *GUNK*, donde escribía sobre sentirse doblemente excluida tanto de la música que adoraba como de la escena riot grrrl, que caracterizaba como «chicas punk blancas de clase media».

Para 1993, frustrada por la condescendencia con la que el riot grrrl había sido retratado en los medios de comunicación, Bikini Kill habían dejado de conceder entrevistas, lo que limitó la influencia del riot grrrl. Pero la filosofía de Hanna de «las chicas al frente» también creó a la fuerza un espacio tanto para las fans del punk como para las feministas incipientes que estaban alejadas del panorama musical, y el espíritu de creatividad y confesión contenido en la cultura del fanzine renacería en internet en los próximos años. En 1996 se habían celebrado convenciones independientes de riot grrrl en una docena de ciudades por todo Estados Unidos, así como en Asia y en Europa, cuando el eslogan del movimiento, Girl Power, fue apropiado por un nuevo grupo compuesto de chicas a muchos kilómetros de distancia.

El movimiento riot grrrl y las Spice Girls eran diametralmente opuestos. El riot grrrl evolucionó orgánicamente del arte que estaban creando las mujeres para significar su presencia como una comunidad política y comprometida. Las Spice Girls fueron creadas por un equipo de productores, padre e hijo, que pusieron un anuncio en un periódico especializado en comercio para anunciar audiciones. El movimiento riot grrrl fue una manifestación creativa del feminismo de tercera ola. Las Spice Girls abrieron el camino del, y encarnaron el, posfeminismo y sus mensajes: el feminismo había acabado, tras haber conseguido todo lo que necesitaba; las mujeres eran libres de vestirse y acicalarse como quisiesen; cualquier elección individual tenía la capacidad de ser empoderante si alguien lo declaraba así; el consumismo era el camino para la autorrealización. Si el modelo emergente para las estrellas pop era el de la «adolescente sexi», las Spice Girls eran mujeres sexis que se comportaban como niñas pequeñas en una boda: cogiendo cosas al tuntún, dando vueltas y vueltas y más vueltas, tirando comida al suelo.

Encarnaban la «libertad» si entendías ese concepto como «una carencia absoluta de control de impulsos». Hacían que desearas salir corriendo de compras. Y hablaban, con frecuencia, del Girl Power.

En 1997, las Spice Girls publicaron un libro con ese mismo título, un texto que se inspiraba en la estética de los fanzines, pero con un valor de producción mucho más pulido. En él, definían el «Girl Power» como algo que tenía elementos del tipo «crees en ti misma y controlas tu propia vida» y «tus amigas y tú contestáis a los silbidos de los tíos con un "¡Vete por ahí, capullo!"». En una página, a Victoria Beckham (la Spice pija) se le atribuían las siguientes palabras: «queremos ser un nombre reconocible. Queremos ser como el Fairy líquido o el Ajax». Geri Halliwell (la Spice pelirroja) explicó que las Spice Girls se clasificaban a sí mismas en tipos porque «lo nuestro es la libertad de expresión y por eso queríamos conservar nuestras propias personalidades». No había una única forma de ser una Spice Girl porque el Girl Power como ideología era tan maleable como la plastilina. Era para todo el mundo.

Si aquello hizo que pareciese como un movimiento lleno de oportunidades, en realidad lo cierto era lo contrario, como afirmó la socióloga Jessica K. Taft en 2004. La versión de las Spice Girls del Girl Power, escribió, estaba construida de tal modo que neutralizaba el feminismo, que lo reemplazaba de forma deliberada y contundente por una alternativa más moderna y que «no daba ninguna pista de que esta alternativa fuera un modelo de cambio social o político». Según Taft, el Girl Power tenía cuatro principios distintivos: el antifeminismo, el posfeminismo, el poder individual y el poder de consumo. La positividad incansable de su contenido, la idea de que las mujeres podían conseguir cualquier cosa siempre y cuando estuviesen dispuestas a presentarse de la forma correcta y a buscarse la vida, anticiparon el momento *girlboss* de la década de 2010 y era igual de corto de miras respecto a las desigualdades estructurales de la sociedad. Pero el Girl Power era irresistible. «Puedes ser una líder, puedes ser fuerte, sentirte segura de ti misma», se leía en un anuncio para el Space Camp Barbie en 1999, que reflejaba el ambiente. «Las chicas pueden hacerlo todo».

El Girl Power fue apropiado casi al instante por las marcas, que vieron en él un potente sector demográfico de nuevos consumidores. El número de diciembre de la revista *Fortune* de 1997, apuntaba Taft, contenía un especial de seis páginas sobre Girl Power y marketing que exponía que al 88 por ciento de las chicas de entre trece y diecisiete años «les encanta comprar». Para las chicas milenial, el comprar cosas se presentaba de repente como un acto político, uno que negaba la necesidad de cualquier otro tipo de activismo. Dándole la vuelta a una cita de *El cuento de la criada*, el movimiento Riot Grrrl quería que las mujeres fuesen libres *de*: la violencia sexual, el abuso, la injusticia, el miedo. Las Spice Girls encarnaban la libertad *para*: divertirse, ganar dinero, perseguir el placer. No hace falta preguntar qué ideología era más fácil de empaquetar y vender.

En 2001, la película *Josie y las melódicas* (una de mis favoritas) satirizaba sin piedad la forma en la que las adolescentes estaban siendo manipuladas por la cultura pop para que se gastasen su sueldo de usar y tirar en bienes de consumo y así ayudar a la economía estadounidense. En la película las canciones pop esconden mensajes subliminales para dictar tendencias y artículos imprescindibles, y si las inconscientes estrellas descubren la verdad, se las despacha en accidentes de avión. En realidad, no hacía falta recurrir a algo tan turbio. A los dieciocho meses de sacar «Wannabe», las Spice Girls firmarían acuerdos de promoción con empresas entre las que se encontraban Pepsi, Polaroid, Cadbury's, Chupa Chups y Hasbro. A finales de 1997, habían ganado en torno a los quinientos millones de dólares solo de los acuerdos de promoción. «La vida es diferente en el mundo de las Spice», escribía David Plots para *Slate* aquel año. «Para cualquier producto que use una niña de doce años habrá una versión de las Spice Girls en tu centro comercial para Acción de Gracias». El Girl Power estaba allá donde mirases, en tecnicolor y en mayúsculas, sin que representase prácticamente nada.

Lo que hacía que el Riot Grrrl y discos como el *Janet* o el *Erotica* de Madonna pareciesen tan rompedores a principios de los noventa se debía en parte a lo que las artistas se atrevían a hacer y en parte a aquello contra lo que se estaban rebelando: no solo la nueva misoginia de «Girls on Film» y las mujeres haciendo cabriolas sobre los coches de los vídeos de Whitesnake, sino el gusto emergente por las canciones que destilaban odio, eran ofensivas e incluso violentas. Durante la década de los noventa, el hip hop, una forma artística que había surgido en parte del desempoderamiento y de la protesta social, estaba ganando impulso comercial rápidamente. Sin embargo, a medida que el dinero en juego crecía exponencialmente, la vigorosa energía antisistema tenía que canalizarse a un objetivo más inocuo y rentable.

Incluso antes de que el vídeo de «Justify My Love» de Madonna se prohibiese en la MTV, los debates sobre el contenido sexual en la música estaban por todas partes. Después de la mayoría moral de los ochenta, los noventa se presentaban como una nueva década de liberación sexual, en la que mirar contaba con aprobación porque era bastante más seguro que tocar. Pero el acto de mirar necesita un objeto y en la cultura dominante, al menos, su objeto eran las mujeres. En 1989, el grupo de dirty rap de Miami 2 Live Crew sacó su tercer álbum, *As Nasty as They Wanna Be*, un álbum lleno de una narrativa fanfarrona y detalladamente explícita que enseguida causó un pánico moral. Un juez de Florida declaró el *As Nasty as They Wanna Be* oficialmente obsceno, aludiendo a su «violencia» y «perversión», y prohibió su venta. En junio de 1990, cuando el grupo interpretó un puñado de canciones en un club en Broward County, los raperos fueron arrestados, iniciando una conversación nacional sobre censura, arte, racismo y tradición musical que esquivó en gran medida los importantes detalles del trato de 2 Live Crew hacia las mujeres, en concreto hacia las mujeres negras.

En las páginas del *New York Times* y después en el juzgado, los raperos de 2 Live Crew fueron defendidos por el académico e historiador Henry Louis Gates Jr., que declaró que la banda estaba simplemente participando de «una tosca parodia que le daba la vuelta a los estereotipos de la cultura blanca y negra». Argumentó que estaban «representando, al ritmo de una animada música dance, una exageración paródica de los eternos estereotipos sobre el excesivo apetito sexual de las mujeres y los hombres negros». Además, escribió Gates, era difícil no deducir que a los 2 Live Crew se los había señalado en concreto porque sus miembros eran todos negros y, por tanto, los interpretaban como más amenazantes para la cultura estadounidense que a los músicos blancos de rock contemporáneos o los cómicos cuya producción artística era igual de provocadora.

La mayoría de los intelectuales públicos estuvieron de acuerdo. Y, sin embargo, al defender a los 2 Live Crew de cargos de obscenidad, como la catedrática en Derecho y defensora de los derechos civiles Kimberlé Crenshaw replicó en el *Boston*

*Review*, Gates estaba pasando por alto algo esencial: la ostensible misoginia y violencia sexual de las letras del grupo y lo que representaban. «La primera vez que escuché a 2 Live Crew me quedé pasmada», escribió Crenshaw. «El tema había quedado distorsionado al describir *As Nasty as They Wanna Be* como algo "sexualmente explícito" sin más. Nasty es mucho más que eso. Es virulentamente misógino, a veces de forma agresiva. Las mujeres negras son busconas, perras, golfas y putas de todos los colores: putas andrajosas, putas miserables, putas rastreras con el culo viscoso. El sexo bien hecho queda retratado a menudo como algo doloroso y humillante para las mujeres».

En 1989, Crenshaw había acuñado el término «interseccionalidad» para describir cómo las mujeres de color experimentaban formas superpuestas de discriminación que el discurso de la cultura dominante a menudo pasaba por alto; justo un año más tarde un foco de tensión cultural estaba demostrando que su tesis era cierta. A las mujeres negras, Crenshaw escribió en el *Boston Review*, que eran el objeto más frecuente de las letras en el rap, se les estaba pidiendo que escogieran entre una defensa antirracista del grupo que dejaba de lado la misoginia y una denuncia de un sexismo violento que podía interpretarse como racista. (Crenshaw también se mostraba «profundamente escéptica ante la afirmación de que la Crew estaba involucrada, ya fuera de forma intencionada o efectiva, en una guerra de guerrillas posmoderna contra los estereotipos racistas», lo que suponía un rechazo al sexismo irónico muy adelantado a su tiempo).

*As Nasty as They Wanna Be* es obsceno, cómico y líricamente grotesco. Una escena de la canción «Bad-Ass-Bitch», en la que Brother Marquis describe cómo dos de sus amigos y él se turnan para penetrar a una mujer por distintos orificios, ahora me parece que tiene una intención cruel y deshumanizante, al igual que gran parte el porno de internet, por muy impresionantes que fueran sus contorsiones desde el punto de vista técnico. Pero también es representativa de un giro que había tomado el rap a finales de los ochenta, que empezó en la Costa Oeste y cobró impulso rápidamente. Algunos historiadores y críticos han teorizado que, a medida que el hip hop se convertía en un negocio más grande, las discográficas importantes exigían a los artistas que despolitizaran su trabajo. Como resultado, la ira y la frustración que antes dirigían contra la injusticia en Estados Unidos se redirigieron simplemente hacia las mujeres. Pero para cuando 2 Live Crew compareció ante los tribunales, las representaciones explícitas del sexo ocupaban un lugar más prominente que nunca en la cultura de Estados Unidos, gracias a la tecnología VHS, y su popularidad seguiría aumentando durante los noventa. En 1985, se alquilaban aproximadamente 75 millones de películas para adultos al año en Estados Unidos, la mayoría en tiendas de vídeo físicas. Una década más tarde, la cifra ascendía a 665 millones.

Las artistas emergentes de ese momento, en especial del hip hop, se enfrentaban no solo a una cultura que denigraba a las mujeres tildándolas de putas, *chickenheads* (cabezas de pollo, un término despectivo reservado para mujeres que practican sexo oral por el movimiento arriba y abajo de sus cabezas) y cazafortunas, sino también a una industria enamorada del videoclip que valoraba a las mujeres tanto por su sexualidad como por su talento. El rap, según escribió la crítica cultural feminista Michele Wallace en 1990, era visto por algunas mujeres de la época como «básicamente un vestuario [masculino] con ritmo». No siempre había sido así. En 1986, Salt-N-Pepa se convirtió en el primer grupo femenino de rap en conseguir el disco de platino en Estados Unidos con «Push It» («Empújalo»), un tema exuberante y vibrante que exudaba poder sexual. Años después, Cheryl «Salt» James le contó a *The Guardian* que según alguien que trabajaba en un acuario, cada vez que sonaba «Push It», los tiburones se apareaban. En 1988, el disco *Lyte as a Rock*, de la chica de diecisiete años MC Lyte, reivindicaba tanto su fuerza como artista («I Am a Woman») como su vulnerabilidad emocional («Paper Thin»).

Pero con la llegada de la década de los noventa se produjo un cambio palpable. En 1991, el año en que Anita Hill testificó ante un comité del Senado (con Crenshaw en el equipo jurídico) que Clarence Thomas la había acosado sexualmente, el rapero y productor de N.W.A. Dr. Dre ni confirmó ni desmintió haber atacado físicamente a la presentadora de televisión Dee Barnes en un club nocturno de Hollywood. (El titular consiguiente de la *Rolling Stone* fue: «N.W.A.: Beating Up the Charts» («N.W.A.: Vapuleando las listas»). En un artículo para *The Source* ese mismo año, la periodista dream hampton, cuyos artículos sobre música a lo largo de los noventa fueron fundamentales a la hora de honrar el hip hop como arte y, al mismo tiempo, exponer sus fallos, argumentó que «el abuso verbal y mental» dirigido a las mujeres en el hip hop estaba evolucionando hacia una violencia física real. El artículo fue tan controvertido cuando se publicó, según contó ella misma a *The Atlantic* años más tarde, que Spike Lee se ofreció a conseguirle un guardaespaldas.

En Estados Unidos, 1992 fue bautizado «el año de la mujer», ya que un número récord de mujeres se presentaron a las elecciones y resultaron elegidas para ocupar cargos públicos. «Para mí, las audiencias [del Senado en 1991] no trataban de determinar si Clarence Thomas acosó o no a Anita Hill», escribió la feminista Rebecca Walker en un artículo para la revista *Ms.* titulado «Becomig the Third Wave» («Convirtiéndose en la tercera ola»). «Se trataba de comprobar y redefinir el alcance de la credibilidad y el poder de las mujeres». En el hip hop, los artistas masculinos parecían estar inmersos en un esfuerzo similar. Como escribe Kathy Iandoli en *God Save the Queens* (Que Dios salve a las reinas), 1992 estuvo repleto de canciones sexistas y directamente llenas de odio que gozaron de gran popularidad: «13 and Good», de Boogie Down Productions («That's statutory rape / But she was GOOD»: Eso es violación de menores / pero ella era buena); «Bitches Ain't Shit», de Dr Dre («Bitches ain't shit but hoes and tricks / Lick on these nuts then suck the dick»: las tías no son más que putas y zorras / lame estas pelotas y después chupa la polla); «Hoes», de Too $hort («Who said that hoe ain't old enough? / If she could bleed then she could fuck»: ¿Quién dice que esa zorra no tiene edad para esto? / Si puede sangrar, puede follar). Estas eran letras que las discográficas aprobaron activamente, prefiriendo las imágenes sexualmente violentas contra las mujeres a un lenguaje más incendiario contra la policía o el Estado. Y el éxito de estos discos puso de relieve una pregunta que en su día planteó la escritora y académica bell hooks: «¿Cuántos jóvenes negros marginados no se rendirían a expresar formas virulentas de sexismo si supieran que el premio sería poder material y fama sin precedentes?».

Michele Wallace describió la encrucijada en la que se encontraban las mujeres negras: «La crítica feminista, al igual que muchas otras formas de análisis social, se considera en gran medida parte de una cultura blanca hostil», escribió en *The New York Times*. «Para una feminista negra, criticar públicamente la misoginia en el rap se consideraría divisivo y contraproducente», e incluso podría llevar a acusaciones de «colaborar con una sociedad racista». Pero la música en sí misma dejaba más espacio para la contradicción y la disidencia. En 1993, el año en que Janet Jackson proclamó su propio poder sexual, Queen Latifah lanzó *Black Reign*, que incluía «U. N. I. T. Y.», una canción ganadora de un Grammy que desafiaba directamente la forma en que las mujeres negras eran ridiculizadas, acosadas y maltratadas en la cultura popular. «Who you calling a bitch?» («¿A quién llamas perra?»), preguntaba furiosa. Ese mismo año, Salt-N-Pepa sacó «Shoop», una canción alegre y descarada que le daba la vuelta al acoso callejero, alcanzó el número cuatro en la lista Billboard de sencillos y ayudó al grupo a vender más de cinco millones de copias.

«Shoop», *Black Reign* y el disco de Mary J. Blige *What's the 411?* contribuyeron a cohesionar lo que la escritora Joan Morgan más tarde llamó «feminismo hip hop»: un movimiento que centraba las voces y las historias de las mujeres negras; que reconocía las intersecciones entre raza y género; que estaba a favor del sexo, a favor del placer y era consciente de las ambigüedades a las que se enfrentaban las mujeres que hacían y amaban la música y que querían el espacio para poder defenderla y criticarla al mismo tiempo. (Como muestra de lo complicadas que eran las dinámicas de género en la industria, *What's the 411?* fue producido por Sean «Diddy» Combs, al que arrestaron en 2024 por cargos que incluían tráfico sexual y que se enfrentó a decenas de demandas de agresión sexual que se remontaban a 1990). «Necesitaba un feminismo que nos permitiera seguir queriéndonos a nosotras y a los hermanos que nos hacían daño sin dejar que la lealtad racial nos llevase pronto a la tumba», escribió Morgan en su libro de 1999 *When Chickenheads Come Home to Roost: A Hip-Hop Feminist Breaks it Down*. A falta de una ideología que la respaldara, se inventó una.

Gran parte de la música creada por mujeres a principios de los años noventa respondía a injusticias reales y sistémicas, y se indignaba por ellas. El tema de Sonic Youth, «Swimsuit Issue», escrito por PJ Harvey, se inspiró en una demanda por acoso sexual contra un ejecutivo de Geffen Records, el sello discográfico del grupo, y aludía al testimonio de Anita Hill ante el Senado. «Don't touch my breast / I'm just working at my desk» (no me toques los pechos / solo estoy sentada en mi escritorio), espetaba Gordon desgarrando las cuerdas de la guitarra. «You really like to schmooze / Well now you're on the news» (Te gusta mucho comer la oreja / Pues ahora eres noticia). En 1992, Sinéad O'Connor, con fervor aunque le temblasen ligeramente las manos, rompió una foto del papa en el *Saturday Night Live* para protestar contra los abusos sexuales en el seno de la Iglesia católica. Tori Amos escribió «Cornflake Girl» tras una discusión sobre la mutilación genital femenina. La canción de Hole «Miss World», «Supermodel» de Juliana Hatfield Three, «Dress» de PJ Harvey, «Just a Girl» de No Doubt y «Lil Red» de Bikini Kill arremetían contra los opresivos cánones de belleza y los estereotipos aceptados de la feminidad. El disco de debut de Skunk Anansie, *Paranoid & Sunburnt*, denunciaba todo, desde el racismo al abuso infantil, de la religión organizada a los hombres condescendientes. («He tried to intellectualize my blackness... Motherfucker don't you lecture-ize me»: «Intentó intelectualizar mi negritud... No me des lecciones, gilipollas»). En 1999, al final de la década, Kelis lanzó «Caught Out There», una de las canciones más explosivas sobre la infidelidad de todos los tiempos, con una expresividad empapada de dolor y gritos primitivos esporádicos.

La rabia expresada en esos discos era intensa y señalaba a una industria y una cultura que querían que las mujeres fueran bonitas, pasivas e indefensas. La crítica musical Ann Powers caracterizó aquella época de la siguiente manera: «Gran parte de lo que significaron los años noventa tenía que ver con esta acuciante pregunta "¿Cómo vivimos como mujeres dentro de una idea de lo femenino sin que eso nos destruya?"». El disco de Liz Phair de 1993 *Exile in Guyville* fue una respuesta lo-fi, canción por canción, al *Exile on Main Street* de los Rolling Stones que digería el sexismo en la música y lo escupía en canciones como «Explain It to Me» y «Flower» («I want to fuck you like a dog / I'll take you home and make you like it»: quiero follarte como a un perro / te llevaré a casa y haré que te guste). *Jagged Little Pill*, de Alanis Morissette, producido por el sello Maverick de Madonna después de que la mayoría de las discográficas importantes lo rechazaran, convirtió el tema de una mujer llegando al límite en treinta y tres millones de discos vendidos y cinco premios Grammy.

Las mujeres componían canciones sobre el aborto, las agresiones sexuales, la violencia doméstica. Exponían con todo lujo de detalles las formas en las que se sentían menospreciadas y degradadas como artistas en una industria en la que estaba tácitamente prohibido poner dos canciones seguidas de mujeres. Los medios respondieron con una cobertura muy similar a la entrevista de *NME* a Tori Amos en 1992, que llevó por título «Ginger Nut» (tarada pelirroja), y la portada de la revista *Q* en mayo de 1994 con PJ Harvey, Bjork y Tori Amos que decía: «Hips. Lips. Tits. Power» (Caderas. Labios. Tetas. Poder).

Pero cuanto más verbalizaban las mujeres sus objeciones, más furiosos se ponían los artistas masculinos. La angustia silenciosa del grunge pronto dejó paso al tóxico páramo masculino del nu metal. Canciones como «Kunt» de Korn, lanzada en 1996, («Fuck you titty sucking two balled bitch / with a fat green clit, my big cornhoto bitch / oh shit, fucking licking piss sucking cunt»: Que te jodan puta chupapollas con un clítoris verde y gordo mi puta cornuda oh mierda puta lamemeados chupacoños) y «Sour» de Limp Bizkit, en 1997 («Mellow out! / Bitch»: ¡relájate! / puta) tomaron todos los elementos más misóginos del hip hop y añadieron a la mezcla un júbilo pueril propio del instituto. Y el tópico de la ironía como defensa sufrió una nueva vuelta de tuerca con una argucia por parte de Eminem, un rapero blanco y flaco de Detroit cuya creación del personaje Slim Shady le permitió fantasear con matar a su novia y deshacerse del cadáver, drogar y violar a una quinceañera y con arrancarle las amígdalas a Hillary Clinton. (En un momento nostálgico, Eminem también bromeó en «Guilty Conscience» con Dr. Dre, quien produjo *The Slim Shady LP*, sobre la vez en que Dre le dio una paliza a la rapera y presentadora de televisión Dee Barnes).

La música es solo música, reza la justificación. Eminem, siguiendo la tradición de los artistas de hip hop que le precedieron, daba voz a esa facción marginada de la sociedad sumida en el descontento y la desesperación. (Como la mayoría de los artistas coléricos de los noventa, él también se ha suavizado, y en 2022 tuiteó que le indignaba la supresión de derechos reproductivos por parte del Tribunal Supremo). Pero la música no es algo inerte ni siempre inocente o ajena a los marcos interpretativos. En 2006, un estudio realizado por sociólogos de Munich reveló que los hombres que escuchaban letras agresivas o sexualmente violentas («Superman» de Eminem o «Self-Esteem» de The Offspring fueron dos de las canciones que se incluyeron) mostraban más predisposición a pensar de forma negativa de las mujeres y de albergar pensamientos de venganza hacia ellas. Los hombres del estudio que escuchaban canciones misóginas, cuando se les pidió que prepararan sándwiches para mujeres y hombres, pusieron más salsa picante en los sándwiches destinados a las mujeres, lo que sugiere un deseo subconsciente de castigarlas.

Esta teoría ya se había demostrado en cierta medida en el festival de Woodstock de 1999, un festival que destacó por la escasez de mujeres artistas, los precios abusivos y la pésima organización, así como los brotes de incendios provocados, disturbios y abusos sexuales. En el Woodstock original, como observó la escritora feminista Ellen Willis en 1969, «los estimulantes más embriagadores eran la calidez y el sentimiento de camaradería que nos permitían abandonar nuestras defensas crónicas contra los demás». En su secuela, treinta años más tarde, un cartel repleto de hombres arrogantes protagonizó un evento en el que, según se informó, las asistentes fueron acosadas, manoseadas, agredidas e incluso violadas en grupo. El espíritu del festival se podía encapsular en una canción, que Limp Bizkit tocó aquel fin de semana: «Break Stuff» (rompe cosas).

También en 1999, una de las protestas feministas más emblemáticas de la música llegó a su fin. Lilith Fair, el festival itinerante fundado por Sarah McLachlan, cerró sus puertas después de tres años de espectáculos, diez millones de dólares recaudados para organizaciones benéficas dedicadas a la mujer y las implacables burlas de los medios (según se dice, algunos expertos del sector se referían a él como «Lesbapalooza»). McLachlan declaró en una rueda de prensa que las artistas del festival «pasábamos ya de los treinta y habíamos decidido que queríamos tener hijos», lo que demostraba que incluso algunas de las feministas más visibles y empoderadas de la tercera ola no lograban tenerlo todo. Pero también se había producido una reestructuración silenciosa en la música que hizo que algunas de las artistas que habían actuado en Lilith se sintieran de repente fuera de lugar en la industria.

«Fue como: vaya, ¿dónde se han ido todas las chicas?», declaró el crítico y escritor Rob Sheffield para *Vanity Fair* en 2019. «Pones la radio de rock y no suena ninguna mujer. No fue gradual. Fue una reacción muy abrupta entre 1997 y 1999. En toda la industria de la música». Las mujeres en la música, casi de la noche a la mañana, habían sido sustituidas por las chicas del pop.

Abundan distintas teorías sobre cómo se produjo este cambio. La compositora Jaime Brooks argumentó que la nueva dependencia de la tecnología en la música estaba dando más poder a los productores (casi en exclusiva hombres) y socavando el estatus de artistas y compositores. El explosivo éxito financiero de las Spice Girls sin duda había envalentonado a los cazatalentos y a los ejecutivos a dar prioridad a los grupos de pop, sobre todo aquellos que pudiesen atraer un público adolescente. El espíritu de camaradería y de colaboración que había encarnado el Lilith Festival también era fundamentalmente contrario a la esencia individualista y de proclamas vacías del Girl Power 2.0. Pero la cantante y compositora Meredith Levande, en un ensayo de 2008 publicado en *Meridians*, señaló un culpable distinto: la ley de telecomunicaciones de 1996. Con las empresas de comunicación liberadas para tener tantos canales de radiodifusión como quisieran, arguyó, las mismas cadenas que eran propietarias de los canales de música también tenían un interés particular en emitir contenidos más sexualizados que pudieran dirigir a la gente hacia sus muy rentables cadenas de pago por visión. Según la teoría de Levande, los canales de música eran una puerta de entrada al porno. Cuanto más sexualizadas estuvieran las artistas, mejor.

El porno fue una fuerza cultural cada vez más importante a finales de los noventa, antes de convertirse en el estilo predeterminado a principios de este siglo. A mediados de los noventa, DJ Yella de N.W.A. trabajó en las primeras de las más de trescientas películas pornográficas que dirigiría a lo largo de su carrera tras dejar la música. En 1996, el álbum debut de Lil' Kim, *Hardcore*, se abría con un interludio en el que un hombre entraba en un cine para adultos, pagaba la entrada para ver una película porno, se bajaba la cremallera y se masturbaba sonoramente en cuanto aparecía Kim. (Kim le contó a bell hooks en 1997 que su actitud descarada tenía que ver con reclamar el poder sobre su propia sexualidad, diciendo: «cuando eres joven piensas: "no quiero que se lo cuentes a tu familia. No, no le cuentes a tus amigos que nos acostamos". Pero ahora piensas: "nos acostamos, díselo a quien quieras, ¡y asegúrate de decirles lo bien que lo hice!"»). En 1998, el manido tropo de la colegiala sexi fue resucitado por el vídeo de «Baby One More Time» en el que una Britney Spears de dieciséis años movía las caderas con una intensidad que, ahora, encuentro más inquietante que su vientre desnudo. El vídeo funciona porque Britney parece tan sincera, tan ajena a cómo la gente podría interpretarla. Parece tan joven. Es la sexualidad adolescente como espectáculo posmoderno: una mezcolanza de alusiones transgresoras transformadas en un producto que no puede interpretarse como algo serio.

En 2001 Britney ya era mayor de edad, Snoop Dogg presentaba el vídeo de porno hardcore más vendido en Estados Unidos «Snoop Dog's Doggystyle» y ya nadie tenía que fingir inocencia. Ese fue el año que Britney apareció en un anuncio de televisión para Pepsi, bailando de forma tan hipnótica con unos vaqueros desgastados y un sujetador en balconette que el mundo entero no podía hacer otra cosa que mirar. (Al final del anuncio, el excandidato presidencial y conocido portavoz de Viagra, Bob Dole, dijo «quieto, chico», y la broma era que se estaba dirigiendo a su perro y a su pene al mismo tiempo).

Al año siguiente, un dúo ruso creado por un psicólogo infantil con fijación por el porno estrenó un vídeo pop que adaptaba varios fetiches a la vez: chicas menores de edad, uniformes escolares, camisetas mojadas y chicas enrollándose con chicas. Si el lesbianismo se manifestó en la cultura de los noventa como un coro colectivo de «Closer to Fine» sobre el escenario del Lilith Fair, en 2002 se convirtió en algo más siniestro: las chicas de dieciséis años de t.A.T.u. besándose en la lluvia mientras adultos y otros escolares las miraban detrás de una alambrada.

No puedo sino interpretar la evolución musical de los noventa como una respuesta explícita al control que las mujeres tomaron sobre su arte, su imagen y sus carreras. A lo largo de esa década, Madonna se convirtió en una de las figuras públicas más vilipendiadas de la historia, culpabilizada por todo, desde el comercialismo desenfrenado hasta los excesos de la cultura de la fama. El escarnio público de Janet Jackson llegó más tarde, cuando el pezón que quedó al descubierto durante el espectáculo del descanso de la Super Bowl de 2004 ofreció una oportunidad para desviar la indignación estadounidense por la guerra de Irak. Después de que las raperas irrumpieran en (relativamente) igualdad de condiciones durante los ochenta, como sostiene Clover Hope en su libro de 2021 *The Motherlode*, a partir de mediados de los noventa se las presentó como si estuvieran bajo el patrocinio de hombres más poderosos: Lil' Kim y Notorious B.I.G., Eve y Dr. Dre, Nicki Minaj y Lil Wayne. «Este sistema de control», escribe Hope, «permitió a los hombres mantener el poder y promocionar a las mujeres que ellos consideraban dignas, al tiempo que la aprobación masculina seguía siendo la clave del éxito». Y a medida que las mujeres rebeldes demostraban su poder comercial y colectivo en sus giras, fueron reemplazadas en la radio y en los medios de comunicación por adolescentes que no se quejaban, o que aún no podían hacerlo.

## Capítulo 2

# SHOW GIRL

*Sobreexposición en el nuevo milenio*

> Necesitamos novedad y entusiasmo en la moda. De eso va, eso es lo que hace que la moda sea divertida… Siempre estamos cuestionando los valores de la gente. ¿Cuánto puedes provocar? ¿Cuánto son capaces de enseñar?
> CALVIN KLEIN (1994)

> En tiempos de reacción, las imágenes de la mujer sumisa llenan las paredes de la galería de la cultura popular
> SUSAN FALUDI (1990)

En 2004, la galería Deitch Projects, situada en el centro de Nueva York, presentó una llamativa exposición del nuevo trabajo del fotógrafo Terry Richardson, acompañada de la publicación de un libro, ambos titulados *Terryworld*. Richardson, en aquel momento, era el abanderado y la mascota de una estética que resultaba irresistible a principios del siglo XXI: un tipo de retrato hortera y sudoroso que confería a las estrellas de Hollywood y a los transeúntes anónimos la misma aura de flashes, cara de semisorpresa y expresión no del todo humana. *Terryworld* presentó imágenes de Kate Moss, sentada y sonriente ante un piano de oro, con el pelo rizado como si fuera a ir a un baile de graduación; Pharrell Williams, con la cabeza ladeada lacónicamente mientras una figura invisible le tira de la corbata, y Dennis Hopper, con el rostro envuelto en humo. Sin embargo, el tema más recurrente era el pene erecto de Richardson, que capturó en diferentes escenarios: asomando de unos calzoncillos bóxer estampados con pistolas, apuntando hacia la cabeza de una modelo aparentemente desmayada a la que Richardson sujeta por el pelo, o estrangulando a otra modelo cuyos ojos muestran lo que es inequívocamente dolor.

*Terryworld* fue impreso por Taschen, la editorial de arte alemana cuyos libros de lujo abarcan desde los cuentos infantiles hasta la arquitectura moderna y el arte erótico sofisticado. Con un precio de sesenta dólares, o varias veces más por una copia firmada y de edición limitada que incluía su propio osito de peluche Richardson, el libro se resistía a ser encasillado. No era exactamente arte, ni pornografía, ni fotografía de moda, sino una mezcla de las tres cosas que insistía en que también era una gran broma. Era el emblema perfecto de la estética que definió la década: el porno chic. El libro *Terryworld* comenzaba con una breve biografía y una entrevista con Richardson en la que explicaba su misión. «No quiero trabajar en la industria del porno», le dijo a su editora, Dian Hanson. «Si trabajara para Barely Legal, no sería un reto. Cuando trabajas en la industria de la moda, puedes crear cosas que ve muchísima gente. Eso es lo más subversivo: estar en la corriente principal y salirte con la tuya».

El tono del trabajo de Richardson —la forma en la que aplana sus sujetos hasta convertirlos en seres bidimensionales vistos a través de la lente cínica y sucia del fotógrafo— puede resultar incómodo ahora, pero el fondo, en aquel momento, no era inusual. En 2004, la cultura popular estaba consumida por el porno, obsesionada con sus signos, tropos y estéticas.

Ese verano, el libro de memorias de la actriz porno Jenna Jameson, *How to Make Love Like a Porn Star*, se pasó seis semanas en la lista de libros más vendidos de *The New York Times.* En mayo, durante el festival de cine de Cannes, el director británico Michael Winterbottom estrenó su última película, *9 canciones*, la historia de la relación de una pareja joven que contenía múltiples escenas de sexo auténticas.

El punto álgido de la actividad catalogada X del año se produjo en torno a la Semana de la Moda de Nueva York, en otoño, cuando un desfile de estrellas acudió a contemplar lo que *The New York Times* describió como la «obsesión erótica» actual de la moda. A la inauguración de *Terryworld* asistieron Kim Gordon, de Sonic Youth, y el director de cine Vincent Gallo, quien había filmado a Chloë Sevigny practicando sexo oral en su película de 2004 *The Brown Bunny*. En un nuevo libro titulado *Louis XV*, el fotógrafo Juergen Teller se retrató a sí mismo en un desnudo visto de frente junto a la actriz Charlotte Rampling en una habitación de hotel de París, una serie que se distingue por el hecho de que Rampling permaneció prácticamente vestida mientras que Teller se desnudó por completo. En octubre, estrellas como Ben Stiller y Rachel Weisz asistieron a la inauguración de *XXX*, de Timothy Greenfield-Sanders, una serie fotográfica protagonizada por actores porno que fue acompañada por un documental de HBO. «La moda tiene una enorme influencia en cómo cambia la cultura», declaró Greenfield-Sanders a un periodista del *Times*. «Y el porno ha tenido una enorme influencia en la moda».

No exageraba. El dominio del porno en la cultura popular se produjo de forma muy similar a como Ernest Hemingway describió la bancarrota: primero de forma gradual y luego repentina. Una de las consecuencias de la crisis del sida fue que las representaciones explícitas del sexo dejaron de ser un tabú y pasaron a ser vitales para la educación y la salud pública. Los medios de comunicación se deleitaron con su nueva libertad. A finales de la década de 1990, una nación se vio obligada a considerar qué significaban unas manchas en un vestido azul; qué hacía exactamente Hugh Grant en Sunset Strip, y si John Wayne Bobbitt había recibido su merecido; también se preguntaba si una persona podía venderse por un millón de dólares, como hizo Demi Moore en *Una proposición indecente*. A lo largo de esa misma década, la fotografía de moda había jugado con la transgresión: modelos más jóvenes, modelos más delgadas, heroin chic, sadomasoquismo, un pecho medio cubierto en las sagradas páginas de *The New Yorker*. (Era el de Kate Moss, fotografiada para un anuncio de Calvin Klein). La moda, escribió Guy Trebay en *The New York Times*, había comenzado a defender el porno chic «incluso antes de que el arte, el vídeo, la música y Hollywood se sumaran a la tendencia, enamorados de la iluminación plana del género, sus sujetos inexpresivos, sus salas de ocio revestidas de madera y su feo consumismo».

En 2003, como si se tratara de una oposición activa al conservadurismo de George W. Bush y su postura de solo abstinencia, el sexo había saltado de las revistas hípster y los atrevidos anuncios de perfumes para pasar a la corriente principal. Lo que se sentía novedoso fue lo guay, lo supuestamente empoderante, liberador y potencialmente lucrativo que era. En 2003, Moss salía en una barra de *pole dancing* —solo unos meses después de dar a luz a su hija— con un sostén y braguitas negros en el vídeo de los White Stripes, «I Just Don't Know What to Do with Myself», lo que desató una nueva moda frenética por los entrenamientos de striptease. Ese año, el tabloide británico *The Sun* ofreció un premio de cincuenta mil libras para la primera pareja que practicase sexo delante de la cámara en el programa de *Gran Hermano*, y a nadie pareció importarle que fuese una institución periodística la que estuviera, en esencia, proponiendo pagar por sexo o que la oferta resultara siquiera un poquito inquietante.

En ese momento, las imágenes y los tropos pornográficos habían sido además totalmente absorbidos por la cultura popular. Poco después de que al fotógrafo británico Rankin se le encargara en 2001 el retrato de la reina Isabel II, colaboró con David Bailey en un espectáculo dedicado a los genitales femeninos. Bailey, cuya documentación de los locos años sesenta había influido en la película de Michelangelo Antonioni *Blow-Up*, era uno de los nombres más icónicos de la cultura británica. Rankin era un retratista y editor de vanguardia. «Todo fue idea de Rankin», explicó Bailey en la página web de *Rankin and Bailey: Down Under*. «Había visto la fotografía de un coño en la pared y pensamos, "¡Joder, hagamos juntos una exposición de coños!"». Las modelos de los extremos primeros planos de Bailey eran una combinación de estudiantes de enfermería y trabajadoras sexuales. Para la serie de Rankin, modelos de alto perfil, como Jodie Kidd y Laura Bailey, posaban supuestamente «manteniendo relaciones sexuales con Rankin y su cámara», con el fin de afirmar su «dominio y control» y su «poder sexual femenino». Esta exposición, al igual que *Terryworld*, contó también con un libro de gran formato que acompañaba a la muestra, con un precio de 350 libras por ejemplar. (Es justo asumir que, a pesar de su dominancia y su poder sexual, ninguna de las modelos recibió su parte de los beneficios).

Desde que apareció en los setenta la película de porno chic de *Garganta profunda*, la industria del cine para adultos había estado enviando un mensaje contradictorio a mujeres y niñas:

que cuando más liberadas estaban era de rodillas. En la primera década del siglo XXI, mientras el porno se reivindicaba como algo divertido, gracioso y desenfadado —un rechazo a las viejas costumbres sexuales para celebrar nuestra nueva y desinhibida libertad milenial—, en realidad muy poco había cambiado en lo referente a sus dinámicas de poder, su público objetivo o la naturaleza de su mirada. Las mismas personas que siempre habían tenido poder y autoridad sobre cómo mercantilizar y vender las imágenes de las mujeres estaban simplemente reempaquetando un viejo producto. Y cuanto más aceptaba la cultura dominante la imaginería sexual, más tenía que recurrir el porno —para mantener su estatus transgresor— a explorar los límites.

En su libro *La cultura del striptease*, publicado en 2002, el periodista e investigador de los medios de comunicación Brian McNair describió la nueva ola de porno chic como algo que no iba del porno *per se*, sino de sus representaciones: investigaciones y pastiches que se reinterpretaban y transformaban en «artefactos culturales convencionales». Los adultos curiosos de las industrias creativas estaban, efectivamente, jugando con el material pornográfico, recortando y uniendo sus propias interpretaciones en nombre del arte. A menudo, el proceso era tan destacable como el producto: en 2003, los periodistas Victoria Coren y Charlie Skelton publicaron *Once More with Feeling*, un libro sobre sus intentos de hacer un tipo de porno «diferente» en Ámsterdam, que combinaba los tropos del porno duro con un distanciamiento intelectual y una jocosa torpeza. Pero a aquellas de nosotras que éramos adolescentes y no estábamos muy versadas en teoría posmoderna, se nos puede perdonar que solo viéramos esto: en la primera década del siglo XXI, miraras donde miraras, la cultura popular promovía y celebraba constantemente una visión «empoderada» de la sexualidad que estaba plenamente influida por el deseo y el placer masculinos.

Lo que también ha quedado claro desde entonces es que muchas mujeres no salieron indemnes de aquel momento. Varias marcas de ropa icónicas de la primera década del siglo XXI se han visto implicadas en el trato abusivo a jóvenes modelos a manos de hombres poderosos: American Apparel, Abercrombie & Fitch y Victoria's Secret. Terry Richardson, por su parte, fue descaradamente abierto, flagrante incluso, sobre todas las formas en que abusaba de su poder. En 2002, le contó a *Vice* sobre una sesión de fotos para la marca de ropa urbana de culto Supreme que «se salió un poco de madre al final. La mujer que producía la sesión se asustó y tuvo que irse. Creo que todos los que estaban allí se acostaron con alguien. Fue intenso». En 2005, fue demandado por primera vez por dos modelos por invasión de privacidad y angustia emocional. En 2007, fotografió al prometedor senador junior de Illinois, Barack Obama, el mismo año que dio a una revista su consejo para las aspirantes a modelo: «No es a quién conoces, es a quién se la chupas. No tengo un agujero en los pantalones para nada». En 2010, la modelo Rie Rasmussen lo confrontó en público en la Semana de la Moda de París sobre su comportamiento predatorio. En 2013, dirigió los vídeos «Wrecking Ball» de Miley Cyrus y «Do What U Want» de Lady Gaga y R. Kelly. (Este último, en el que supuestamente Kelly organizaba una «orgía» con el cuerpo «anestesiado» de Lady Gaga, nunca se llegó a estrenar).

Cuando la editorial de revistas Condé Nast finalmente puso fin a su relación laboral con Richardson en 2017, —tres años después de las denuncias ampliamente difundidas de modelos que compartieron sus experiencias de acoso implacable, de ser manipuladas y coaccionadas para tener relaciones sexuales durante las sesiones de fotos por él y su equipo— el #MeToo había provocado una reevaluación del comportamiento depredador inherente a la industria de la moda. Pero en la década de los 2000 estaba ocurriendo algo más complejo que uno de los muchos abusos de la industria. La carrera de Richardson discurrió en paralelo a una fascinación cultural más amplia que no haría más que intensificarse a medida que avanzaba la década: el impulso de someter a las mujeres (y a los hombres, pero sobre todo a las mujeres) a una exposición despiadada y a menudo cruel.

Las raíces de esta época se establecieron durante los noventa, cuando el gusto de la moda por la transgresión se unió a un interés cultural creciente en la autorrevelación descarnada de uno mismo. Por primera vez en la historia, las personas podían difundir imágenes y vídeos de sí mismas en internet, a un público desconocido. En televisión, la gente desvelaba sus secretos más íntimos en programas matinales de entrevistas. Y en la moda, la iconografía del porno se recontextualizaba en algo que parecía a la vez más liberador y más moderno, aunque en realidad resultara ser muy similar a lo que siempre había sido.

Dos sesiones fotográficas para revistas capturaron esencialmente el espíritu de la época y anticiparon lo que estaba por venir. La primera fue una portada de revista de 1990 para *The Face*, en la que salía una joven desconocida de dieciséis años de Croydon llamada Kate Moss. En las fotografías tomadas por Corinne Day, Moss sonreía a la cámara, arrugando los ojos y dejando ver sus dientes irregulares e imperfectos; fumaba un cigarrillo de forma poco elegante; salía corriendo desnuda del mar tapándose por pudor con un sombrero de paja; sonreía a alguien fuera de cámara, con el torso desnudo, un tocado de plumas y un collar de cuentas. Las imágenes eran tanto un rechazo a la moda de los ochenta, con sus detalles lacados y ropas angulosas y llamativas, como una afirmación del nuevo estilo de los noventa: espontáneo, infantil, imperfecto. El eslogan de la portada era «El tercer verano del amor», un guiño a la eufórica cultura rave que solo buscaba placer y no quería crecer nunca. La desastrosa recesión que comenzó el mes en que salió la portada marcaría el inicio de un ambiente más oscuro, más nihilista, pero la imagen de Kate Moss como frágil icono joven de la feminidad de los noventa se mantendría, cambiando la trayectoria de la moda.

«Solo nos estábamos divirtiendo», recordó años más tarde Melanie Ward, la estilista de la sesión. «Todo fue muy instintivo». (Day falleció en 2010). No había intención de presentar ningún tipo de movimiento nuevo, afirmó Ward. Moss, entrevistada en 2022 para el programa de radio de la BBC *Desert Island Discs*, lo recordaba de otra manera, diciendo que Day la intimidó para que se quitara la parte de arriba y la hizo llorar. «Me daba mucha vergüenza mi cuerpo y Day me decía "si no te quitas la camiseta no te voy a contratar para *Elle*". Y yo me echaba a llorar… Pero, bueno, las fotos son increíbles, así que ella consiguió lo que quería y yo sufrí por ello pero, al final, me hicieron mucho bien. Quiero decir, cambiaron mi carrera». En 1992, Moss volvió a posar con el pecho descubierto para un anuncio de vaqueros de Calvin Klein con el rapero convertido en actor Mark Wahlberg, que ella dijo que la había hecho sentir «vulnerable y asustada. Creo que se aprovecharon de mi vulnerabilidad. Era muy joven e inocente. A Calvin le encantaba eso».

No parece casualidad que la era de las supermodelos de principios de los noventa —mujeres fuertes, atléticas, glamurosas, con exorbitantes salarios— fuera seguida tan de cerca por el auge de la modelo esquelética en la segunda mitad de la década: frágil, pálida, menor de edad y que aún no sabía cómo negociar o ejercer su poder ni poner sus propios límites. La icónica portada de *Vogue* de enero de 1990 de Peter Lindbergh en la que aparecían Cindy Crawford, Christy Turlington, Naomi Campbell, Linda Evangelista y Tatjana Patitz vestidas con vaqueros, anunciaba que la década que se avecinaba sería una de poder inclusivo y sororidad. Pero aquel ideal no duró. Los diseñadores de moda se cansaron de tratar con las *top models*, que sabían lo que valían y cuya fama a menudo eclipsaba la ropa. Los diseñadores preferían a las chicas. En su libro *Fashion, Desire and Anxiety*, publicado en 2001, Rebecca Arnold cita a la agente Katie Ford, quien observó a finales de los noventa que «los diseñadores buscan ahora un look muy joven. Quieren chicas con una figura muy recta, y eso no se tiene a los veinte años». La naturaleza cambiante del deseo también influyó: durante la epidemia del sida, los hombres no se avergonzaban de sentirse atraídos por mujeres más jóvenes sin experiencia sexual. En 1992, la actriz Drew Barrymore, que entonces tenía diecisiete años, posó desnuda para una sesión fotográfica de la revista *Interview* realizada por Bruce Weber. «En una época de creciente cobardía moral y control paranoico de las imágenes, nuestra cultura y las películas que la reflejan necesitan urgentemente una buena dosis de audacia», declaraba el texto que acompañaba las fotos, como si solo la sexualización de niñas menores de edad pudiese salvar a Estados Unidos del declive intelectual y espiritual.

Algunas mujeres surgieron una y otra vez en mi investigación, reapareciendo en diferentes géneros culturales y épocas históricas, encarnando todas las complejidades y contradicciones de representar la feminidad en público. Kate Moss es una; Demi Moore es otra. En 1991, Demi Moore, embarazada de su segundo hijo con su marido, Bruce Willis, posó para una portada especial de *Vanity Fair* tomada por la fotógrafa Annie Leibovitz. La editora de la revista en ese momento, Tina Brown, acababa de tener su segundo hijo y quería retratar a Moore llevando un vestido ajustado, desafiando las viejas normas que dictaban que las embarazadas solo debían ser fotografiadas del cuello para arriba. «Buscaba una portada que cambiara el ambiente de los ochenta y diera paso a la nueva sensación de los noventa, una época un poco más fresca», explicó Brown a la CNBC en 2018.

Cuando Leibovitz fue a fotografiar a Demi Moore, esta accedió a posar desnuda, como un recuerdo privado para Moore y Willis. Pero cuando Brown vio esas fotos, en las que Moore se abrazaba el vientre irradiando un inconfundible poder maternal, la editora no quiso dejarlas escapar. Moore accedió a que la revista utilizara la foto y el número salió a la venta, vendiendo más de un millón de copias. Algunos comercios se negaron a venderla; otros, por lo visto, la envolvieron en papel marrón, como si fuera una revista pornográfica. La portada era extraordinaria. Transformó la forma en que el embarazo era retratado en la cultura, desestigmatizando el cuerpo de la mujer y fomentando un nuevo tipo de franqueza con respecto al proceso físico de la gestación. Muchas famosas —Mariah Carey, Beyoncé, Britney Spears, Jessica Simpson, Serena Williams— siguieron su ejemplo, y Williams, en particular, aprovechó la cobertura mediática de sus embarazos para hablar de la alarmante tasa de mortalidad de las mujeres negras durante el parto y las diferencias en la atención médica que reciben.

Pero la portada de Moore también ejemplificó un cambio que se avecinaba en la cultura, ya que la década de los noventa se inclinaba a la confesión, la revelación y la autoexposición: una voluntad de desnudarse, literal y figuradamente, en público. En 1990, la organización a favor de los derechos de los animales,

People for the Ethical Treatment of Animals (Personas por el Trato Ético de los Animales) lanzó una nueva campaña en la que aparecían famosos desnudos bajo el lema «Prefiero ir desnudo que llevar pieles». El programa *The Jerry Springer Show* se estrenó en 1991, conminando a estadounidenses comunes y corrientes a exponer sus secretos más vergonzosos para salir en televisión. En 1992, Sharon Stone descruzó las piernas en *Instinto básico*. En 1994, Eva Herzigová posó para una serie de anuncios espectaculares para Wonderbra, con leyendas como «Hola, chicos» y «¿O es que solo te alegras de verme?». Fotografiadas por Ellen von Unwerth en blanco y negro, la campaña capitalizó una nueva facción prosexo en la cultura, harta del «puritanismo y la ideología sofocante del feminismo estadounidense» y dispuesta a recicibir con los brazos abiertos «los valores eternos de la belleza y el placer», como escribió Camille Paglia en *The New York Times*.

Las innovaciones en los medios de comunicación ayudaron a retratar la atmósfera. Las cámaras eran más pequeñas, ligeras y portátiles que nunca, lo que les permitía acceder a lugares a los que antes no podían llegar. A mediados de los noventa, apasionados de la programación y personas extrovertidas comenzaron a experimentar con un nuevo modo de comunicación autovigilante llamado *lifecasting*. Al mismo tiempo, la tecnología evolucionaba tan rápidamente que nadie tuvo la oportunidad de desarrollar unos marcos éticos que la respaldaran. Cuando en 1995 robaron una cinta en la que Pamela Anderson aparecía manteniendo relaciones sexuales con su marido y la vendieron luego sin su consentimiento, quedó claro que la era de internet sería la de la posprivacidad.

Lo que le sucedió a Anderson fue emblemático de una continua negociación en los medios sobre las imágenes sexualizadas de las mujeres. En sus sesiones fotográficas, que capturaron representaciones icónicas de la feminidad de los años noventa, Kate Moss y Demi Moore fueron ambas persuadidas por fotógrafos y editores para que mostraran al público más de lo que pretendían. El robo y venta generalizada de la cinta de Pamela Anderson, aunque mucho más explotador, también puso de relieve la escasa elección que tenían las mujeres famosas en aquel momento sobre lo que se les permitía mantener en privado. La moda, en su implacable búsqueda de lo novedoso, de lo atrevido, estaba impulsando una nueva y embriagadora estética de la exposición.

El arte ya lo vio venir. De los sesenta en adelante, las mujeres artistas habían estado analizando los términos desiguales de la revolución sexual, utilizando sus propios cuerpos como tema y lienzo. El libro *Sex*, publicado por Madonna en 1992, se concibió como parte de esta tradición, al tiempo que anticipaba el mundo hipersexualizado de la autopresentación comercial que se estaba gestando. *Sex* fue un libro gráfico, con un concepto de gran formato y contenido explícito, con retratos del fotógrafo de moda Steven Meisel y diseñado por Fabien Baron, director creativo de Calvin Klein. Al igual que haría Eminem años más tarde, Madonna creó un personaje para distanciarse de las escandalosas imágenes que aparecían en *Sex*: un álter ego de nombre Dita. «Todo cuanto estás a punto de ver y leer es una fantasía, un sueño, una ficción», explica Madonna en la introducción. En imágenes que rinden tributo a Robert Mapplethorpe, posa en tanga y sujetador de cuero negro que deja los pezones al descubierto, acariciándose la entrepierna y lamiéndose un dedo. En otras, hace tonterías, riéndose y poniendo caras como queriendo rebajar la tensión de retratarse a sí misma atada a una silla, amordazada, con alguien tirándole fuerte del pelo platino.

*Sex* fue novedoso sobre todo por quién era la persona fotografiada —una de las mujeres más famosas de la música pop, un nombre conocido— y quién estaba al mando: una mujer. Visto a través de la lente de la cultura dominante de los Estados Unidos, era impactante. Pero en el contexto del mundo del arte, no era más que una parte integrante de un discurso público ya existente. Si consideramos a Madonna una artista performativa, como es mi caso, con *Sex* se situaba en el linaje de artistas como Hannah Wilke, Joan Semmel y Carolee Schneemann, quienes crearon obras que cuestionaban las representaciones sexualizadas de la mujer en el arte. En *Fuses* (1967), Schneemann se filmó a sí misma manteniendo relaciones sexuales con su pareja y luego atacó la cinta, cortándola, quemándola y pintando directamente sobre ella para recontextualizarla como la creación de una mujer. Semmel pintó retratos eróticos inequívocamente enmarcados desde su punto de vista, observando su cuerpo desnudo desde arriba durante el sexo. Wilke posó en *topless* en imágenes que ella misma fotografió, cubierta de diminutas vulvas hechas con chicle. Lo que estas tres artistas buscaban hacer era liberarse de la alienación de toda una vida de imaginería sexual definida y diseñada por y para el hombre.

*Sex*, aunque menos radicalmente feminista en sus intenciones, estaba igual de interesado en el poder, así como en la pregunta de si la exposición del cuerpo femenino es inherentemente dominante, vulnerable o ambas cosas. Cuando se publicó, los artistas estaban ya experimentando con el porno de formas que Madonna, como coleccionista, conocía bien. En 1990, Jeff Koons empezó a trabajar en su serie *Made in Heaven*, una serie de pinturas, esculturas y fotografías que retrataban al artista manteniendo relaciones sexuales con su entonces esposa, la estrella porno italiana Ilona Staller, también conocida como Cicciolina. Presentada con un trillado enfoque difuminado y títulos como «Dirty Ejaculation» (Eyaculación sucia) e «Ilona's Asshole» (El ano de Ilona), las obras parecían representar la mercantilización del mundo del arte en su forma más desenfrenada. En 2010, la crítica del *New York Times* Roberta Smith también se preguntó retrospectivamente si Koons, con un mínimo de sutileza, estaba tratando de reafirmar «el privilegio del hombre blanco heterosexual en una época en la que las políticas de la identidad estaban en auge».

El mismo año de la publicación de *Sex*, la artista Cindy Sherman —a quien Madonna admira y con quien siempre ha comparado su instinto camaleónico— presentó su serie *Sex Pictures*. Las obras, compuestas por piezas de muñecas anatómicas en poses sexualmente explícitas e inquietantes, pretendían ser un comentario del *Made in Heaven* de Koons, que Sherman consideraba «pueril y sensacionalista», según declaró a *The New Yorker*. Sus fotografías de orificios desmembrados y partes del cuerpo diseccionadas y sexualizadas parecían querer implicar al espectador. Si artistas como Wilke se arriesgaban al crear obras que se alejaban solo un poco de la pornografía convencional, Sherman hacía lo contrario: transformaba el estilo del porno en algo claramente grotesco e inquietante.

Lo que hacía Madonna era aún más diferente y, debido a quién era, con el tiempo acabó teniendo mucha más influencia. Al presentarse como sujeto y objeto sexual al mismo tiempo, estaba recuperando parte del poder que le habían arrebatado en los ochenta, cuando, mientras ensayaba para Live Aid, *Playboy* y *Penthouse* anunciaron que publicarían fotos de ella desnuda tomadas cuando era adolescente. La experiencia, según escribió su hermano Christopher, fue liberadora, ya que después del escándalo «ya no tenía nada que perder, nada que ocultar… A partir de ahora, es libre de ser tan escandalosa como quiera». Como para ilustrar el concepto posmoderno del pastiche, Andy Warhol convirtió la portada del *New York Post*, en la que se destacaba su desafío en una serigrafía: «Madonna, sobre las fotos desnuda: ¡Y qué!».

Sin embargo, también es fácil ver cómo *Sex* abrió una caja de Pandora de imágenes sexuales convencionales que ya no podrían contenerse. El libro era anárquico y perverso. También era divertido e irreverente. Proclamaba que la sexualidad de las mujeres era algo que debía celebrarse, no reprimir ni humillar. Pero debido al extraordinario nivel de fama de Madonna en el momento de la publicación del libro, y a cómo encajaba en un marco estereotípicamente pornográfico, el impacto a largo plazo fue el de autorizar cada vez más provocación sexual en los medios convencionales, provocación que alcanzó un punto de inflexión en la primera década del siglo XXI. Las imágenes de *Sex* eran disruptivas, pero no lo bastante. «Trágicamente, todo lo transgresor y potencialmente empoderador para las mujeres y los hombres feministas de la obra de Madonna puede verse socavado por todo lo que contiene de reaccionario y en absoluto poco convencional o nuevo», escribió bell hooks en aquel momento. Por muy radical que pretendiera ser *Sex*, solo podía ser tan subversivo como lo permitiese su interpretación.

Y la moda, al menos, estaba dispuesta a aprender la lección del éxito mundial de *Sex* en ventas, especialmente cuando se combinó con el éxito de taquilla de la portada de Demi Moore en *Vanity Fair*. Después de *Sex*, era mucho más fácil argumentar que el porno era arte.

En 1991, Jefferson Hack (el futuro compañero sentimental de Kate Moss) y Rankin (el futuro fotógrafo de la reina Isabel II y de la serie fotográfica de vaginas de *Down Under*) crearon *Dazed and Confused*, una revista que pretendía promover una alternativa a lo que sus fundadores denominaban una «cultura del ocio sintética». Ambos eran estudiantes en aquella época, en el London College of Printing. A raíz de la recesión, la propiedad inmobiliaria era barata y *Dazed* no tardaría en ocupar una oficina en el Soho, debajo del apartamento de Corinne Day, en pleno centro de la caótica y hedonista vida nocturna londinense. El *acid house* y el *rave* eran los estilos estéticos dominantes. Hack imaginó *Dazed* como un proyecto que forzaría los límites de la expresión creativa hasta donde fuese posible.

Junto a *The Face* y *i-D*, las dos revistas británicas ya existentes dedicadas a la moda y a la cultura alternativa, *Dazed and Confused* tuvo un impacto sorprendente en la década de los noventa. Para la generación X, obsesionada con la credibilidad contracultural y asqueada con los vendidos, era una biblia del chi alternativo. Y para el mundo de la moda en general, *Dazed* señalaba hacia el camino que pronto seguiría el resto de la cultura. Rankin había dicho que veía *Dazed* como un «lobo con piel de cordero»: una forma de introducir furtivamente el arte conceptual y las ideas disruptivas sobre la cultura en lo que parecía un estilo de publicación honesto. La revista destacó por publicar imágenes significativas y rompedoras de modelos trans, modelos mayores y modelos masculinos besándose, mucho antes de que esto fuera ampliamente aceptado en los medios.

Las revistas de moda convencionales, aterrorizadas por quedarse atrás, lucharon por estar a la altura de los tiempos. En 1993, la edición británica de *Vogue* publicó una serie de fotografías tomadas por Day en las que Moss posaba en lencería en un sórdido piso de Londres, la postura encorvada, en unas imágenes desafiantemente poco sensuales y glamurosas para ser una sesión de ropa interior. Mientras que algunos espectadores las interpretaron como calculados actos de rebelión —un corte de mangas a la industria y a la publicación que las encargó—, otros se sintieron incómodos por lo que consideraron la explotación estetizada de una adolescente. Un psicólogo argumentó que la sesión rozaba la pornografía infantil. La cuestión era el contexto: en una revista alternativa, pocos lo habrían notado, pero en *Vogue* las imágenes indicaban la normalización de un nuevo estilo abrasivo y provocador que se regocijaba en cruzar los límites. Después del sida, con el colapso económico como telón de fondo, este tipo de imágenes reflejaba un sentimiento generalizado de fragilidad y ansiedad. Más que nunca, la fotografía de moda se situaba en un espacio entre la publicidad, el comentario social y el arte contemporáneo.

El sexo era, inevitablemente, un tema: una forma de que los fotógrafos y editores mostraran su transgresión y de que las marcas obtuvieran exposición mediática ofendiendo a las masas. Muchos fotógrafos de la época rechazaban la idea de que estuvieran trabajando dentro del ámbito convencional de la publicidad de moda, y se veían a sí mismos como árbitros de la subversión cultural. En 1994, Terry Richardson fotografió su primera campaña comercial para la diseñadora Katherine Hamnet, con imágenes por debajo de la falda de modelos que dejaban ver su vello púbico, algo que más tarde calificó de «feliz accidente». El anuncio de David LaChapelle para Diesel de 1995, en el que aparecían dos marineros besándose, fue un rechazo abierto a la política del Ejército estadounidense sobre homosexualidad del «Don't ask, don't tell» (no preguntes, no lo cuentes). En un artículo para *Frieze*, Valerie Steele observó que los anuncios de Diesel de la década de los noventa yuxtaponían modelos convencionalmente jóvenes y atractivos con escenas banales, grotescas o fetichistas: adultos con pañales, sitofilia, incluso la muerte. Este tipo de imágenes, señaló, eran «novedosas en los medios, ya que rara vez se habían visto fuera de la pornografía» y se presentaban con «un tono general de humor y sarcasmo muy marcado» que retaba cualquier tipo de crítica.

En 1994, la indumentaria fetichista que Madonna lucía en *Sex* también se había incorporado a la moda convencional. La portada de septiembre de *The Face*, fotografiada por Ellen von Unwerth, presentaba a la supermodelo Nadja Auermann desnuda, salvo por un collar de perro de vinilo, los ojos delineados con un intenso maquillaje azul y los labios pintados de rojo brillante. La imagen, como señaló Arnold en *Fashion, Desire and Anxiety*, resulta desconcertante porque Auermann exuda tanto «el poder como el emblema del erotismo» como su esclavitud «a las poses y los escenarios de las revistas pornográficas». Ese mismo año, un anuncio inspirado en *Mad Max* para los neumáticos Dunlop mostraba actores en corsés de vinilo y capuchas de sumisión. Las revistas también jugaban con los conceptos de poder y responsabilidad: la portada de agosto de 1995 de *Dazed and Confused*, fotografiada por Rankin, mostraba a una modelo muy joven con un vestido a rayas tumbada en el suelo llorando, agarrándose el cuello como si sintiera dolor. En 1997, la revista sacó en su portada una viñeta de estilo «rasca y gana» encima de Helena Christensen, insinuando la posibilidad de desfigurar la imagen de la modelo y mostrar sus pechos.

Imágenes como esta se presentaron como un mordaz comentario sobre la explotación que imperaba en la industria de la moda. Para su serie «Hungry?» en *Dazed*, Rankin fotografió a una modelo desnutrida, con una camiseta demasiado grande sujeta por detrás con pinzas sujetapapeles y devorando una tableta de chocolate gigante. Sin embargo, algo se estaba perdiendo en la traducción. En esa misma época, las publicaciones pornográficas adoptaban rápidamente el estilo y el diseño de las revistas de lujo. En el año 2000, «L'edition sexe» de *The Face*, publicada dentro de una bolsa de plástico rosa adornada con las letras XXX, era difícil de distinguir de *Richardson*, una publicación pornográfica de lujo que *The Face* elogió como un «evento de moda bellamente fotografiado que se vendía en la Tate Modern y que contenía masturbaciones con *fisting*, pajas y adolescentes japonesas meando».

Los medios convencionales ya estaban tomando nota, aprovechando los límites cambiantes de lo que las marcas podían permitirse con impunidad respecto a las mujeres. En 1995, el editor británico Felix Dennis lanzó *Maxim*, una revista que se trasladó a Estados Unidos dos años más tarde y que acabaría publicándose en dieciséis ediciones en setenta y cinco países. La revista tenía un diseño llamativo y pop, y la burda simplicidad de una casa de fraternidad universitaria; en su portada prometía «sexo, deportes, cerveza, gadgets, ropa, fitness». *Maxim* clasificaba a las estrellas femeninas según lo buenas que estaban y bromeaba irónica pero insistentemente sobre violencia sexual. La competencia no tardó en seguir su ejemplo: el consultor sentimental de *Zoo* animó una vez a un lector a superar su ruptura rajándole la cara a su ex y *For Him Magazine* alentó a los lectores a calcular cuánto «pagaban» a sus novias por el sexo. El espíritu de *Maxim* también se filtró en el incipiente mundo de los medios online. En 2003, el fundador de *Gawker*, Nick Denton, lanzó *Fleshbot*, una página web orientada al sexo y la pornografía que se presentó publicando el vídeo sexual de Paris Hilton. Denton explicó en una entrevista que provenía de «la escuela editorial Felix Dennis», para la que cuanto más basura fuese el contenido, mejor.

Las frágiles fronteras que delimitaban la moda, la pornografía, el arte y la publicidad habían empezado a derrumbarse por completo. En 2003, Benetton anunció una nueva exposición en el Instituto KW de Arte Contemporáneo de Berlín de unas fotografías inéditas de Terry Richardson para la firma Sisley. En un comunicado de prensa, la empresa declaró que «el significado y el valor artístico de estas fotografías trascienden su función original para convertirse en expresión de una sensibilidad manifiesta y transgresora que es, sin embargo, tan irónica que permite al público superar su reacción instantánea de escándalo y conmoción». Una de las fotos, en la que la modelo Josie Maran se echa leche directamente de la ubre de una vaca a la boca, claramente escenificada para parecerse a una «money shot» (la escena porno de eyacular en la cara de una mujer), fue después incluida en *Terryworld.*

A lo largo de los noventa, la apropiación de la pornografía en determinados círculos culturales dio lugar a un nuevo género que escapaba a cualquier definición. *Sofasosexy*, una exposición de Rankin de 2002 con fotografías de actrices porno y modelos retozando en un sofá naranja mugriento, fue descrita por su creador en una entrevista como «fotografías cochinas», «una tomadura de pelo, una auténtica broma» y «solo sexo», como si cualquiera que tratara de encontrar un significado más profundo no estuviese entendiendo nada. *Naked London*, un libro del año 2000 del fotógrafo Greg Friedler que retrataba «gente corriente primero vestida y luego completamente desnuda», parecía más un proyecto documental que intentaba encontrar con seriedad puntos en común entre sus sujetos expuestos en lugar de convertirlos en chistes posmodernos. Un inquietante desplegable de Richardson para *Dazed and Confused* en 1999, que mostraba modelos como Eva Herzigová e Ivanka Trump con agujas intravenosas en un brazo en una sala de hospital, formaba supuestamente parte de una campaña para concienciar sobre la donación de sangre, aunque ahora es difícil no interpretarlo como algo emblemático de la forma en la que las modelos eran percibidas: como percheros humanos, necesariamente corpóreas y vulnerables por naturaleza, pero también absurdamente intercambiables.

La experimentación de la moda y el arte con los motivos y las técnicas del porno estaba influyendo rápidamente la cultura dominante, de una forma muy consumista y desprovista de ironía. En 1999, el porno había pasado de los medios alternativos a los centros comerciales. El número navideño de la revista *Abercrombie & Fitch Quarterly* de ese año, titulado «Naughty or Nice» («buena o mala», de la letra del villancico popular «Santa Claus Is Coming To Town»), incluía fotos de desnudos, menciones al sexo oral y a tríos, y una entrevista con la actriz porno Jenna Jameson en la que el entrevistador no hacía más que incitarla a que le dejase tocarle los pechos. «¿Alguna vez te quedas escocida?», le preguntó. «¡Por supuesto!», contestó. «Después de la película *Rocko* no pude caminar durante dos semanas». La publicación provocó la indignación de los medios, pero la campaña estratégicamente sexual de la empresa dirigida a su público adolescente fue acertada: un artículo de la revista *Time* del año 2000 declaró que las ventas se habían multiplicado por seis en solo seis años.

Ese año, la canción «Thong Song» del cantante de R&B Sisqó alcanzó el tercer puesto en las listas de Billboard, lo que resume cómo la cultura popular había adoptado el tanga como símbolo de libertad y poder sexual. Los diseñadores, incluidos Jean Paul Gaultier y Tom Ford (para Gucci) ya habían incorporado tangas visibles en sus colecciones de pasarela de primavera/verano de 1997. A principios de la década de

2000, la llamada «cola de ballena», o la minúscula tira de ropa interior expuesta por encima de la ropa de talle bajo de las mujeres, había sido popularizada en todo el mundo por Britney Spears, Christina Aguilera y Paris Hilton. En 2001, el desfile de Victoria's Secret se televisó por primera vez, en una extraña y lasciva retransmisión en la ABC en la que el presentador Rupert Everett, en un momento dado, frotó su cara contra la pierna de Heidi Klum. Al año siguiente, Abercrombie & Fitch, cuya clientela tenía entre trece y dieciocho años, empezó a vender tangas con las palabras «Wink Wink» («Guiño guiño») y «Eye Candy» («caramelito para los ojos») impresas.

Al visitar una retrospectiva de 2024 sobre el trabajo de Rankin de los noventa para *Dazed*, me impactó lo mucho que aquello pareció influir directamente o predecir el estilo de principios del siglo XXI. En una imagen, la parte trasera de los vaqueros de una mujer estaba bordada con la palabra «cheeky» (atrevida), mucho antes de que los trajes de colores pastel de Juicy Couture convirtieran los glúteos en vallas publicitarias andantes. En 1999, Rankin fotografió a Kate Moss para un reportaje de *Dazed* titulado «Viva la Revolution», desnuda salvo por unos tirantes y medias al estilo de las polainas de un bandido. Tres años más tarde, David LaChapelle dirigió «Dirrty» de Christina Aguilera, un vídeo con fuertes connotaciones pornográficas en el que Aguilera (aquí rebautizada como «Xtina»), vestida con zahones sobre medias rojas, se retorcía en un ring de boxeo mientras la observaban hombres peludos y sudorosos.

Mientras que los fotógrafos de los noventa habían experimentado con la creación de arte a la manera del porno, una década más tarde el sexo era cultura. No había necesidad de fingir que nadie estuviese interesado en otra cosa. Tras el estreno de *Striptease* y de *Showgirls*, los clubs de striptease vivían un renacimiento, sirviendo de escenario a un sinfín de vídeos musicales y ganando popularidad entre las mujeres. En el festival de Sundance de 1999, se presentaron dos largometrajes: *American Pimp*, un documental en el que se entrevistaba a treinta proxenetas sobre sus carreras, y *Sex: The Annabel Chong Story*, un retrato de la actriz porno que intentó batir un récord mundial al mantener relaciones sexuales 251 veces en diez horas. La tendencia hacia la autoexposición chocó con un momento del porno chic en el que las memorias sobre el *striptease* y el trabajo sexual se hicieron omnipresentes: *Diary of a Manhattan Call Girl* de Tracy Quan, *Las aventuras íntimas de Belle de Jour*, de Belle de Jour, *Rent Girl* de Michelle Tea y *Diario de una stripper*, de Diablo Cody. Estas obras desestigmatizaron el trabajo sexual y rara vez lo glamorizaban. Humanizaron y dieron voz a las mujeres que actuaban para el placer de los demás. Pero también contribuyeron a consagrar la idea de que el cuerpo de la mujer era la mercancía milenial definitiva.

Lo que más recuerdo de esa época es la poca oposición con que se contrarrestaba esa tendencia. La cosificación sexual se había normalizado y se había convertido en una marca de la industria de la moda, que obtenía enormes beneficios a cambio. Un anuncio de American Apparel del año 2000 estaba diseñado para parecer una tarjeta publicitaria de servicios sexuales, con fotografías amateur de una joven rubia posando desgarbada en tanga blanco y camiseta de tirantes. Para muchas de nosotras, las modelos de lencería y las estrellas del porno eran las referencias a seguir por antonomasia: avatares del compromiso, la liberación, el esfuerzo. En 2003, cuando Snoop Dogg llevó a dos mujeres con collares y correas de perro a los premios de la MTV, apenas se levantaron protestas.

(Un pie de foto de Getty solo apuntó que estaba «haciendo cumplir la ley de correas para mascotas» en Nueva York).

Al repasar los archivos, he llegado a pensar que lo que Ariel Levy denominó la «cultura de la indecencia» en su libro de 2005 *Female Chauvinist Pigs* —una tendencia cultural dominante que celebraba el porno, el sexo, la automercantilización, el sexismo irónico y la autoexposición desinhibida— comenzó en la moda. Esta es una industria en la que el cuerpo femenino ha sido vendido, abusado y también sometido por la imposición de extrema delgadez durante mucho tiempo, donde los hombres con poder amedrentan, manipulan y se aprovechan del trabajo de las chicas que no lo tienen. La confusión sexual de los noventa, con el voyeurismo y su miedo al futuro, creó un espacio donde era demasiado fácil apropiarse y comercializar la sexualidad femenina con fines lucrativos, usando la pornografía como catálogo de referencia y manual de instrucciones. Pero, al mismo tiempo, el porno se estaba adaptando a un mundo en el que ya no era marginal. Cuanto más explotaba la cultura popular de su imaginería y su exceso sexual, más tenían que llegar al extremo los fotógrafos para destacar entre la masa.

## Capítulo 3

# CHICA DE PELÍCULA

*Las comedias sexuales del multicine a la manosfera*

> Decir que los hombres son heterosexuales implica solamente que tienen relaciones sexuales exclusivamente con el sexo opuesto, es decir, las mujeres. Todo o casi todo lo que es propio del amor, la mayoría de los hombres hetero lo reservan exclusivamente para otros hombres… La cultura masculina heterosexual es homoerótica; es amante de los hombres.
> MARILYN FRYE (1983)

> El cine trata de lo que está dentro del plano y de lo que queda fuera.
> MARTIN SCORSESE (2003)

Últimamente, después de haber visto la comedia *American Pie*, de 1999, más veces de las que debería cualquier persona mayor de dieciocho años, no puedo dejar de pensar en Kevin. Atrapado en una película que se regodea en los arquetipos —el empollón, el deportista, el objeto sexual, la pesada estirada— Kevin (interpretado por Thomas Ian Nicholas) es una curiosa anomalía, un personaje sin carácter, de ojos oscuros y atractivo anodino. Se siente fuera de lugar porque *American Pie* es una comedia grosera y vergonzosa, pero con un fondo sorprendentemente dulce. Jim, interpretado por Jason Biggs, aunque sufre humillación sexual tras humillación sexual, nunca se amarga ni se vuelve vengativo. Finch (Eddie Kaye Thomas) y Oz (Chris Klein) se redimen de su frikismo excéntrico y la bobaliconería del «musculitos», respectivamente, al final de la película. Stifler (Seann William Scott) es torturado por sus pecados con el espectáculo edípico de su madre pillada in fraganti con Finch.

Entonces ¿qué le pasa a Kevin? No tiene aficiones, ni rasgos distintivos, ni deseos destacables más allá de ese que le consume: perder la virginidad. Si ves *American Pie* pensando en Kevin empezarás a notar su silenciosa crueldad, su marcada falta de empatía. En su primera escena, hablando con su novia Vicky (Tara Reid), con quien Kevin intenta desesperadamente tener relaciones sexuales, el pánico en sus ojos cuando Vicky le dice que lo ama se utiliza para crear un efecto cómico. «Ya estoy harto de mamadas», le dice a Jim después en una fiesta, lamentándose de su situación. «Tengo ganas de echar un polvo ya». Se burla de Stifler por beber la cerveza en la que Kevin acaba de eyacular, preguntándole cómo le ha sentado la «cerveza espumosa». Después de que Jim envíe por error un vídeo en el que aparece eyaculando precozmente con Nadia, dos veces, a toda la lista de correo del instituto, Kevin saluda cruelmente a su mejor amigo como «rayo veloz», lo que lleva incluso al atribulado Jim a señalar que se supone que los amigos están para apoyarse.

Y, lo que es más importante, es Kevin quien idea el plan que está en el corazón de la película: el pacto entre los cuatro protagonistas de perder su virginidad antes del baile de graduación o morir en el intento. «Esto tiene que quedar entre nosotros», dice en voz baja, mirando a su alrededor con recelo en el salón pintado de rojo oscuro de la madre de Stifler, como buscando quién pudiera traicionarlos. «Este es el trato. Todos tendremos que follar antes de graduarnos». Los demás ponen los ojos en blanco. Insisten que esta no es una idea nueva y que no es que no lo hayan intentado. Kevin insiste, haciendo hincapié en que lo que de verdad necesitan es responsabilizarse: «Estaremos aquí para que nadie se salga de la pista. Por separado, somos imperfectos y vulnerables, pero juntos somos los dueños de nuestro destino sexual... Es nuestra propia hombría la que está en juego». Se sube de un salto a una silla, un general de pacotilla que lidera sus tropas hacia la batalla. «Al final ha llegado nuestro día. Y nuestro momento. Os aseguro que no permaneceremos impasibles observando que la historia nos condena al celibato. Plantaremos cara. Triunfaremos. ¡Por fin podremos tirarnos a alguien!». Los amigos vitorean triunfantes; la misión ha comenzado.

Con su estreno, *American Pie* marcó el comienzo de una nueva edad de oro para lo que Hollywood llama, de forma cuestionable, «comedia sexual adolescente». El cine tiende a funcionar por oleadas: un éxito fortuito, una ola de imitaciones que ofrecen ingresos menguantes con cada nueva entrega, un creciente sentimiento de exasperación del público, un nuevo éxito sorpresa, y vuelta a empezar. En la década de 1980, el éxito arrollador de la libertina farsa universitaria de 1978 *Desmadre a la americana* inspiró una serie de comedias de explotación sobre adolescentes y estudiantes universitarios: *Meatballs*, *Aquel excitante curso*, *Porky's*, *El último americano virgen*, *La revancha de los novatos*. En 1984, *Movimientos calientes*, una comedia destacable por su póster, en el que cuatro adolescentes liliputienses cuelgan de la mitad inferior del bikini rojo de una mujer gigante, también tenía como protagonistas a un grupo de amigos que hacían un pacto para perder la virginidad. La mayoría de estas obras no eran más que formas fáciles de hacer dinero, un intento cínico de sacar provecho del poder adquisitivo de los adolescentes estadounidenses, a los que no les faltaba ni la paga en los bolsillos ni el tiempo libre durante la década de los ochenta de Reagan.

*Dieciséis velas*, también de 1984, supuso un cambio radical. El debut como director de John Hughes, que anteriormente había escrito dos secuelas de *Desmadre a la americana*, de la serie de películas producidas por National Lampoon, se centraba en la experiencia de Sam, interpretada por Molly Ringwald, y aportaba más textura emocional y dramatismo al género. También destacó por la parodia flagrantemente racista de Long Duk Dong y una escena en la que Jake, el héroe romántico interpretado por Michael Schoeffling, le «presta» a su novia, que ha perdido el conocimiento, a otro personaje para que haga con ella lo que quiera. Lo que distinguía las películas de Hughes de sus predecesoras era que al menos trataban de empatizar con las turbulentas vidas interiores de los adolescentes. En *El club de los cinco* (1985), Allison, interpretada por Ally Sheedy, incluso tiene un momento para criticar la arbitraria situación de la sexualidad de las chicas: «si dices que no lo has hecho, eres una mojigata. Si dices que lo has hecho, eres una guarra. Es una trampa. Quieres hacerlo, pero no puedes, y cuando lo haces, desearías no haberlo hecho, ¿verdad?». Pero a finales de los ochenta, en especial con el trasfondo del sida y tras el éxito de taquilla de *Cuando Harry encontró a Sally*, las comedias sexuales adolescentes quedaron prácticamente abandonadas por la fórmula más fiable del «¿se lían o no se lían?» del romance adulto. En conjunto, nuestra imaginación cultural se olvidó felizmente de *Porky's* hasta 2018, cuando Brett Kavanaugh fue nominado para el Tribunal Supremo[8].

[8] Brett Kavanaugh, juez de la Corte Suprema de los Estados Unidos, nombrado en 2018 por el presidente Trump, fue investigado por las acusaciones de violación y abusos de al menos cuatro mujeres durante sus años de instituto y universitarios; en estos últimos, Kavanaugh pertenecía a la fraternidad Delta Kappa Epsilon (N. de la E.).

Sabiendo esto, *American Pie* mostraba abiertamente sus inseguridades anacrónicas. Cuando el guion se envió a distintos lectores de estudio, llevaba la etiqueta provisional de «comedia sexual adolescente sin título que se puede rodar por menos de diez millones de dólares y que la mayoría de los lectores odiarían, pero creo que a ti te encantará». Con un guion del veinteañero recién llegado Adam Hertz, que había escrito un ensayo en la universidad titulado «Gross-Out Cinema» («Cine repugnante»), el libreto actualizaba el modelo de *Porky's* para el público de finales de los noventa. El tono es grosero (la mencionada cerveza con semen, el interludio de apertura en el que Jim intenta masturbarse viendo un canal porno por cable codificado, la profanación de una tarta de manzana casera), pero la inteligencia emocional es sorprendentemente alta. La brújula moral de la película es hasta honorable, si entornas los ojos lo suficiente: el personaje más feliz de la escena final es Oz, que renuncia a la gloria del deporte por Heather (Mena Suvari) y rehúsa decirle a sus amigos si se acostó o no con ella.

*American Pie* señaló el comienzo de una nueva obsesión cultural por la adolescencia: por la libertad, amistad y las desventuras que permite a los chicos y por la vulnerabilidad sexual que impone a las chicas. Cuando la vi en 1999, *American Pie* no me pareció más que una película de las que te provocan un sentimiento de incómoda vergüenza ajena. Sin embargo, en retrospectiva, parece que conectaba profundamente con los chicos que conocía, empeñados en perder la virginidad y que a menudo se mostraban abiertamente hostiles con las chicas que consideraban culpables de desbaratar sus planes. Al igual que Kevin, parecían dispuestos a alcanzar la madurez sexual a base de intrigas, chantajes emocionales e incluso el acoso. Una comedia entrañable y absurda que, a pesar de sus mejores esfuerzos, contribuyó a afianzar una cultura del derecho al sexo en modos que se iría malignizando y metastatizando a medida que avanzaba la década de los 2000.

En el libro *American Pie: The Anatomy of Vulgar Teen Comedy*, Bill Osgerby señala que la película se diferencia de sus genéricas predecesoras, como *Porky's* y *Desmadre a la americana*, en que los personajes no tienen un enemigo institucional ni un tiránico gobernante al que derrocar. «Los jóvenes héroes de *American Pie*... no se rebelan contra la injusticia social ni desafían a las figuras de autoridad corruptas», escribe. «En vez de eso, se embarcan en una búsqueda más hedonista de realización personal por medio de las emociones fuertes de las aventuras sexuales y las fiestas de la cerveza». Sin embargo, yo argumentaría que Jim, Oz, Finch y, sobre todo, Kevin sí tienen una fuerza contra la que luchar. Toda la trama de *American Pie* es la búsqueda para superar la virginidad masculina, un estado que los personajes consideran, en el mejor de los casos, patético, y, en el peor, jerárquicamente injusto. Todos ellos son célibes involuntarios. El sexo es el objetivo, la virginidad el antagonista y las chicas las guardianas, las que se interponen en el camino del destino legítimo y glorioso de los héroes.

La cultura popular no es una fuerza inocua; no pasamos por la adolescencia —viendo escenas de películas, leyendo libros, escuchando bromas y todo tipo de diálogos— rodeados de un campo de fuerza invisible que repele las malas ideas. Aprendemos muchísimo de las historias con las que nos encontramos. En las películas de los ochenta con las que crecieron Kevin y Brett Kavanaugh, como resumió una vez el crítico cultural Wesley Morris, «a las chicas se las emborracha, se las espía, se las mete en maleteros y en carritos de la compra y son objeto de risa». Pero durante la década de los noventa, las cosas se volvieron un poco más complicadas. La misoginia directa de *Porky's* y *La revancha de los novatos* fue sustituida por un cine que veía a las chicas como criaturas con mucha agencia sexual, quizá demasiada. La historiadora de cine Karina Longworth, en su podcast *You Must Remember This*, ha analizado la profundidad del tropo de la Lolita de los años noventa: chicas menores o adolescentes que eran fetichizadas, veneradas y temidas en la pantalla en películas como *Hiedra venenosa*, *Lolita*, *Juegos salvajes* y *Veneno en la piel*.

La influencia del porno en esas películas parece ahora incuestionable, presenta animadoras, canguros, hijastras y colegialas que rozan la ilegalidad, todas ellas intrépidas y demasiado accesibles. Puede verse cómo se empiezan a filtrar sus tópicos en los multicines a lo largo de la década de los noventa y cómo la sexualidad femenina adulta es sustituida por el «empoderamiento» adolescente. En 1995, Alicia Silverstone, que entonces tenía diecinueve años, apareció en *La niñera*, un thriller psicológico que se estrenó directamente en vídeo, sobre tres hombres —dos adolescentes y un adulto— que están sexualmente obsesionados con la misma chica. Este fue el año después de que Silverstone protagonizara tres vídeos distintos de Aerosmith, uno de los cuales, «Crazy», cuenta con Silverstone y Liv Tyler, la hija de Steven Tyler, interpretando a dos colegialas católicas que se escapan de clase, roban en una gasolinera, le regalan unas fotos en topless del fotomatón al boquiabierto empleado, entran en la «noche de aficionadas» en el club de striptease y después se desploman sobre una cama con el dinero del premio. En los tres vídeos, según escribió Michael Musto en un reportaje para *Vanity Fair* en 1995, Silverstone interpretó a «una sirena anhelante, rebelde y ligeramente desenfadada que parece diseñada para acompañar a los chicos hacia la pubertad».

La película de Amy Heckerling de 1995 *Fuera de onda*, al convertir la virginidad de Cher Horowitz en parte de la trama, se limitó a explicitar lo que otros productos de Silverstone solo insinuaban: que la sexualidad adolescente era el premio definitivo para cualquier hombre que lo reclamase. Las películas de los noventa se recreaban en las chicas espléndidas e inapropiadamente jóvenes, aunque técnicamente no se cruzase ninguna línea: la película *Beautiful Girls* de 1996 presenta una relación emocional supuestamente entrañable entre el adulto Timothy Hutton y el personaje de trece años interpretado por Natalie Portman. En los noventa, observa Longworth, la edición anual de *Esquire* «Mujeres que amamos» añadía incluso una cuestionable columna lateral, «Mujeres por las que estaríamos dispuestos a esperar» en la que aparecían estrellas adolescentes —una Kirsten Dunst de trece años y Christina Ricci, de quince— por las que los editores de la revista no podían evitar sentirse atraídos, aunque prometían respetar pacientemente la tierna edad de las chicas. En 1997, cuando se estrenó la adaptación de *Lolita* de Adrian Lyne con escenas de sexo erotizadas entre los personajes de una niña de catorce años y su padrastro cuarentón, su protagonista, la actriz de diecisiete años Dominique Swain, posó para la portada de *Esquire* para promocionar la película lamiéndose un dedo ataviada con un mono vaquero.

Sin embargo, a menudo sí se traspasaban los límites. *Kids*, la película independiente de Larry Clarke de 1995, comprada y distribuida por Harvey Weinstein, comienza con una escena de seis minutos en la que Telly, el «cirujano de vírgenes», engatusa a una chica de doce años para que se acueste con él, la trata con brutalidad cuando le ruega que pare y después se ríe con su mejor amigo. La influencia de *Kids* en el cine de los noventa fue profunda. En historias orales y artículos conmemorativos, las personas que hicieron la película siempre declaran con orgullo que no podría haberse hecho hoy en día, como si someter a actores prepúberes y adolescentes a escenas de violación prolongadas fuese algo de lo que enorgullecerse, un sello de la provocadora audacia cinematográfica en lugar de un desprecio espeluznante e insensible. «Todos los tíos intentaban tirarse a Rosario en la película», dijo el guionista Harmony Korine a la *Rolling Stone* en 2015 sobre la actriz Rosario Dawson, que tenía quince años en aquel momento. La escena inicial de *Kids* está tan íntimamente entramada con los actores, que se besan durante varios minutos, que se pueden ver las gotas de sudor en la cara de la niña de doce años, el rostro mudo por el terror cuando se da cuenta de lo que ha «consentido».

*Kids* fue tan impactante, tan nihilística y voyerísticamente sombría con respecto a los adolescentes y al sexo que todo lo que vino después pareció más inocuo en comparación. Fue mucho más fácil para Columbia Pictures promocionar *Juegos salvajes*, un thriller erótico en el que dos chicas de instituto de Florida, interpretadas por Neve Campbell y Denise Richards, celebran haber llevado a cabo una lucrativa estafa haciendo un trío con su orientador escolar (Matt Dillon). Fue más fácil para Bernardo Bertolucci en *Belleza robada* (1996) obsesionarse con la pregunta de a quién «entregaría» Lucy (Liv Tyler) su virginidad mientras la cámara se recrea en su cuerpo en bañador, una pregunta que los adultos de la película debaten y analizan durante una indecorosa extensión de tiempo. Probablemente resultó también más defendible que el póster de la película, donde Tyler salía desnuda y poniendo morritos, se exhibiera artísticamente frente a las onduladas colinas de la Toscana.

Cuando se estrenó *American Pie*, en 1999, era un lugar común cinematográfico retratar a las adolescentes como taimadas e hipersexuales arpías o como vírgenes castas e ingenuas. *Crueles intenciones*, estrenada en aquel verano, tenía de protagonistas a ambas, en la forma de Kathryn Merteuil, interpretada por Sarah Michelle Gellar («la puedes meter donde quieras», le dice a su hermanastro, esgrimiendo la posibilidad del sexo anal como parte de un contrato sexual), y Annette Hargrow, interpretada por Reese Witherspoon, que hace de voluntaria en centros para mayores y una vez publicó un ensayo en *Seventeen* sobre reservarse para el matrimonio. Las películas de los noventa tendían a ver a las chicas aprovechándose de su sexualidad para conseguir poder o reservándosela, con la misma intención. En *Fuera de onda*, Cher Horowitz se obsesiona con el problema de con quién perder la virginidad, una decisión mucho más complicada que una simple cuestión de deseo. La película era una adaptación muy libre de *Emma* de Jane Austen, y el cambio en la ambientación funcionó porque lo que estaba en juego en el vínculo romántico de una chica estadounidense de los noventa no era mucho menos importante que para una mujer soltera a principio del siglo XIX: Cher veía peligrar su reputación, su estatus social y su futuro.

*Fuera de onda*, al menos, le otorgaba agencia a Cher. ¿Qué querían las chicas en los noventa? Según sugerían las películas: ser vistas como deseables y beneficiarse de ese deseo. *American Beauty*, que se estrenó el mismo año de *American Pie*, presentaba al personaje de Angela interpretado por Suvari como una mujer que exhibía su sexualidad adulta de un modo que resultaba transparente para el público, aunque Lester, interpretado por Kevin Spacey, no fuera capaz de verlo. Como la fantasía de Lester de tintes pornográficos, Angela coquetea, posa y exuda una sexualidad afectada, si bien Suvari es lo bastante sutil como actriz para hacernos ver que es un rol que no le encaja. En las escenas con Jane, interpretada por Thora

Birch, en cambio, Angela es totalmente distinta: una maraña de energía bobalicona y maliciosa, fácil de ridiculizar y, sin embargo, claramente vulnerable.

El voyerismo es un tema recurrente en la película y, a pesar de su lascivia, le agradezco a *American Beauty* que muestre a Angela interpretando el erotismo para la mirada masculina tal como todas las adolescentes aprenden que supuestamente deben hacer. La película nos permite ver que las muestras de su sexualidad son fingidas, muy alejadas de lo que de verdad querría si le concedieran espacio para descubrirlo. Que *American Beauty* sea lo bastante inteligente como para, al fetichizar a Angela como una animadora adolescente para el público adulto, replicar una estratagema que reconoce como tal, es una paradoja que no logro desentrañar. Los chicos adolescentes de la película son simples de un modo que les hace un flaco favor. Quieren echar un polvo, como dice Kevin, y llegan a extremos absurdos y heroicos para conseguirlo. Lo que quieren las chicas se presenta como algo mucho más complicado, lo que desalienta a los chicos de intentar averiguarlo y, a la vez, convierte el sexo en una lucha de poder donde los términos nunca pueden ser igualitarios.

Comprender y expresar la sexualidad, para las chicas, ya es lo bastante complicado sin la preocupación añadida de quién más podría estar mirando. La escena de *American Pie* que ahora parece más indefendible empieza cuando los chicos se reúnen en la biblioteca, maravillados de que Nadia, interpretada por Shannon Elizabeth, vaya a casa de Jim a estudiar después de la clase de ballet. «¿Vas a tener a una nena de Europa del Este desnuda en tu casa y no has pensado hacer nada?», pregunta Stifler, horrorizado. «¿Pero qué quieres que haga? ¿Difundirlo por internet?», responde Jim. Kevin gira la cabeza como un látigo desde la mesa de al lado, con apremio: «¿Puedes hacerlo?». Jim sabe lo suficiente como para entender que la idea es moralmente reprensible, pero la lógica de Stifler lo avergüenza y lo convence: «Muchacho, si no tienes huevos para filmarla desnuda, ¿cómo demonios quieres tirártela?».

Jim coloca su cámara, envía rápidamente el enlace a una serie de contactos de su agenda de direcciones, invita a Nadia a entrar en su habitación para que se cambie la ropa de ballet, después corre hasta casa de Kevin para ver cómo se desviste. «Ahora empieza lo bueno», dice Kevin, mientras Nadia —una chica espectacular interpretada por una actriz de veinticinco años con piernas largas y bronceadas y notorios implantes de pecho— se quita primero la camisa, luego los pantalones cortos y, por último, el sujetador. En vez de cambiarse, hurga entre los cajones de Jim, encuentra su alijo de revistas de contenido explícito y empieza a masturbarse, una escena que no tiene sentido en ningún ámbito que no sea el porno. Los chicos que están mirando están fuera de sí. «Mejor oportunidad que esta con Nadia no podrás tenerla», le dice Kevin a Jim. Pero antes de que Jim pueda volver corriendo, Sherman alerta a Kevin de que Jim ha metido la pata al enviar el correo electrónico, lo que significa que Nadia estaba siendo retransmitida sin su conocimiento a todos los miembros de la guía del instituto.

Lo que sucede a continuación se presenta como humillante para Jim: en vez de triunfar con Nadia mientras sus amigos lo observan, eyacula prematuramente, dos veces, ante toda la comunidad escolar. De hecho, Nadia no vuelve a aparecer en persona: como estudiante de intercambio de la República Checa, su familia la manda a casa de inmediato después del incidente y se lleva la peor parte de las consecuencias a pesar de no tener ni idea de lo que le estaba pasando. Jim no es sancionado por la escuela, ni siquiera reprendido. La película da a entender que su humillación es un castigo suficiente. Al fin y al cabo, él no pretendía que lo viera tanta gente. Se suponía que solo lo iban a ver él y sus amigos.

La idea de la viralidad, la conciencia de que algo subido a internet o compartido con una sola persona más podía extenderse por todo el mundo, tan imparable como las malas hierbas o el sarampión, no había calado aún en 1999. Solo habían pasado dos años después de que otra mujer espectacular, Pamela Anderson, se convirtiera en la primera famosa en tener imágenes de sí misma manteniendo relaciones sexuales difundidas por internet sin su consentimiento, después de que un vídeo casero de ella y su marido de aquel entonces, Tommy Lee, fuera robado de una caja fuerte en su casa de Malibú. Ahora, más de medio siglo después, es fácil entender que lo que le ocurrió a Anderson fue monstruoso, una especie concreta de violación. Pero a finales de los noventa, el auge del porno amateur como género y la aparición de personas dispuestas a retransmitir los momentos íntimos de sus vidas en internet, habían difuminado las fronteras entre lo público y lo privado. Cuando Anderson denunció a la empresa que distribuyó y se aprovechó económicamente de la cinta, los abogados de esta le dijeron que, como antes había posado para *Playboy*, no tenía derecho a alegar que era víctima de un delito.

Así fue como una de las mujeres más famosas del mundo perdió el derecho a una vida sexual privada. ¿Es sorprendente que hombres y niños consideraran que tenían un derecho tácito a tomar y compartir cualesquiera imágenes que escogiesen? El mensaje en *Porky's*, en *Placeres de juventud* e incluso en *American Pie* es que las chicas tenían el deseo oculto de ser espiadas, que convertirse en el objeto de la mirada invasiva de alguien era la afirmación de un tipo de valor especial. *Girls Gone Wild* se había estrenado el mismo año de la cinta robada de Pamela Anderson, vendiendo vídeos en que universitarias y, a menudo, chicas de instituto enseñaban de buena gana los pechos, se enrollaban entre ellas y hacían *striptease* delante de la cámara, todo por una mísera compensación en forma de productos de la marca y una dudosa reputación entre jóvenes modernos. El atractivo de la franquicia era que las chicas de las cintas eran muy normales, muy familiares. Podían ser la compañera de laboratorio de cualquiera, la exnovia estirada de un compañero de piso. La cosificación de una chica se convirtió así en el descrédito de toda una generación: si estas mujeres estaban dispuestas a enseñarlo todo, ¿acaso alguna podía quejarse si la grababan en secreto con una cámara? En 2005, el término «porno de venganza» aún no se había acuñado, pero el género tenía su propia página web, exgfpics.com, que ofrecía un espacio para la lujuria mezclada con el rencor e incluso con el odio.

Cuando se estrenó *American Pie*, los miembros del equipo creativo se apresuraron a afirmar que la película era más inteligente que sus predecesoras. Paul y Chris Weitz, el director y productor de la película, dijeron incluso que habían tratado de ver *Porky's* a modo de documentación, pero que no pudieron terminarla debido a las muchas, según sus palabras, «terroríficas muestras de misoginia». Adam Herz, que escribió el guion, insistió en que «no quería que las chicas fuesen el típico objeto sexual, los formulaicos estereotipos de las comedias de adolescentes. Así que me aseguré de que en cualquier cosa que escribiese, les diese tanto crédito, si no más, que a los chicos». En teoría, es una buena idea: Osgerby, en su libro, señala que los personajes femeninos tienen más profundidad que en las típicas comedias sexuales adolescentes y se les da espacio para reflexionar sobre su sexualidad. No son objetos bidimensionales, pero tampoco son modelos de autorrealización. El personaje de Jessica, interpretada por Natasha Lyonne, es, en mi opinión, el más auténtico, el ejemplo consumado de una chica que se empodera adoptando una personalidad arrogante y machista. «¿Qué te crees que espera él por llevarte a Cornell?», le pregunta a Vicky, que está atormentada por la duda de si acostarse con Kevin o no. «¿Leche y galletas?».

Pero *American Pie*, al tratar de darle control a sus personajes femeninos sobre lo que ocurre en sus vidas sexuales, también enfatiza que ellas son las guardianas. Con la excepción de Michelle, el personaje de Alyson Hannigan, que al final se muestra tan cruel y salida como Stifler, lo que las chicas quieren queda mucho más oculto que lo que permiten. Son los chicos quienes adulan, engatusan y ruegan para conseguir sexo; las chicas son las que se resisten. La película no arroja ninguna luz de por qué esto es así. En la película no hay ningún indicio de que los personajes puedan ser estigmatizados o humillados por tener sexo; no hay miedo a un embarazo adolescente; ni sombra alguna de enfermedad o peligro. Esto tampoco quiere decir que el sexo deba asociarse a ninguna de estas cosas. Se trata de señalar que, al excluirlas de esta utopía narrativa, *American Pie* convierte la decisión que sus personajes femeninos están tratando de tomar en una decisión arbitraria, lo que a su vez hace más fácil culpabilizarlas por privar a los chicos de lo que quieren, de lo que, de hecho, necesitan para completar su difícil y heroico tránsito de niño a hombre.

Mientras que los chicos tienen la oportunidad de vivir historias de iniciación a la madurez, a las chicas, a quienes se les atribuyen todos los privilegios sexuales y la presunta experiencia, no se les permite experimentar ese despertar propio. Y por eso Nadia, humillada, atrapada, con su intimidad expuesta a todo un pueblo y expulsada de Estados Unidos en la deshonra, nunca llega a decirle a Jim lo que sus acciones supusieron para ella. En lugar de eso, se da por hecho que le ha perdonado e incluso, en la secuela, vuelve para reclamarlo como interés romántico. Es menos un personaje real y auténtico que un accesorio, un complemento, el remate del chiste.

Para ser justos con *American Pie*, hay que reconocer que es infinitamente más inteligente, meditada y sensible que la avalancha de comedias adolescentes que aparecieron tras su estela. A medida que avanzaba la era Bush, el público disfrutaba con películas de mentalidad adolescente que rechazaban la adultez en favor de travesuras infantiles. La peor, a mi parecer, es *Date Movie*, una parodia de 2006 de varias comedias románticas protagonizada por las actrices de *American Pie* Alyson Hannigan y Jennifer Coolidge. Hannigan lleva un traje para hacerla parecer gorda en las escenas iniciales donde interpreta a Julia Jones, una mujer soltera y solitaria que apunta en su diario que pesa 176 kilos y su consumo de alcohol —en una pulla a la coprotagonista de Hannigan en *American Pie*— es «igual que el de Tara Reid». Al principio de la película, Julia sale de su apartamento y baila alegremente en la calle al ritmo del «Milkshake» de Kelis, el rostro exuberante, radiante de energía. Es un espectáculo que la película presenta como algo totalmente repugnante porque Julia está gorda: cuando le enseña fugazmente la ropa interior a un obrero de la construcción, con la esperanza de que le suelte un piropo, este saca una pistola de clavos y se dispara en la cabeza. Cuando baila junto a un camión de bomberos, estos la apuntan con la manguera. Cuando baila por la calle, los hombres trajeados huyen despavoridos al verla, gritando.

Las películas de la década de los 2000 verdaderamente odiaban a las mujeres. No todas, ni todas de forma tan flagrante, pero la mayoría. Esta fue la década de *Amor ciego* y *Lío embarazoso*, *Dos rubias de pelo en pecho* y *Se montó la gorda*. Las mujeres tendían a ser el blanco de las bromas, un añadido trivial o ambas cosas. «Seamos sinceros», le dijo un productor ejecutivo a Tad Friend en un reportaje de 2011 sobre Anna Faris para *The New Yorker*, «la decisión de hacer películas la toman principalmente los hombres, y si los hombres no tienen que hacer películas sobre mujeres, no las hacen». En una década dominada por franquicias, películas de género, secuelas, precuelas y *remakes*, había poco interés en crear productos que se suponía que iban a alejar de las salas al cincuenta por ciento de los espectadores de cine incluso antes de que se secara la tinta del contrato. Los adolescentes seguían siendo un sector demográfico fundamental: en 2001 había 31.6 millones en Estados Unidos, y su gasto discrecional valía 172 mil millones de dólares al año, un cuarenta por ciento más que en 1998. Y se daba por sentado que eran los hombres quienes decidían qué veían las parejas en las citas nocturnas. Sin embargo, la masculinidad estaba cambiando más que nunca, con una nueva categoría, «adultez emergente», que describía a los veinteañeros que, aunque técnicamente ya eran adultos, se seguían identificando lo bastante con el humor adolescente, las historias de iniciación a la madurez y las franquicias dirigidas a jóvenes como para que ese tipo de películas fueran tremendamente rentables. De las cincuenta películas más taquilleras de la década, solo dos (*The Matrix Reloaded* y *La pasión de Cristo*) tenían una calificación de no permitidas para menores de trece años.

La carrera de Faris es un microcosmos perfecto de lo que las películas de esa década le ofrecían a las mujeres. En el año 2000, junto con la actriz de *American Pie* Shannon Elizabeth,

Faris consiguió su primer papel de éxito como Cindy en *Scary Movie*, un producto de los hermanos Wayans cuyo único reclamo es que ponía de manifiesto lo homogéneas que habían sido hasta el momento las películas para adolescentes blancos (homogeneidad que perduraría mucho tiempo después). Parodia del cine *slasher* de los noventa, *Scary Movie* tomó las bromas pueriles y las escenas grimosas de las vulgares comedias adolescentes y les añadió un cariz flagrantemente misógino. En la primera escena, Drew (Carmen Electra) es perseguida por un asesino enmascarado y armado con un cuchillo que le arranca toda la ropa; después ella corre entre una serie de aspersores, se detiene para ajustarse el escote y el asesino intenta apuñalarla en el corazón pero, asqueado, le saca los implantes de silicona. Brenda (Regina Hall), la mejor amiga de Cindy, va al cine y exaspera tanto al resto de espectadores por estar hablando por el móvil que la asesinan en grupo, apuñalándola uno por uno hasta que una anciana le corta el cuello. La escena es una broma de mal gusto que depende de un público que odie tanto a las mujeres negras y parlanchinas con el mismo ímpetu con el que los cineastas parecen hacerlo. Cuando Cindy, interpretada por Faris, está enrollándose con su novio y él se dispone a quitarle el tanga, su vello púbico es tan abundante que ocupa toda la mitad inferior de la pantalla, lo que le obliga a que él saque una podadora de arbustos y unas gafas de seguridad para poder pasar a tercera base. Después del sexo, eyacula con tal fuerza y volumen que Cindy es propelida hasta el techo, donde queda clavada, retorciéndose, como un insecto en una máquina de lavado a presión.

De alguna forma, Faris resplandece encantadora en la película, y resulta mucho más divertida de lo que debería. «Fue una elección perfecta», le dijo Keenen Ivory Wayans a Friend, el director, «porque Anna era nueva en ese mundo, llena de amor y alegría, pero no sexualmente experimentada». En otras palabras, se la podía sexualizar sin que pareciera una guarra. *Scary Movie* recaudó más de 275 millones de dólares y engendró cuatro películas más de la franquicia, tres de las cuales contaban con Faris de protagonista. En 2002, también apareció en *¡Este cuerpo no es el mío!*, una película en la que el cutre delincuente de poca monta Rob Schneider intercambia su cuerpo por error con la animadora de instituto Rachel McAdams, principalmente para que Schneider pueda hacerse pasar por una insulsa adolescente y McAdams pueda tener una escena de *pole dancing* en un bikini fucsia de vinilo. Un año más tarde, Faris fue la persona más divertida de *Lost in Translation*, interpretando a una actriz odiosa. Aceptó un pequeño papel en *Brokeback Mountain* para tratar de demostrar su talento dramático, y luego, en 2006, el director Ivan Reitman le dio un cachete en el trasero mientras rodaban *Mi súper exnovia*, según reveló años más tarde: «Odié tantísimo estar en aquella película que me alegré cuando fue un fracaso», dijo en el reportaje de la revista *The New Yorker* en 2011. «Estos papeles están destruyendo una generación de chicos».

De todas las pálidas imitaciones de *American Pie*, ninguna se interesó por la forma en que la película original abordaba las negociaciones de la masculinidad, las relaciones homosociales, o las mujeres. En vez de eso, películas como *Road Trip: viaje de pirados* (2000), *100 Chicas* (2000), *Juerga de solteros* (2001), *La casa de la fraternidad* (2002) y *EuroTrip* (2004) imitaron el humor basado en el asco corporal, el voyerismo, las payasadas groseras y el trato casi abusivo hacia las mujeres, los homosexuales, las personas trans y cualquiera que no fuese blanco, hombre y llevase pantalones cortos de estilo cargo. Y la celebración de la juventud fue tan eficaz que empezó a filtrarse en películas dirigidas a adultos, en lo que pareció una retirada defensiva de la madurez: *Aquellas juergas universitarias* (el abogado cornudo de Luke Wilson funda su propia fraternidad), *De boda en boda* (donde Owen Wilson y Vince Vaughn usan las bodas para tener relaciones sexuales con mujeres que estén en un estado emocional vulnerable), *Lío embarazoso* (Seth Rogen y su pandilla de fumetas se horrorizan cuando este deja embarazada a una exitosa e increíblemente guapa presentadora de televisión), y *17 otra vez* (el patético hombre de mediana edad interpretado por Matthew Perry vuelve al cuerpo que tenía con diecisiete años, interpretado por Zac Efron).

Este género cinematográfico, a veces clasificado como «bromance» o «hommecom», tuvo tanto éxito en la primera década del siglo XXI que casi arrasó con la comedia romántica, arrinconando a la única categoría de películas que —a menudo, pero no siempre— entendía que las mujeres tenían valor y les ofrecía a las actrices papeles protagonistas. Durante la edad de oro de la comedia romántica, a finales de los ochenta y principios de los noventa, las películas retrataban a las mujeres como seres humanos reales, con defectos, cuyas experiencias eran el centro de la trama y cuya certeza de que eran dignas de amor quedaba confirmada por el argumento. Pero los bromances, como escribió Beatriz Oria en 2022, «marginan a las mujeres en uno de los pocos géneros centrados en ellas de Hollywood», al tiempo que presentan «personajes masculinos estancados para siempre en la adolescencia y cuyas relaciones románticas rara vez parecían tan satisfactorias como sus vínculos homosociales». Las mujeres, incluso cuando técnicamente interpretaban el papel de la pareja romántica del protagonista niño-hombre, tendían a ser estereotipadas como chillonas pesadas sin atractivo sexual o arpías adúlteras y promiscuas. En 2008, después de que Katherine Heigl dijera en *Vanity Fair* que consideraba que el tratamiento de las mujeres en *Lío embarazoso* era «un poco sexista» fue recriminada por Rogen y el director de la película, Judd Apatow, por no seguirles el juego.

Para que las mujeres pudieran acceder a un ámbito tan dominado por los hombres tenían que ser astutas. A mediados de la década de 2000, frustrada con los papeles que le ofrecían, a Faris se le ocurrió la idea de *Una conejita en el campus*, la historia de una conejita Playboy a la que expulsan de la mansión cuando cumple veintisiete —«cincuenta y nueve en años de conejita»— y encuentra trabajo como directora de una sororidad. Faris y las coguionistas de la película, Karen McCullah y Kirsten Smith, trataron de vender el proyecto diecinueve veces, hasta que finalmente lo consiguieron con la productora de Adam Sandler, Happy Madison, después de que Faris se presentara, en palabras de Smith, «con una minifalda y diez minutos antes de la hora». La película se parece mucho a las comedias adolescentes subidas de tono —Faris se tambalea en chinelas de pelo y un sujetador balconette rosa y transforma a sus desaliñadas y marimachos pupilas, entre las que se encuentra una joven Emma Stone, en chicas despampanantes—, pero ofrece un perspicaz metacomentario sobre los tópicos de Hollywood y todo lo que tienen que hacer las mujeres para ser aceptadas como seres humanos de pleno derecho. En 2010, Stone protagonizó la arteramente subversiva *Rumores y mentiras*, una versión actualizada de *La letra escarlata* que criticaba con sorna el doble rasero que sufrían las adolescentes.

En 2011, una ansiedad generalizada sobre las mujeres, la cultura de lo obsceno y la sexualidad salió a la superficie con *Dime con cuántos*, una comedia afable dirigida por Mark Mylod (que posteriormente alcanzaría la fama por *Succession*, ganadora de un Emmy). Faris interpreta a Ally, una mujer de treinta y tantos aterrorizada por el artículo de una revista que afirma que el noventa y seis por ciento de las mujeres que han tenido más de veinte compañeros sexuales a lo largo de su vida nunca se casan. Resuelta a sentar la cabeza, Ally decide buscar a sus diecinueve amantes anteriores para ver si alguno fuese un buen partido para casarse. La película fue un fiasco (los críticos la compararon desfavorablemente con *La boda de mi mejor amiga*, estrenada unos meses antes), pero Faris sale ganando y *Dime con cuántos* tiene una tesis clara a pesar de sus tropiezos. Los exes de Ally, en general, son espantosos: le tienen fobia al compromiso, son siniestros, abusan del poder, les obsesionan las marionetas. Durante años ha tenido muchos líos, poniendo todo de su parte y de corazón para conectar con la gente. La película se pregunta: ¿es posible que el problema no sea ella?

Si la carrera de Anna Faris puede entenderse como representativa de lo que vivieron las mujeres (o al menos las mujeres blancas) en la primera década del siglo, la trayectoria creativa del director Todd Phillips ofrece una visión más sombría de la parte de los hombres. Tras empezar como director de documentales a finales de los noventa, retratando al artista punk escatológico CG Allin, la cultura de las hermandades, y *Phish*, la primera comedia de Phillips fue *Road Trip: viaje de pirados*, estrenada en el año 2000, con Breckin Meyer y Seann William Scott de *American Pie* en el papel de dos estudiantes universitarios cuya misión es recuperar una cinta sexual incriminatoria. La segunda película de Phillips, *Aquellas juergas universitarias*, contribuyó a marcar el inicio de la comedia de hermandades para adultos. A continuación llegó el remake cinematográfico de *Starsky y Hutch*, donde las mujeres salen nada más que para desnudarse delante de los atónitos detectives en un vestuario o para hacer un trío con Hutch. La película de Phillips de 2006, *Escuela de pringados*, readaptó una película británica de los sesenta del mismo título en una comedia amarga sobre un profesor manipulador que enseña masculinidad alfa a chicos inseguros. En 2009, estrenó *Resacón en Las Vegas*, una película sobre una despedida de soltero que se termina torciendo y que recaudó casi quinientos millones de dólares con un presupuesto de treinta y cinco millones. «Los chistes de una frase de mis películas suenan realmente estúpidos», declaró Phillips en *The New York Times* ese año, en un artículo que señalaba cómo había convertido los cines en un lugar seguro para «una infinidad de comedias masculinas más reaccionarias».

Siguieron dos secuelas de *Resacón* y luego la película de 2016 *Juego de armas*, una adaptación de una historia real, inconsistente pero de cierta actualidad, de dos incompetentes traficantes de armas. Pero en 2019 Phillips tuvo el éxito comercial y de crítica de su carrera con *Joker*, una historia independiente ambientada en los ochenta y basada en el personaje de DC Comics sobre un marginado solitario y aspirante a payaso que se convierte en un asesino con un culto de seguidores. La película surgió en parte, según dijo Phillips a *Vanity Fair*, porque le resultaba cada vez más difícil hacer comedias en un ambiente de Hollywood más intelectualizado y porque estaba cansado de ser criticado por «treinta millones de personas en Twitter». *Joker*, que se inspira libremente de las películas de Scorsese, contaba la historia de Arthur Fleck, un marginado con una enfermedad neurológica que le provoca arranques de risa incontrolables. A lo largo de la película, Arthur es apaleado, acosado, intimidado y humillado públicamente cuando intenta actuar en su rutina cómica. Cuando los recortes presupuestarios le privan tanto de su terapeuta como de su medicación, se desmorona, disparando a un presentador de un programa de entrevistas en vivo en un acto que tiene tanto de teatro como de violencia.

La primera vez que vi *Joker* me pareció un retrato apasionante de la desintegración, de un hombre y de una sociedad viniéndose abajo en tándem, en una espiral de horror. En *IndieWire*, David Ehrlich coincidió con esta opinión, pero también la calificó de «incendiaria, confusa y potencialmente tóxica», una película «sobre un narcisista homicida que se cree con derecho a acaparar toda la atención del mundo». Para mí, la parte de sentirse con derecho a algo es lo que hace de *Joker* una obra tan potente e inquietante y un momento tan fascinante en la carrera de Phillips. Durante dos décadas, Phillips había estado haciendo películas que parecían confluir con las percepciones de la masculinidad blanca de forma muy evidente: travesuras de hermandades, autocompasión resentida, hastío de la mediana edad. *Joker* era algo infinitamente más oscuro: una inseguridad tóxica que se solidificaba en un espectáculo brutal, nihilista, teatral. Era, sin duda, lo más ingenioso y perturbador que Phillips había creado jamás. Y resultaba aún más inquietante por cómo conectaba con la realidad en 2019, un año después de que un autoproclamado incel estrellara una furgoneta alquilada contra una multitud en Toronto, matando once personas, cinco años después de que el hijo de un director de cine matara a seis personas en Isla Vista en un acto intencionadamente político, y siete después de que un tirador matara a doce personas en un estreno de medianoche de *The Dark Knight Rises*, una película protagonizada por el Joker.

Al principio de este capítulo, me referí a Kevin y sus amigos como «célibes involuntarios». Hay una diferencia, sin embargo, entre el virgen desdichado, un tropo con una larga tradición dentro de la comedia, y el incel, un término del siglo XXI asociado con la misoginia virulenta, el derecho sexual e incluso actos de violencia terrorista. El término incel, como escribe la filósofa Amia Srinivasan en su libro de 2021 *El derecho al sexo*, se puede «aplicar en teoría tanto a hombres como a mujeres, pero en la práctica sirve para referirse no a cualquier hombre que no tenga relaciones sexuales, sino a una categoría muy concreta: la del hombre convencido de que el sexo le es debido, y furioso con las mujeres que lo privan de él». En 2014, después de que Elliot Rodger cometiera su matanza en Isla Vista, la crítica de cine del *Washington Post* Ann Hornaday publicó una columna argumentando que las «fantasías desmesuradas de los chicos de fraternidades» que habían dominado la última década en el cine eran, al menos en parte, responsables de la cultura de odio a las mujeres que Rodger representaba. «Si nuestro lenguaje cinematográfico es el de la violencia, la conquista sexual y la fanfarronería machista —gracias a los ejecutivos de las productoras que dan luz verde a los proyectos según sus propias patéticas predilecciones—, nadie debería sorprenderse cuando esos impulsos adoptan una enfermiza forma literal dentro de la cultura», escribió.

Hornaday fue inmediatamente criticada con dureza por el actor Seth Rogen y el director Judd Apatow por citar su película *Malditos vecinos* (*Neighbors*) y Apatow la acusó de utilizar «la tragedia para promocionarse con ideas estúpidas». La crítica respondió que su intención no era señalar a ningún director ni película como responsables de los horribles actos de Rodger, sino más bien analizar si los resentimientos específicos de Rodger podían haber sido influidos por la cultura cinematográfica en la que creció. Y en relación con esa idea, el manifiesto de 137 páginas que dejó Rodgers sí parece estar claramente influido por lo que toda una vida de narrativa visual le había dicho acerca del poder y el sexo. El documento, que adopta la fórmula de una biografía cronológica donde narraba su camino hacia lo que él llama su «Día del Castigo» está repleto de detalles sobre las películas que Rodger amaba de niño, el tipo concreto de historias fantásticas que le atraían, los videojuegos en que hallaba consuelo y las imágenes que conformaron —y posiblemente deformaron— su psique y su sexualidad.

A los once años, escribe, un amigo que había conocido en una sala de chat le envió imágenes pornográficas, lo que cristalizó sus ideas tempranas sobre qué tipos de mujeres son objetos de deseo. Relata ver *Parque jurásico*, *Star Wars* y *El señor de los anillos*, y luego el momento «traumático» en el que vio a un adolescente mayor que él viendo porno duro en un cibercafé. Decide mudarse a Isla Vista después de ver *Sospechas mortales*, la película ambientada en Santa Bárbara, de la que escribe que «retrataba un montón de jóvenes guapos disfrutando de una vida sexual placentera… Tenía la desesperada esperanza de que si me mudaba a aquella ciudad yo también podría vivir esa vida». Disfruta con la primera temporada de *Juego de tronos*. Se compra un arma. «¿Quién es el macho alfa ahora, zorras?», piensa para sí. En el epílogo, tras exponer su plan para el ataque, concluye que «el mal último detrás de la sexualidad es la hembra humana. Ellas son las máximas instigadoras del sexo. Controlan qué hombres lo consiguen y cuáles no».

No era ni mucho menos el único que se sentía así. Las comedias habían presentado el sexo como algo a lo que las chicas consentían por medio del engaño o la persuasión, un subproducto de marginar la elección sexual de las mujeres adultas en favor de la fetichizada seducción o aquiescencia adolescente. En una entrevista, el productor Chris Moore dijo una vez que lo que le atrajo de *American Pie* fue esa misma cualidad: «son las chicas las que deciden quién tiene sexo en la película». Esto es demasiado poder para otorgarle a una adolescente y, sin embargo, sin él las chicas no tienen ninguna opción. En la comedia de 2009 *Cuerpos de seguridad*, el personaje de Seth

Rogen se acuesta con el personaje de Anna Faris mientras esta está desmayada después de tomar pastillas y beber demasiado, un hecho que es supuestamente suavizado por un momento en el que ella se despierta por un instante para regañarle por parar. Obviamente, ninguna película es responsable de los actos de violencia misógina. *American Pie*, es fácil olvidarse, se estrenó apenas un par de meses después de Columbine. En aquel momento, hubo gente que trató con cierta insistencia de relacionar aquella atrocidad con la cultura popular y fueron merecidamente acallados.

Sin embargo, en los diez años posteriores a los asesinatos de Isla Vista, la comunidad incel ha definido a menudo su ideología refiriéndose directamente a películas: de la frustrada desafección masculina en *El club de la lucha*, de la «pastilla roja» en *The Matrix*, en *Taxi Driver*, el mismo retrato de alienación psicótica de Travis Bickle que Phillips utilizó en *Joker*. Mientras, un estudio de 2021 de la Oficina de Igualdad del Gobierno británico sobre la relación entre el uso del porno y la violencia hacia las mujeres también reveló que los programas de televisión y las películas se citaban con mucha frecuencia por trabajadores de primera línea que trataban con delincuentes como «narrativas que contribuían a la desigualdad de género sistémica y las expectativas sexuales». Y un estudio de 2021 conducido por dos investigadores del Reino Unido halló que el lenguaje utilizado en los foros incel es a menudo idéntico al lenguaje usado en la pornografía convencional, y que ambos se emplean habitualmente para deshumanizar, degradar y humillar sexualmente a las mujeres. Los viejos patrones de «zorra», «puta», «perra» siguen valiendo, pero también neologismos como *meathole* («agujero de carne»), *foid* (abreviatura de *femoid*, es decir, *female void* o *female android*, vacío hembra o androide hembra) y *roastie* (asado, empleado por los incel para describir a las mujeres que han tenido muchas relaciones sexuales porque los labios vaginales supuestamente recuerdan a la carne asada).

Al ver *Juego de tronos*, Elliot Rodger habría visto innumerables escenas de violencia sexual y sadismo; la lección de Daenerys en los primeros episodios es que el hombre al que la han vendido la violará con menos violencia si trata de ser una participante algo más voluntariosa en su propia agresión. Tanto de las películas de la década de 2000 como en el porno, Rodger podría haber interiorizado que las únicas mujeres atractivas son las de grandes pechos, lampiñas, delgadas y blancas. Escogiendo prácticamente cualquier comedia desde 1999 al año en que mató a seis personas, esta podría haber reforzado la idea de que el sexo es algo a lo que todos los hombres jóvenes tienen derecho, un camino heroico hacia la masculinidad que afirma el valor de alguien mientras niega, casi por completo, lo que las mujeres eligen o desean. Por no hablar de que las películas que vio casi siempre tergiversaban cualquier clase de necesidad masculina de amor y conexión y la convertían en un deseo más cómico y menos estigmatizado de acostarse con alguien. Es imposible argumentar que cualquiera de estas obras culturales fue responsable de lo que él decidió hacer. Pero también sería corto de miras no considerar las notas al pie que el propio Rodger nos dejó. «Tengo veintidós años y sigo siendo virgen, nunca he besado a una chica», dice en un vídeo que subió a YouTube antes de su ataque. «La universidad es la época en la que todo el mundo experimenta esas cosas como el sexo, la diversión y el placer. En esos años, yo he tenido que pudrirme en soledad, no es justo».

La investigadora Shannan Palma ha analizado hasta qué punto los principios del sentido del derecho incel parecen inspirados en lo que llama la «lógica de los cuentos de hadas» o «un modo de pensamiento mágico caracterizado por la creencia de que determinadas funciones, si se cumplen correctamente y en el orden adecuado, llevan a resultados predecibles». Las historias, desde *La bella y la bestia* a *Lío embarazoso*, han afirmado desde hace mucho que los hombres indeseables pueden ser redimidos por mujeres bellas. *La Bella y la Bestia*, según ha argumentado Maria Tatar, se escribió originalmente para preparar a las jóvenes francesas para los matrimonios concertados con hombres mayores y ricos, y para que aceptaran el sentimiento de que sus familias las habían enviado a compartir sus vidas con un monstruo. Esto no acusa a los hermanos Grimm de creencias incel más que a Judd Apatow, quien declaró a *The New York Times* en 2007 que muchas de sus películas contenían una «fantasía de friquis»: el deseo de que «alguien se tomase el tiempo de conocernos y querernos, con todos nuestros defectos». Sin embargo, sí que apunta a la tenacidad con la que las historias se arraigan en nuestras mentes. Sobre todo cuando no hay narrativas contrarias.

La mitología incel, con sus *chads* (los hombres hegemónicamente atractivos, alfa) y sus *stacys* (la contraparte femenina de los *chads*) está tan cargada de arquetipos y proyecciones moralistas como cualquier cuento infantil. Y el resentimiento que sienten los incel parece basarse en lo que consideran como una perversión fundamental del feminismo de cómo tendrían que ser las cosas: el «rechazo» de las mujeres a desempeñar su papel de redimir a los hombres y ofrecerles un final feliz. «El potencial para la violencia», escribe Palma, «cristaliza en la lógica de los cuentos de hadas cuando la única forma de avanzar en la historia es castigar al villano». Si la maldición del héroe, como se ve en *American Pie*, es la virginidad no deseada, entonces ¿quién es el villano que lo maldijo? Inevitablemente: una chica adolescente.

## Capítulo 4

# PELEA DE CHICAS

## *Regresión y representación en los primeros años de la telerrealidad*

> La televisión es el principal modo cultural que tenemos para conocernos a nosotros mismos. Por lo tanto —y este es el punto realmente crítico— la manera en que la televisión escenifica el mundo se convierte en el modelo de cómo se ha de organizar adecuadamente el mundo.
> NEIL POSTMAN (1985)

> La visibilidad es una trampa.
> MICHEL FOUCAULT (1975)

A finales de la década de los noventa, dos mujeres llamadas Jennifer parecían intuir con agudeza hacia dónde se dirigía la cultura popular en la década siguiente. Una era la actriz Jennifer Lopez, que lanzó su carrera musical en 1999 con el sencillo «If You Had My Love» y un videoclip que vemos ahora como algo asombrosamente profético. Esto sucedió un par de meses antes de que el productor neerlandés John de Mol estrenara un nuevo programa de telerrealidad llamado *Gran Hermano*, un año antes de que 51 millones de personas en todo el país viesen la final del *Supervivientes* estadounidense y veinticinco años antes de que Lopez convirtiera su vida romántica en una mezcla de comedia y tragedia metaficcional titulada *This Is Me… Now*. El vídeo de «If You Had My Love» cuenta con la participación del actor Adam Rodriguez, que se sienta delante del ordenador para hacer una búsqueda en internet. Tras adentrarse en un madriguera de conejo de conexión telefónica por un laberinto de zumbidos y códigos fragmentados, llega a la página web de Lopez, una serie de distópicas habitaciones todas blancas constantemente monitoreadas por cámaras. Cuando el personaje de Rodriguez hace clic en una casilla, puede ver a Lopez bailar en un bikini blanco en su salón. Al hacer clic en otra, él —y todos los que están viendo el vídeo en streaming— puede ver cómo se ducha.

La historia reciente de la tecnología está escrita en los cuerpos de las mujeres. Menos de un año después, Lopez iría a los premios Grammy con un vestido verde brillante y estampado de jungla de Versace, con un escote tan espectacular que se convirtió en la búsqueda más popular que Google había visto hasta la fecha. En consecuencia, los desarrolladores crearon Google Imágenes, una nueva infraestructura visual en línea. Cuando Jawed Karim, Chad Hurley y Steve Chen fundaron YouTube en 2005 fue porque Karim había estado buscando vídeos del percance con el vestuario de Janet Jackson en la Super Bowl y no había conseguido encontrar uno fácilmente. Antes de todo esto, «If You Had My Love» anticipó un panorama digital en el que los artistas podían sacar el máximo partido al mayor o menor deseo que tenemos de verlos.

Pero el vídeo parecía también aludir a otra Jennifer, la primera mujer que permitió un acceso sin filtros ni intermediarios a su vida. En 1996, una estudiante de diecinueve años del Dickinson College llamada Jennifer Ringley compró una webcam que conectó al ordenador de su dormitorio. Ringley era, en sus palabras, «una friki de los ordenadores», y quería ver si podía escribir un *script* de programación que tomase fotografías en tiempo real y las subiese a su página web. El *script* funcionó y Ringley empezó a publicar: fotografías periódicas, sin posar, en blanco y negro, que se publicaban primero cada quince minutos y luego cada tres. La banalidad de las imágenes parecía ser, para ella, el objetivo: se sentaba delante del ordenador, comía, hablaba por teléfono, dormía. «Creo que la cámara habría sido mucho menos interesante si le prestara mucha atención», le contó Ringley a Ira Glass en un episodio de 1997 de *This American Life*, para cuando su «Jennicam» estaba consiguiendo más de medio millón de visitas diarias. «Sería más un espectáculo preparado. Y esos los puedes ver en cualquier parte».

Ringley parecía ver su proyecto como una mezcla entre un experimento en internet y una obra de arte performativo. No se cohibía de hacer delante de la cámara las cosas que hacen la mayoría de los estudiantes, como ducharse, cambiarse de ropa o incluso tener relaciones sexuales, pero tampoco tenía el impulso exhibicionista de querer que la vieran haciendo esas cosas. Sencillamente quería transmitir en línea una versión de su vida que fuese verdadera y radicalmente auténtica. No veía como una amenaza que la vigilasen todo el tiempo; internet era todavía algo tan nuevo que parecía menos un lodazal y más un trampolín hacia infinitas posibilidades de conexión. Cuando Ringley estaba alejada de la cámara, o cuando estaba apagada o rota, se sentía triste, le dijo a Glass, como si estuviera «completamente sola».

Incluso en 1997, antes de que Ringley fuese entrevistada en *The Late Show with David Letterman*, antes de que amasase una cohorte de varios millones de visitantes diarios a su página, ya se atisbaban indicios del camino que estaba tomando la era de la información. La mayoría de visitantes de su página, dijo en *This American Life*, eran hombres. En ese momento, recibía más de setecientos correos electrónicos al día, de los cuales solo unos diez eran de mujeres. Muchos de esos correos solicitaban objetos personales a cambio de dinero, como fotos privadas o mechones de pelo. Cuando accedía a quedar con la gente que la contactaba, la mayoría de las veces las citas acababan con lo que ella describía educadamente como «insinuaciones inapropiadas», lo que ponía de manifiesto hasta qué punto era vista como un objeto sexual. A menudo, la gente parecía interesada en la Jennicam no tanto por sus rutinarias instantáneas de la vida cotidiana, sino por la remota esperanza de que Ringley fuese a hacer algo lascivo mientras miraban. La primera vez que invitó a su dormitorio a alguien que no huyó asustado por la cámara, hubo tal tráfico a su página para ver lo que podría ocurrir que colapsaron el servidor y terminaron sin ver nada.

Las intenciones de Ringley no eran gratificar lo que la teórica del cine Laura Mulvey denominó «la mirada masculina» y la cámara no la disuadió de hacer nada de lo que le apetecía. Estaba exponiendo su vida en internet, tal cual era, para probar algo nuevo, gestionando una intimidad parasocial con las personas que la veían. Pero lo que la mayoría quería ver —y lo que incluso intérpretes bienintencionados como Glass y Letterman querían comentar— era la desnudez y el sexo, los contornos más fascinantes de la vida privada convertidos en espectáculo público.

En el año 2000, cuando Brooke A. Knight inspeccionó el nuevo terreno de artistas de la webcam, o «camgirls», como inevitablemente se les llamó, lo que descubrió era que la mayoría de los sujetos y productores eran mujeres, quienes parecían «entender, participar y beneficiarse de la economía especular». Muchas eran más abiertamente sexuales que Ringley y solicitaban activamente dinero a cambio de imágenes. Lo que convirtió a las artistas de la webcam en «problemáticas y fascinantes», escribió Simon Firth para *Salon*, «es que, en vez de darnos algo que ya conocemos, son pioneras tanto de un nuevo erotismo como de un nuevo tipo de *performance*, uno que podría llamarse el arte de la vida privada vivida públicamente». La dinámica típica entre el voyeur y el sujeto se veía alterada por el hecho de que las camgirls querían ser miradas, dentro de la seguridad y la comodidad de sus propios espacios domésticos. «Esto sustituirá a la televisión», predijo David Letterman en su entrevista con Ringley y, al menos en parte, acertó.

Aquello de lo que Ringley fue precursora (el *lifecasting*, como se le llamaba entonces) no era exactamente televisión. *The Real World* se había estrenado en 1992, mientras que un documental profundamente íntimo sobre Madonna, *Truth or Dare* (en España conocido también como *En la cama con Madonna*), había batido récords de taquilla un año antes. El *lifecasting* se parecía más al arte visual dominante del inicio de la década de 2020: la presentación meticulosa y periódica de un yo virtual. A estas alturas, la mayoría de nosotros somos astutos curadores de nosotros mismos tal como nos ven los desconocidos. Creamos, posamos, filtramos y editamos como veteranos experimentados. Pero lo que me parece más interesante de revisitar la práctica que comenzó con Jennicam, y que persiste hoy en televisión y en internet, es ver todas las formas en las que la feminidad ha sido ajustada a un molde estrecho e incluso arcaico por una cultura mediática que nos ha entrenado a vigilarnos y modificarnos en consecuencia. Por más auténtica que se perciba una mujer, sigue habiendo algo del escrutinio de los demás que influye en nuestra forma de comportarnos, para bien y para mal.

La primera década de este siglo fue una década en la que las mujeres tuvieron más presencia que nunca en la vida pública, pero seguían estando condicionadas por las constreñidas formas en las que el público quería verlas. Las recompensas podían ser inimaginables; las repercusiones, fatales. En el año 2000, Ringley se vio envuelta en una tormenta mediática cuando se acostó con un hombre que estaba prometido con otra persona, en su apartamento, capturada por su cámara. La relación parasocial que sus seguidores habían construido con ella durante los años se desestabilizó al revelarse que, en realidad, era humana.

«Jenni, ¿cómo has podido?», escribió Libby Copeland en el *Washington Post*. «¡Pequeña pelirroja descarada! ¡Ladrona de hombres sin escrúpulos! ¡Robarle el prometido a tu amiga y acostarte con él delante de miles de personas!». Más tarde, el hombre infiel se mudó con Ringley, quien en 2014 contó en un pódcast que se sintió obligada a seguir con la relación mucho más tiempo del que de verdad quería, por miedo a cómo se percibiera la ruptura desde fuera. Se había esforzado durante años en enseñarle a su público de internet su yo más auténtico, pero la presión de necesitar recuperar la aprobación que había perdido de sus fans la dejó, por primera vez, actuando para las cámaras.

A finales de 2003, tras más de siete años retransmitiendo su vida por internet, Ringley cerró su página web. Surgieron complicaciones con PayPal, que había impuesto regulaciones contra la desnudez que Jennicam mostraba ocasionalmente. Pero Ringley también sintió que su proyecto había llegado naturalmente a su fin. (Para ella, pero no para el resto de nosotros: MySpace acababa de lanzarse a principios de ese año, proporcionando una nueva plataforma para la autoexposición pública cuidada). Durante casi toda su vida adulta, había compartido su «realidad» con cualquiera que quisiese verla. Cuando se retiró a una existencia decididamente desconectada de internet, la fascinación cultural por ver a la gente representar sus vidas como entretenimiento para los demás se disparaba. Influiría en la apariencia de las mujeres, en cómo se relacionaban unas con otras, en cómo comían y gastaban el dinero, en cómo definirían sus ambiciones y cómo criarían a sus hijos. Todo porque había algo apasionante en ver las dinámicas imperfectas de la vida real transformadas, gracias a las cámaras, en un espectáculo mediático. «Ay, Jenni, qué mala eres», escribió Copeland en su pieza para *The Washington Post*. «No podemos dejar de mirar».

Desde sus primeros días, la telerrealidad como género se ha caracterizado por dos impulsos caóticamente opuestos: el deseo de examinar a los humanos desde una perspectiva sociológica y la necesidad más imperiosa de ganar dinero. Ringley, en su página web, describió una vez Jennicam como un «zoológico humano virtual», una forma de someter nuestro comportamiento al mismo escrutinio con que los documentales de naturaleza someten a los animales. Craig Gilbert, a quien se atribuye la creación del primer programa de telerrealidad a principios de los setenta, *An American Family* en la PBS, había realizado antes un documental sobre la antropóloga Margaret Mead, y ella misma proclamó que *An American Family* era algo «tan nuevo e importante como la invención del teatro o la novela». Durante siete meses, el equipo de Gilbert grabó a la familia Loud, un matrimonio con cinco hijos que vivía en una lujosa casa en Santa Bárbara. Las imágenes se editaron en doce episodios de una hora de duración que captaron la ruptura del matrimonio de Bill y Pat Loud y la revelación de que Lance Loud, el hijo mayor de la pareja, era gay. Los Loud se convirtieron en famosos en un abrir y cerrar de ojos; Lance, fan de Andy Warhol, declaró a la revista *Time* que el programa había confirmado «el sueño de la clase media de que puedes hacerte famoso solo por ser tú mismo».

Pero incluso entonces, la cuestión de la autenticidad era de gran importancia. Los espectadores se preguntaban si Gilbert había, con artificio, «instigado el drama y... traspasado los límites», como afirmó un análisis de *The New York Times* de 2011. «Escogieron cuatro tomas negativas por cada una de las otras», se lamentó Bill Loud poco después de la emisión del programa. El público, en cambio, se deleitó con el espectáculo. Durante las décadas siguientes, los productores retocaron el formato de forma menos ambiciosa, con concursos y documentales como *Real People* de la NBC. Pero más o menos a finales de los ochenta ocurrieron dos cosas que hicieron más atractivo el formato de la telerrealidad. La huelga de 1988 del Sindicato de Guionistas de Estados Unidos, la más larga en la historia del gremio, con 153 días, provocó huecos en la parrilla de programación que espolearon el desarrollo de los programas de la Fox *Cops* y *America's Most Wanted*. Y la llegada de sistemas de montaje no lineal hizo que fuera más sencillo y barato reducir horas de material en vídeo a un formato más atractivo. El programa de la MTV *The Real World* honró las curiosas bases del género —¿qué ocurre cuando personas forzadas a convivir en un espacio reducido dejan de ser educadas y empiezan a mostrarse tal como son?—, al tiempo que intentaba mitigar el hecho de que los derechos de los vídeos musicales eran caros y que, hasta ese momento, la MTV no había conseguido ni grandes índices de audiencia ni grandes beneficios. Entretanto, la detención de O. J. Simpson en 1994 tras una persecución de coches televisada y su juicio por asesinato durante once meses en 1995 cristalizaron el concepto del crimen real como un drama televisivo apasionante y en directo.

Los primeros programas de telerrealidad que capturaron por completo la imaginación del público fueron aquellos que satisfacían nuestros impulsos voyeristas. Tras la década de los noventa, con sus tabloides y programas de tertulia, donde los secretos aireados de la vida privada de la gente habían dominado la década, de repente se nos ofrecía la posibilidad de ver incluso más, en todo momento. Aún recuerdo, con asombroso detalle, la primera temporada de *Gran Hermano* en el Reino Unido. El programa se estrenó en verano y había algo surrealista e inmersivo en sentir el calor pegajoso de la estación mientras veías a los concursantes sudar en biquini en su jardín vigilado por cámaras. El formato, basado en un programa holandés que se había estrenado el año anterior, era tan nuevo que la mayoría de los concursantes, aunque presumiblemente conscientes de que estaban siendo observados y actuaban en consecuencia, aún no habían perfeccionado el sutil arte de convertirse en personajes de televisión. Sus interacciones parecían de verdad sinceras. Por primera vez en la televisión británica, se podía ver un directo de la casa de veinticuatro horas al día en internet, una emulación de la Jennicam que, en la práctica, resultaba por un lado igual de aburrida pero que, por otro, prometía también la misma infinita posibilidad de revelaciones impactantes.

*Gran Hermano*, igual que *The Real World*, se presentó como un experimento, un análisis de la psicología humana bajo presión, que era consciente de sus tendencias ligeramente sádicas: el escrutinio constante, el aislamiento del mundo real, la imposición de circunstancias cambiantes con intención de estresar a los concursantes y crear drama. El programa buscaba que la gente se derrumbara y a menudo lo conseguía. Hace poco volví a ver una escena canónica de la séptima edición británica en la que sale Nikki Grahame, una preciosa y frágil joven de veinticuatro años que entró en la casa ataviada con un conjunto de Playboy compuesto por un corsé de seda rosa, orejas de conejo y ligueros negros, y que luego se desmoronó delante de la cámara en un clip frenético. En un monólogo ahora consagrado como el discurso «¿Quién es ELLA?», más apasionado y virulento que cualquier fragmento de *Ricardo III*, Grahame estalla en furia contra la concursante que acaba de nominarla para la expulsión. Durante su estancia en la casa, se quejaba con frecuencia de tener frío, lo que le granjeó la reputación de diva. Pero Grahame también llevaba padeciendo desde la infancia una grave anorexia, una enfermedad que la mató en 2021. En un homenaje televisado que fue emitido ese año, el presentador de *Gran Hermano*, Dermot O'Leary, comentó, con sorprendente franqueza, que Grahame encarnaba todas las cualidades de la mejor clase de estrella de la telerrealidad: era auténtica, falible, amable, empática y frágil.

Era difícil, observando a concursantes como Grahame, no tener la clara sensación de que estabas viendo algo que no deberías: la curiosa, pero cargada de significado, sensación que Ringley evocó con su analogía del «zoológico humano» de ver animales moverse abatidos en un recinto que no es su hábitat natural. Tanto los animales del zoo como los concursantes de la telerrealidad se aburren con frecuencia; privados de estímulos, holgazanean, pelean o se pavonean para llamar la atención. En la primera edición del *Gran Hermano* británico, un sociólogo escribió una queja formal a la cadena del programa, Channel 4, sobre los psicólogos consultados durante la producción, argumentando que *Gran Hermano* era un «concurso, no un intento serio de explorar la naturaleza humana» y que sometía a los participantes a un estrés tan extremo que podían sufrir daños a largo plazo. En ese momento, su teoría era hipotética, pero el ganador de la primera edición holandesa dijo que había sufrido múltiples crisis nerviosas tras su paso por el programa. Al igual que *The Real World*, *Gran Hermano* se promocionó con frecuencia como un experimento social. Pero, por encima de todo, era un programa de televisión que dependía de los anunciantes para conseguir beneficios y que requería de momentos de efusión humana y conflicto para atraer espectadores que, a su vez, viesen todos esos anuncios.

El programa tenía un aspecto novedoso que resultó aún más irresistible. Una vez a la semana, cualquiera que viese el programa desde casa, tenía el poder de decidir con su voto qué concursante nominado salía expulsado de la casa. Todos, a nuestra manera, practicábamos el antiguo juicio romano del *pollice verso*, levantando o bajando el pulgar para decidir qué habitante de la casa había ganado el favor del público esa semana y cuál no. Este sencillo componente participativo, presente tanto en *Gran Hermano* como en *Supervivientes*, se incorporaría después a muchos de los más importantes programas de telerrealidad del siglo XXI, transformando el modo en que el público se relacionaba con la televisión. Cuando, en el verano del año 2000, la *lifecaster* y *cam artist* Ana Voog subió una foto de sí misma viendo la versión estadounidense de *Gran Hermano*, la imagen capturó las capas de vigilancia e interactividad que empezaban a formarse en la vida moderna. Podíamos retransmitirnos para ser vistos mientras veíamos a otros. Los límites entre la realidad y la «realidad» se estaban resquebrajando. Y para las mujeres, en particular, presentarnos para ser vistas estaba plagado de las mismas dinámicas de siempre, pero con un giro distinto. Pronto podríamos evaluar en tiempo real cómo quería vernos el mundo, y ajustarnos nosotras al instante en respuesta.

En su libro de 2022, *True Story: What Reality TV Says About Us*, la socióloga Danielle J. Lindemann explica por qué los programas de telerrealidad, que tienen una audiencia apabullantemente femenina, han satisfecho prácticamente desde sus inicios una visión del mundo heterosexual, masculina y blanca. Según su investigación, «las mujeres están socializadas para percibirse a ellas mismas a través de esta mirada e interiorizar la cosificación femenina».

Pero a principios de la década de 2000, la cuestión de qué tipo de feminidad se suponía que tenían que representar las mujeres era muy polarizante. La telerrealidad, más que cualquier otro género de entretenimiento de la época, se definía por la colisión del voyerismo de los noventa con el tradicionalismo postsida. En 1996, Demi Moore se convirtió en la actriz mejor pagada de Hollywood por su papel en *Striptease*; para promocionar la película se desnudó en el programa de Letterman hasta quedarse con un sujetador con relleno y un tanga, contoneando las caderas de forma tan sinuosa que el presentador se quedó mudo por un momento. El dinero y el sexo se estaban entrelazando de forma intrincada en el imaginario colectivo, justo cuando las mujeres estaban emergiendo como un poderoso sector demográfico con poder adquisitivo propio. Al mismo tiempo, un movimiento impregnado de nostalgia animaba a las mujeres a dejar sus trabajos y retirarse a la seguridad de sus hogares. «Mi madre estaba convencida de que el centro del mundo era el 36 de Maplewood Drive», suspiraba una voz melancólica en un anuncio de radio para la campaña del Nuevo Tradicionalismo del programa *Good Housekeeping*. «Su idea de pasar un rato maravilloso era la cena del domingo. Compraba tarjetas de UNICEF, pero lo que de verdad importaba eran las Girl Scouts. Y sentía que, pasara lo que pasara, siempre había amor suficiente para todos… Empiezo a pensar que mi madre sabía muy bien lo que hacía».

Si este tipo de nostalgia instrumentalizada suena familiar es porque debería. Fue inherente a casi todos los aspectos de la reacción antifeminista de los ochenta y noventa. En 1995, un tsunami en forma de libro de autoayuda titulado, de forma inocente, *The Rules* aconsejaba a las mujeres que querían casarse que tomaran como guía las costumbres de los cincuenta: no pagues nada, hazte la difícil, sé agradable y encantadora, nunca menciones el matrimonio, intenta actuar siempre como un cervatillo atolondrado de dibujos animados o una geniecilla de una comedia de situación de los sesenta. En el año 2000, la periodista y escritora de libros de cocina Nigella Lawson condensó el Nuevo Tradicionalismo en un libro de recetas para mujeres modernas que las invitaba a regresar de nuevo a la cocina. «A veces no queremos sentirnos como una mujer posmoderna, posfeminista y sobrecargada», escribió en el prólogo, «sino como una diosa doméstica que deja a su lánguido paso un rastro de aroma a nuez moscada al hornear un pastel».

Esto fue en el momento concreto en que la telerrealidad surgió como una potencia mediática, un momento en el que se animaba a las mujeres a abrazar su feminidad como amas de casa pasivas y radiantes a la vez que como objetos sexuales frenéticos y deshumanizados. Las comedias de situación de los ochenta y noventa habían celebrado a las mujeres que trabajaban (*Murphy Brown*, *Living Single*) y que criaban a sus hijos como madres solteras (*Kate & Allie*, *Grace al rojo vivo*). Pero en el año 2000, el número de madres trabajadoras comenzó a disminuir. Incluso Moore, a quien los medios habían apodado con sorna «Gimme Moore» por su supuesto poder de negociación, se retiró en 1996 para criar a sus hijas en un rancho de Idaho.

En este momento, la telerrealidad tenía un interés particular en recordarle a las mujeres cuál era su lugar: o bien desempoderadas en la esfera doméstica, o bien exhibiendo su sexualidad a cambio de audiencia. O, mejor incluso, las dos cosas.

Desde los primeros días de la telerrealidad, la idea de que el cuerpo femenino era un producto atractivo fue integrada en el formato. Cuando Fox, tras la huelga de guionistas de 1988, demostró que los programas de estilo documental como *Cops* podían ser éxitos inesperados, HBO pronto contraatacó con *Real Sex*, una mirada voyerista a las vidas de strippers, teleoperadoras sexuales, directores de porno y parejas exhibicionistas en busca de público. El programa, según la jefa de programación de documentales, Sheila Nevins, fue una respuesta directa a los miedos culturales sobre la sexualidad que había avivado la crisis del sida. Mostrar el sexo, dijo, se había vuelto «mucho más importante debido al terror que lo rodea». El primer episodio de *Real Sex* lo vieron 2.8 millones de personas, más espectadores de los que habían visto cualquier documental de HBO aparte de *The Making of the Sports Illustrated 25th Anniversary Swimsuit Issue* (cuyo éxito quizá sugiera porque Nevins pensó que *Real Sex* podía funcionar).

La serie se emitió durante diecinueve años y por un total de treinta y tres episodios, en los que presentó a los espectadores de la televisión por cable conceptos como el poliamor, el BDSM y la fluidez de género mucho antes de que se popularizaran. Dirigida por Patti Kaplan, que más tarde dirigiría *Cathouse*, una serie de HBO que llevaba a los telespectadores al interior de los dormitorios de un prostíbulo de Nevada, *Real Sex* tenía una actitud desafiante y positiva hacia el sexo, y presentaba a legendarias cineastas feministas y estrellas del porno, como Candida Royalle, Annie Sprinkle y la exmujer de Jeff Koons, Cicciolina. (En el Reino Unido, la serie *Eurotrash*, de similar duración, ofreció el mismo formato de revista con un erotismo extravagante y un sentido del absurdo aún más acentuado). Realizado en su mayor parte por un equipo de mujeres, se mostraba a favor de la igualdad sexual sin el menor rubor. «Creo que ahora las mujeres tienen mucho más claro lo que se merecen», declaró Kaplan a *Vulture* en 2013. «El programa abrió esa puerta». Nadie del equipo lo vio como porno: las personas que estaban desesperadas por pedirlo en vídeo para verlo a la carta se sintieron decepcionadas por la insistencia de HBO de que no era esa clase de producto. Y, sin embargo, lo que *Real Sex* manifestó fue que la telerrealidad podía atraer enormes índices de audiencia por enseñar sexo o incluso por insinuarlo, de igual modo que la aventura sexual de Ringley había colapsado sus servidores.

En el Reino Unido, la premisa de que los programas de no ficción debían ser educativos además de entretenidos hizo que los primeros *realities* consistieran más en documentales y programas sobre estilos de vida y menos en apoyarse en los trucos para que subiera la audiencia que más tarde definirían la televisión en cadena. En Estados Unidos, la idea de que los programas de telerrealidad eran una nueva y audaz frontera de entretenimiento significaba que también eran un campo minado de experimentos atrevidos y, en ocasiones, cuestionables. Los productores de programas de la HBO como *Real Sex*, *Cathouse* y *G-String Divas* insistían en que retrataban sujetos empoderados que buscaban el sexo tanto por dinero como por placer, mientras que sus series, en última instancia, hacían lo mismo: satisfacer el deseo de la gente de ver sexo en pantalla y maximizar los beneficios. Pero en las cadenas de televisión, gracias a los impulsos de ciertos productores con espacio que llenar, lo que estaba emergiendo fue un nuevo género crudo que presentaba de modo insistente a las mujeres como mercancía en venta.

Antes de que crease *Who Wants to Marry a Multi-Millionaire?* en el año 2000, Mike Darnell era un productor de documentales sensacionalistas, de metro y medio de alto y cuarenta y dos kilos de peso, conocido por productos como *Alien Autopsy: Fact or Fiction?* y un programa en el que a una mujer se le extirpó el tumor más grande jamás registrado. Darnell conoció a Mike Fleiss, un hombre ambicioso y prometedor cuya prima segunda era la tristemente famosa madame de Hollywood Heidi Fleiss, cuando este último le propuso un programa centrado en grabar a la gente haciendo cosas horribles. Darnell estaba intentando encontrar la respuesta de Fox al *¿Quién quiere ser millonario?*, un programa británico importado y presentado por Regis Philbin que atraía hasta treinta millones de espectadores por episodio en la ABC. La idea genial de Darnell, al final, fue el mismo concepto con un giro asombrosamente regresivo: el Nuevo Tradicionalismo llevado a su máxima expresión. Cincuenta bellas mujeres competirían, al estilo de un concurso de belleza, para casarse en directo con un hombre rico que ninguna de ellas había visto nunca. Fue Fleiss quien sugirió ese formato. «Mike y yo sabíamos que este programa iba a ser una locura y una pesadilla para las relaciones públicas», declaró después con regocijo en *Vanity Fair*. «Sabíamos que la Organización Nacional para las Mujeres nos odiaría. ¡Que sería el programa más controvertido de la historia!».

El especial en directo, de dos horas de duración, se emitió el 15 de febrero de 2000, el día después de San Valentín. El programa se grabó en Las Vegas, donde se habían celebrado innumerables matrimonios desafortunados. El presentador, Jay Thomas, explicó el concepto: ninguna de las cincuenta mujeres había visto al soltero, Rick Rockwell, y ninguna lo haría, dado que se asumía que solo les interesaba su riqueza. Rockwell, en cambio, podía inspeccionar a las mujeres y elegir entre un genuino harén de contables, reporteras de televisión, doctorandas e ingenieras. Los «regalos» para la afortunada novia, donados por Fox, incluían un coche nuevo y un anillo de diamantes de tres quilates. Las mujeres tenían entre diecinueve y cuarenta y tres años; algunas de las que participaron en la primera ronda vestían traje de chaqueta, como si fueran a una entrevista de trabajo. Cuando se seleccionó a las diez finalistas basándose únicamente en su aspecto físico, sus sonrisas parecían forzadas, como si empezasen a comprender la realidad de lo que habían aceptado.

La crítica de cine y televisión Jennifer L. Pozner, en su libro *Reality Bites Back: The Troubling Truth About Guilty Pleasure TV*, describe el género de la telerrealidad como «el ejemplo más vívido de una reacción de la cultura pop contra los derechos de las mujeres y el progreso social». Al ver las imágenes granuladas en YouTube de este producto en particular, me cuesta rebatirlo. Las mujeres que competían por el premio de un millonario al que nunca habían visto eran licenciadas en universidades de la Ivy League, ejecutivas, académicas... todas reducidas a un desfile para ser compradas como ganado en una feria rural. En mi opinión, *Who Wants to Marry a Multi-Millionaire?* fue el comienzo de la intención de los *realities* de ver a las mujeres del siglo XXI a través de un marco del siglo XIX: como heroínas de Jane Austen que, privadas de agencia o de poder propio, solo podían competir para reclamar estatus y mejora personal por medio de su aspecto, sus alianzas y rivalidades.

Fleiss tenía razón: el programa resultó ser polémico. Pero esto se debió en gran parte a que, después de que se emitiese el especial, se reveló que la exprometida de Rockwell le había puesto una orden de alejamiento, acusándolo de golpearla y de amenazarla de muerte. (Rockwell negó las acusaciones).

La «ganadora», Darva Conger, una enfermera de urgencias, consiguió que un juez de Nevada anulara el matrimonio pocas semanas después de la boda televisada en directo. Después, ese mismo año, posó para *Playboy*, una revista cuya larga asociación con la telerrealidad se formalizó en 2005 con el programa de la cadena E! *The Girls Next Door*, una serie que documentaba la relación de Hugh Hefner con su cuadrilla de novias rubias. Fleiss, tras un brevísimo periodo en el purgatorio televisivo, regresó en 2002 con el programa de la ABC *The Bachelor*, programa que, en palabras de uno de los productores, usaba «humos y espejos» para dar una pátina romántica al cínico planteamiento de *Who Wants to Marry a Multi-Millionaire?* Las mujeres siguen compitiendo entre sí por un hombre disponible, solo que esta vez bajo la pretensión de que lo hacen por amor, no por dinero; un cambio tan significativo que, en 2025, *The Bachelor* sigue emitiéndose.

*Who Wants to Marry a Multi-Millionaire?* consagró lo que se convertiría en uno de los principios más duraderos de la telerrealidad: la idea de que el valor de una mujer se corresponde con su éxito a la hora de satisfacer los deseos de los demás. «Siempre me dijeron que tenía que ser una cocinera en los fogones, una dama en el salón y una puta en el dormitorio», explicó Melissa Gorga en *The Real Housewives of New Jersey*. Patti Stanger, en *Millionaire Matchmaker*, afirmaba que lo que sus clientes hombres buscaban en una compañera era «Madonna en el dormitorio, Martha Stewart en la cocina y Mary Poppins en el cuarto del bebé». En el primer episodio de *Cathouse* de HBO una trabajadora sexual le dice a la cámara: «Todo el mundo lo hace. Nosotras solo somos lo bastante listas como para que nos paguen por ello». De las once concursantes de la edición de 2006 del *Gran Hermano* británico, cuatro posaron en topless después de abandonar el programa.

En muchos sentidos, fue una decisión pragmática: ¿por qué no aprovechar un momento de fama que podría ser pasajero? Pero también pone de manifiesto todas las formas en las que las mujeres de la televisión eran convertidas en objetos para ser miradas, despreciadas, sexualizadas y emuladas, a menudo todo al mismo tiempo. Durante los últimos veinticinco años, las mujeres que nuestra cultura más ha detestado han sido, sin excepción, las mismas que no podemos dejar de mirar.

En 2007, la socióloga Rosalind Gill teorizó que el posfeminismo era menos una ideología que una «sensibilidad». Entre sus rasgos distintivos se encontraban el control obsesivo del propio cuerpo y el de otras mujeres, la preocupación por la autodisciplina y la autovigilancia, un paradigma de cambio de imagen, el énfasis en la gratificación individual por encima del esfuerzo colectivo, la creencia en el esencialismo de género (la idea de que hombres y mujeres son diferentes por naturaleza) y la preferencia entre las mujeres de presentarse como sujetos sexuales activos en lugar de objetos pasivos. Bridget Jones —que cuenta calorías, se debate ansiosamente entre si elegir un tanga de encaje o una braga faja de abuela y que no consigue nunca leer *Backlash*— es el arquetipo de la posfeminista. Pero las cualidades del posfeminismo son también todas las características que definen la telerrealidad. Se trata de un medio que, al principio de este siglo, observaba a las mujeres, las pesaba, las depilaba, las cortaba, las acicalaba para que fuesen más femeninas, las entrenaba para que fueran más refinadas, exponía todos sus secretos y construía vastos imperios empresariales basados en persuadir a otras mujeres para que hicieran lo mismo. Y la paradoja de la telerrealidad es que, como el género fue descartado como basura —como tantos productos culturales dirigidos a las mujeres—, pocos analizaron los valores y normas que estaba esparciendo a millones de telespectadoras.

A principios de la década de 2000, en Estados Unidos, el único mandato de los productores de telerrealidad era hacer programas que viese la gente. Las cadenas apostaron todo por la novedad, envalentonadas por el hecho de que pudieran vender tantos anuncios o más por un *reality* que costaba una cuarta parte de lo que costaba hacer un drama guionizado. Tanto Fleiss como Darnell, apuntaba un reportaje de *Vanity Fair* en 2003, «han revolucionado la televisión al despedir guionistas, directores y productores de comedias de situación, teatro y programas de actualidad convencionales, y al entregar la tele a la gran horda de gente corriente que no ve la tele y que, al parecer, haría cualquier cosa por salir en ella, y que, por lo general, cumple cuando les enfocan las cámaras».

En la práctica, esta revolución a menudo dio lugar a programas que encarnaban la bravuconería arrogante de la segunda presidencia de Bush, donde los hombres eran vaqueros, las mujeres eran femeninas hasta el extremo y el espectro del estereotipo del «feo americano» se cernía al fondo. En el programa de 2001 *Chains of Love*, emitido por UPN, los concursantes estaban físicamente atados a cuatro potenciales parejas románticas durante cuatro días y cuatro noches. En el programa *Are You Hot?*, de Mike Fleiss, emitido por ABC en 2003, los participantes se desnudaban para ser evaluados por un jurado en el que se encontraba el actor de culebrones Lorenzo Lamas, que usaba un puntero láser que él llamaba «localizador de defectos» para identificar las partes del cuerpo de los participantes que le resultaban ofensivas. («Un programa de porno *softcore* mal ejecutado que se cree un auténtico concurso de belleza», se lamentaba la revista *Variety*). En un artículo para *Entertainment Weekly* para promocionar el programa,

Fleiss posó arrodillado entre las piernas abiertas de una mujer, mirando detenidamente su entrepierna, imitando sin querer la portada del álbum *As Nasty as They Wanna Be* de 2 Live Crew. Según él, estaba luchando con la ABC «para que las concursantes pudieran llevar tanga, porque es lo que llevan las mujeres».

Individualmente, estos programas solían ser basura trivial y de mal gusto, con ediciones engañosas y filmaciones manipuladas. En conjunto, difundían un mensaje sobre las mujeres que resultaba aún más contundente por lo familiar que resultaba: éramos busconas, cazafortunas, estiradas, histéricas, embusteras y desagradables. (En defensa de *The Bachelor* en 2022, Fleiss —que sonaba ni más ni menos que como un proxeneta promocionando su negocio— declaró a *The New York Times*: «si conocieras a veinticinco mujeres solteras, te garantizo que algunas tendrían enfermedades de transmisión sexual. En nuestro programa no. Les hacemos pruebas. Limpias como una patena»). El programa de 2003 *Joe Millionaire*, de Mike Darnell, invirtió el formato de *The Bachelor* al presentar a un grupo de mujeres compitiendo por el afecto de un hombre rico que, en la final, resultaba ser un tipo normal y corriente. Casi treinta y cinco millones de personas sintonizaron la final con la esperanza de ver cómo una mujer supuestamente materialista recibía su merecido de forma dramática y muy pública.

Para las mujeres racializadas, la telerrealidad era incluso más tensa. En los primeros días de la telerrealidad, escribe Pozner, «las cadenas de televisión mantenían un reparto mayoritariamente blanco, y la presencia de personas de otras etnias se caracterizaba por la marginalización, la inclusión meramente simbólica y el encasillamiento». *The Bachelor* no tuvo a un hombre negro en el papel protagonista durante casi dos décadas, hasta que la muerte de George Floyd provocó un ajuste de cuentas a escala nacional con el racismo estructural en Estados Unidos. Su programa hermano *The Bachelorette* había contado una protagonista principal negra por primera vez en 2017, lo que sirvió de acicate para que uno de los concursantes declarase que estaba «listo para probar con una negra y no probar nada más». En 2023, Fleiss anunció que dejaba el programa que había creado, en medio de informes de que estaba siendo investigado por ABC después de que múltiples empleados lo acusaran de discriminación racial. Ya en 2019 había sido acusado de violencia doméstica por su esposa embarazada, una ex Miss America, quien sostuvo que también le había ordenado abortar; Fleiss negó todas las acusaciones y la pareja se ha reconciliado.

Pero mientras que la telerrealidad empezaba a ampliar su lente más allá de la blanquitud estadounidense en la segunda mitad de la década de 2000, su ansia de contenidos sensacionalistas y provocativos y su evidente falta de escrúpulos a menudo dieron lugar a programas que estereotipaban y fetichizaban a las mujeres de color. Si eras blanca y tenías la indispensable sonrisa de porcelana y tirabuzones esponjosos y elásticos, podías salir en *The Bachelor*, compitiendo por unas rosas, una propuesta de matrimonio y un diamante patrocinado tan grande como un arándano. Si eras negra o latina, probablemente acabarías relegada a VH1 o la MTV, en *Flavor of Love*, *Charm School*, o *A Shot of Love with Tila Tequila*, programas donde las mujeres racializadas eran deshumanizadas y, en el caso de *Flavor of Love*, se les daba nuevos nombres e identidades para que se unieran al gineceo de Flavor Flav. En *The Bachelor*, Chris Harrison le decía a las concursantes que estaban compitiendo por la oportunidad de encontrar el gran amor de sus vidas, una narrativa de cuento de hadas magnificada por el hecho de que el programa se emitía en la cadena ABC, propiedad de Disney. En *Charm School*, Mo'Nique les decía a las mujeres reunidas que había siete baños en la casa de modo que bajo ningún concepto debían tomarse la libertad de cagar en el suelo.

El director de cine Justin Simien, en su libro de 2014 *Dear White People* (Queridos blancos) defendió que la telerrealidad era «el nuevo *blackface*», argumentando que programas como *Flavor of Love*, *I Love New York*, *Bad Girls Club* y *The Apprentice* ratificaban estereotipos culturales racistas sobre las mujeres negras como promiscuas, agresivas y superficiales. Y lo que era peor, añadió Simien, era lo adictivos que a él y a sus amigos les resultaban esos programas, lo irresistibles e insidiosos que eran. «Esto es un problema», escribió, «no solo porque a menudo es la forma en la que la gente blanca aprende sobre la gente negra, sino porque también es la forma en la que algunos negros aprenden sobre sí mismos». En una evaluación de 2016 de *Love & Hip Hop: Atlanta*, una serie sobre mujeres en la industria musical, el profesor de medios y cultura popular sostenía que el programa mostraba pruebas claras de que las mujeres negras también estaban cayendo bajo la influencia de los ideales posfeministas: recurrir a la cirugía estética para performar mejor la feminidad en la esfera del hip hop, ser astutas en aprovecharse de vídeos sexuales e identificar su atractivo sexual como «una fuente fundamental de identidad, poder y placer personal».

La visibilidad, en los *reality shows*, plantea una paradoja: ¿es mejor para las mujeres aparecer en televisión como un estereotipo o no aparecer en absoluto? La teórica de los medios Racquel J. Gates ha defendido que *Flavor of Love* en realidad «se entiende mejor como una sátira de *The Bachelor* y la heteronormatividad blanca» y que programas como *Love & Hip Hop: Atlanta* le dan a las mujeres negras un espacio donde rechazar la política convencional de la respetabilidad, sobre todo en lo referente a su identidad como esposas y madres. En un ecosistema mediático en el que a menudo se avergüenza a las mujeres por su crianza de los hijos y se las encasilla como esposas en lugar de ser presentadas por derecho propio como individuos, las mujeres de *Love & Hip Hop*, escribe Gates, asestan «un golpe al funcionamiento global del patriarcado que todas las madres sienten en mayor o menor medida». Exigen ser vistas como mujeres reales, con múltiples facetas en sus vidas y personalidades, en un género televisivo que durante mucho tiempo ha exigido de sus personajes femeninos que sean tan unidimensionales como sea posible.

Sin embargo, mirando retrospectivamente desde el contexto de la década actual, creo que también resulta innegable que muchas de nuestras más desalentadoras tendencias contemporáneas se difundieron por primera vez al gran público generalista por medio de la telerrealidad. Los primeros años del siglo XXI fueron el momento en el que se establecieron los estereotipos más arraigados de las mujeres del nuevo milenio. Los Duggar, cuya familia fundamentalista cristiana en constante aumento fue documentada hasta el mínimo detalle en la TLC, parece fundamental para el movimiento *tradwife*, al tiempo que anticipa la desproporcionada influencia de los evangélicos en la política estadounidense y la libertad reproductiva. *The Bachelor*, la franquicia *Housewives* y el estreno televisivo de una mediagénica familia de Calabasas a finales de la década consolidaron la idea de que una vida valiosa para las mujeres del siglo XXI giraba en torno al cuidado personal, las luchas de poder y la adquisición de riqueza. Si la telerrealidad durante los primeros años del siglo XXI consistía en atraer a la audiencia, el siguiente acto sería conspirar para idear todas las cosas maravillosas que nos podían vender.

Cuando el programa *Anna Nicole* se estrenó en E! en 2002, la serie logró un triplete de ambiciones de la telerrealidad. Presentaba a una exmodelo de Playboy rubia que se había casado con un billonario seis décadas mayor que ella; se asomaba a la caótica vida «real» de una celebridad estadounidense, y fue un desastre a cámara lenta. El eslogan del programa era «no debería ser divertido, simplemente lo es». Smith, que para entonces había ganado peso desde sus días de modelo y estaba muy enganchada a los opiáceos, arrastraba las palabras y los pies mientras se movía por distintos espacios. Buscaba casa, escogía snacks de las neveras de desconocidos; se hacía tatuajes; visitó un club de striptease y manoseó a la mujer que le dio un lap dance; obligó a su hijo y a su abogado con aires de Svengali a participar en una competición de comer en un restaurante italiano. En los clips guionizados entre escenas, Smith era lo bastante coherente como para exagerar su reputación delante de las cámaras, lo que reforzaba la idea de que el programa era una comedia. Pero cuando las cámaras la seguían en su día a día apenas era funcional, estaba muy sedada y apenas se la entendía. En una entrevista con *Time* para promocionar el programa, Smith contó que los productores de E! no paraban de darle Red Bull para espabilarla, abriendo lo que confesó que era ya la séptima lata del día. En la entrevista, como en el programa, fue descuidadamente caótica, con momentos de asombrosa lucidez: «Todo el mundo que conozco ha hecho dinero conmigo y se ha deshecho de mí», dijo.

Si la telerrealidad de principios de este siglo se dedicaba a reforzar ideas preconcebidas de las mujeres en la sociedad, también hacía algo más al mismo tiempo que era más interesante y podría decirse que más duradero. Los programas como *Anna Nicole* y *The Osbournes* habían empezado a erosionar las fronteras entre los famosos y la gente corriente. En aquel momento, esto pareció casi democrático. Pero, en retrospectiva, el género también estaba preparando a los espectadores para un futuro en el que se esperaría de ellos que se monitorizasen, que retransmitiesen los detalles más importantes de sus vidas a públicos de distintos tamaños, y que cuidasen su aspecto en consecuencia. Ver a mujeres normales exponerse a una vigilancia constante y convertirse en famosas en el proceso, y ver estrellas de segunda fila subir de estatus al abrir sus vidas para las cámaras, afirmaba que ser vista bastaba para ser poderosa.

Las que ya eran famosas entendieron rápidamente el potencial del formato. En enero de 2003 un grupo aleatorio de estrellas (MC Hammer, Corey Feldman, Gabrielle Carteris) accedieron a mudarse juntas a una mansión de Hollywood para un programa de la WB llamado *The Surreal Life*. Un mes más tarde, Caitlyn Jenner, antes de su transición, fue una de las diez personas famosas que fueron enviadas a un campamento deliberadamente espartano en la selva para el programa de la ABC *I'm a Celebrity… Get Me Out of Here!*, una adaptación carente de interés de una popular franquicia británica. Más tarde, en ese mismo verano, la estupenda estrella del pop Jessica Simpson y su impasible nuevo marido, Nick Lachey, expusieron su vida matrimonial en *Newlyweds: Nick and Jessica*. Simpson es un fascinante caso de estudio sobre la fama de su época; su padre Joe, un pastor baptista, le había dado un anillo de castidad cuando tenía doce años y había alejado su carrera de la sexualidad más explícita de las carreras de sus coetáneas, aunque aparentemente seguía obsesionado por su innegable atractivo. «¡Tiene una doble D!», dijo una vez, explicando la dificultad de venderla en un mercado cristiano. «Es imposible tapar esa delantera».

Sin embargo, el matrimonio de Simpson abrió nuevos caminos de posibilidades comerciales. El aliciente tácito de

*Newlyweds* fue que los espectadores podrían tener la oportunidad de ver lo que sucede después de que una mujer es desflorada, el equivalente televisivo a un noble del siglo XVIII que cuelga las sábanas para que todo el mundo las vea después de su noche de bodas. «Jessica puede estar aquí de pie con este vestido de novia blanco porque hace mucho le confió su pureza a Dios», dijo el pastor que la casó, en una de las primeras escenas del programa. En un reportaje de 2004 para *Blender* titulado «Queen of the Boob Tube» (La reina de la tele teta), Joe Simpson dijo: «esperó hasta el matrimonio, y ahora está felizmente casada y tiene relaciones sexuales todos los días. Ahora se está volviendo loca. Y eso es genial».

La serie cumplió su cometido, ya que revitalizó la carrera musical de Simpson y la convirtió en una auténtica estrella. Pero también la presentó como un arquetipo que se estaba haciendo cada vez más popular en los medios de la década de 2000: la rubia tonta. Al igual que Anna Nicole Smith, Simpson era propensa a hablar con frases formulaicas sin sentido y a meter la pata en tareas sencillas: se preguntaba en voz alta si el atún era «pollo o pescado» y parecía no entender cómo poner una lavadora. Se le podría perdonar a una joven de veintitrés años criada en la exigente agenda laboral de una artista infantil, pero en el ámbito de la telerrealidad, Simpson era vista como un fracaso en el papel más fundamental de todos: el de esposa. Lachey, que parecía no hacer nada en casa durante la relación, aparte de ver deportes y criticar a su esposa, recibió, según los rumores, doce millones de dólares en el acuerdo de divorcio cuando el matrimonio se rompió, ya que Simpson era, por entonces, la principal fuente de ingresos de la familia.

A finales de 2003, Fox estrenó un programa similar que ya era famoso debido a acontecimientos de la vida real que rodeaban a una de sus estrellas. *The Simple Life* estaba protagonizado por la heredera Paris Hilton y la hija de una familia famosa en Hollywood, Nicole Richie, que interpretaban lo que Hilton describió en sus memorias de 2023 como personajes incapaces, sumergidas en situaciones en las que estaban como pez fuera del agua en el corazón de los Estados Unidos. Unas semanas antes del estreno del programa, se filtró en internet un vídeo sexual de Hilton, de diecinueve años, con su novio de entonces, Rick Salomon. Mucha gente asumió que fue la propia estrella quien lo había distribuido para promocionar el programa, algo que Hilton ha dicho que le horrorizó. «El revuelo fue una locura porque —comedia en estado puro— era demasiado fácil», escribe. «El potencial para chistes de rubias, la oportunidad para la superioridad moral y la degradación de alguien que vivía una vida de lujo. Fue como una versión no apta para menores de *America's Funniest Home Videos*»[9]. Y esto, de hecho, era justo lo que pasaba: incluso en 2003, la presunción de que lo que nos vendían como «realidad» era falso hizo que la búsqueda de vídeos «reales» de celebridades pareciera incluso más valiosa. La telerrealidad ofrecía una mirada voyerista a las vidas de los ricos y famosos, pero en el mejor de los casos era una versión maquillada y, en el peor o más falso de los casos, estaban completamente montados; mientras tanto, ahí teníamos imágenes reales y sin filtros de Hilton haciendo cosas que nunca habían sido pensadas para el ojo público. Teniendo en cuenta esa desintegración del contexto, es un poco más fácil comprender cómo tanta gente en ese momento justificó e incluso disfrutó viendo porno de venganza y robado en el que aparecía una adolescente.

[9] La versión española de este programa se llamó *Vídeos de primera*, emitido por TVE entre 1990 y 1998 (N. de la E.).

El autor y sociólogo Joshua Gamson ha llegado a la conclusión de que el cambio reciente más importante en la cultura de la fama ha sido su «giro decisivo hacia lo cotidiano». Ningún género ha impulsado este cambio de forma más eficaz que la telerrealidad, en los que las estrellas se rebajan con una cura de humildad al nivel de los ciudadanos de a pie y la gente normal asciende al panteón de las celebridades. Por lo tanto, era inevitable que la siguiente iteración de la telerrealidad se centrara en quienes se encuentran en los escalones intermedios: mujeres ricas y adolescentes que podían ser vendidas como marcas y monetizadas como estrellas, pero sin todo el costoso aparato cultural que se requería antes. En 2004, MTV ya había sustituido hacía tiempo los caros vídeos musicales por programas de telerrealidad más baratos que enganchaban a espectadores jóvenes. En ese mismo año, *Laguna Beach: The Real Orange County*, aprovechó el tirón de la exitosa serie de la Fox *The O.C.*, pero a una fracción del coste. Se rodó con los cuidados valores de producción de una serie de televisión, a diferencia de la combinación de cámara temblorosa y fija de estilo *verité* de la mayoría de los *realities*. Y, más que cualquier otro programa hasta la fecha, confundió todas las categorías de la producción de entretenimiento, convirtiendo a estudiantes de instituto en auténticas estrellas que parecían casi como nosotros.

Ahora parecía más cierto que nunca que la única diferencia entre una persona corriente y un multimillonario que sale siempre en *Us Weekly* era la exposición pública. «La industria del estrellato no necesita que sus famosos sean extraordinarios», escribe Gamson. «Lo que la industria de la fama sí exige a sus seres humanos es que vivan, con o sin glamur, para las cámaras». Pero yo diría que el glamur es, de hecho, una parte fundamental del trato. Las mujeres que se hacen más famosas en la telerrealidad son las que aceptan cumplir con sus estándares: femeninas hasta el extremo, impecablemente arregladas y retocadas, anuncios andantes de infinidad de productos. La siguiente era de la telerrealidad encarnaría esto de forma espectacular, pasando de los personajes retrógrados a las construcciones ultrafemeninas y frankenstinianas del concepto de mujer del siglo XXI, una visión inquietante e imposible de ignorar.

## Capítulo 5

# CHICA GUAPA

*La mina de las expectativas imposibles*

Solo se aprueba un estándar de belleza femenina: la chica joven.
SUSAN SONTAG (1972)

La belleza no es realmente tu apariencia; la belleza son las preferencias que reproducen el orden social existente.
TRESSIE MCMILLAN COTTOM (2019)

En 1964, un episodio de *The Twilight Zone*[10] imaginaba la vida en un futuro cercano, alrededor del año 2000, en el que todos los jóvenes de diecinueve años debían someterse a un ritual llamado «la Transformación». La ciencia, explica Rod Sterling en su introducción a «El número 12 es exactamente como usted», ha desarrollado los medios para dar a cada individuo la cara y el cuerpo de sus sueños; el proceso requiere que elijan entre una serie de modelos de catálogo, y luego se les altera quirúrgicamente el físico para que coincida con ellos. Marilyn, una chica de dieciocho años que se acerca a su Transformación, se resiste al proceso, lo que desconcierta a familia y amigos. «La mayoría de las chicas de tu edad se mueren de emoción cuando llega el momento de elegir un modelo», le dice su

[10] En España se llamó *La Dimensión Desconocida* (N. de la E.).

madre, una esbelta y simétrica rubia con el cuerpo de una veinteañera enfundado en mallas. Después, tranquiliza a su hija: «¡Estarás preciosa!».

La moraleja, cuando llega, cae con la sutileza de un yunque de dibujos animados: la Transformación fue diseñada originalmente para eliminar el conflicto, la enfermedad y la desigualdad, pero ha terminado destruyendo la empatía y el pensamiento libre. Una vez transformados, los humanos se deslizan como serenos autómatas, idénticos, dichosos, y sumisos. En la escena final, Marilyn contempla embelesada su nuevo reflejo en el espejo, maravillada por la estrechez de su cintura, el mullido y sedoso cabello. «¿Improbable? Quizás», dice Sterling con voz sonora. «Pero en los tiempos de la cirugía estética, el culturismo y una infinidad de cosméticos, dudemos antes de decir que es imposible».

Pensé en Marilyn viendo un episodio de 2004 de *The Swan*, un *reality show* de la Fox que se emitió durante dos temporadas y que ahora se revisita ocasionalmente en retrospectivas que lo condenan como uno de los programas de televisión más monstruosos que se han hecho jamás. *The Swan* seleccionaba a mujeres que estaban desesperadamente, dismórficamente insatisfechas con su aspecto —«patitos feos», en la jerga cursi del programa—, y las alejaba de sus hogares y familias durante meses, sometiéndolas a casi una docena de cirugías estéticas: implantes de pecho, liposucciones, esculpimientos faciales, rinoplastias, carillas dentales, levantamiento de cejas, rellenos. Mientras se sometían a todos estos procedimientos, las mujeres no tenían ningún espejo en el que mirarse, lo que preparaba la gran revelación al final de cada episodio, cuando se veían por primera vez. «Ahora me siento guapa», dijo una concursante, Marsha Meddleburg, en la segunda temporada, tocándose la nariz y las caderas con la misma reverente y extática incredulidad de Marilyn. «Creo en mí misma... Ya no conozco a la antigua Marsha».

Cuando hablamos ahora de imagen corporal durante los comienzos del siglo XXI, tendemos a lamentar el resurgimiento de lo que se llama la «gordofobia de los 2000», o la «cultura de la dieta de los 2000», términos que no captan la totalidad de lo que estaba sucediendo. En 2004, el año en que Marsha apareció en *The Swan*, se estrenaron aproximadamente dos docenas de programas de telerrealidad sobre cambio de imagen en la televisión estadounidense, como apunta la profesora de estudios de género Brenda Weber en su libro *Makeover TV: Selfhood, Citizenship, Celebrity*. Cinco años más tarde, ese número se había disparado a más de doscientos cincuenta, sometiendo a rostros, cuerpos, casas, niños e incluso coches a un proceso de metamorfosis total. El estilo de la década era el de la superación personal; la estética era la belleza bronceada, tonificada y homogeneizada, un tipo de perfección plastificada que resultaba aún más deseable porque podía comprarse. El cuerpo de cualquiera —cualquier persona— podía remodelarse como símbolo de estatus, emblema de consumo ostentoso y desenfrenado. Más que nunca antes, se entendía que el exterior de las personas reflejaba su identidad interior, y ambos parecían maleables y susceptibles de mejora infinita. Las operaciones de cirugía estética se promocionaban activamente y se consideraban soluciones para el yo imperfecto, con los *realities* en particular lanzando machaconamente el mensaje de que estar delgada, atractiva y sexy cambiaría por completo la vida de una persona.

La primera ola de programas de telerrealidad nos obligó a mirar. La segunda quería que nos imagináramos a nosotros mismos a través del implacable objetivo de la cámara, y sus programas tenían un interés particular en vendernos cosas que podían mejorar la imagen. A finales de la década, surgió una familia que tenía un interés especial tanto para capturar nuestra imaginación como para monetizar nuestra fascinación. Al revisar decenas de obras para este capítulo, no dejaba de pensar en una cita del crítico de arte John Berger, extraída de su antología de ensayos de 1972 *Modos de ver*, sobre las imágenes en la publicidad. «Se induce a la espectadora-compradora a envidiar lo que llegará a ser si compra el producto», escribe. «Se la induce a imaginarse transformada por el producto en un objeto de envidia para los otros, una envidia que entonces justificará quererse a sí misma. Dicho de otro modo: la imagen publicitaria le roba el amor a sí misma tal como es y le ofrece devolvérselo a cambio del precio del producto».

En 2009, se realizaron 12.5 millones de intervenciones cosméticas al año, un 69 por ciento más que a principios de la década. El uso del bótox, una tecnología relativamente novedosa, había crecido un 509 por ciento; el levantamiento de nalgas un 132 por ciento; la liposucción de abdomen un asombroso 4184 por ciento. «Los médicos nos han vendido la idea de que la cirugía no es algo tan burdo como un simple cortar y suturar, sino que es simplemente parte del camino hacia la mejora, la belleza exterior que, en última instancia, refleja la belleza interior» escribió Alex Kuczynski en su libro *Beauty Junkies*, publicado en 2006. Según ella, el trabajo cosmético, argumentó, es «la encarnación del sueño americano, la historia de éxito de atraer miradas hacia uno mismo, la de la transformación personal».

Así pues, tenía sentido que la telerrealidad, con su mirada itinerante y perpetua, fuera el escaparate perfecto de una ideología de automodificación extrema. La palabra «transformación», que transmitía connotaciones siniestras en *The Twilight Zone*, se volvió de pronto tan omnipresente en los programas de cambio de imagen y la industria de la autoayuda, que a principios de siglo era un fenómeno cultural en sí mismo. En 2006, cuando estaba pasando por un mal momento después de la universidad y mi padre se estaba muriendo de cáncer, mi madre me inscribió en un seminario intensivo de tres días de superación personal que incluía charlas motivacionales y confesiones, y que culminó con un evento público en el que revelábamos nuestro yo «transformado» en un escenario. La emoción era embriagadora, no solo por el optimismo de identificarse como una persona nueva y reluciente con un potencial ilimitado, sino también por los aplausos entusiastas del resto de presentes en la sala, los abrazos en grupo, la validación. ¿Quién no quiere que el mundo vea la mejor versión posible de una misma? ¿Qué habría de malo en querer ser hecha de nuevo?

Sin embargo, hay algo totalmente desestabilizador en un proceso de renovación total, ya sea física o psicológica. Las mujeres en *The Swan*, privadas de espejos durante meses, se encontraron a sí mismas tan cambiadas después de docenas de procedimientos que, en ocasiones, sus propios hijos no las reconocían. Esto resultaba particularmente irónico porque la idea del programa se le ocurrió a su creadora, la expresidenta de Telemundo Nely Galán, cuando se estaba recuperando de su primer parto y se sentía especialmente alienada de su propio cuerpo. «Me sentía fea, me sentía gorda», le contó a las periodistas Sirin Kale y Pandora Sykes en un episodio de su podcast *Unreal*. «Así que fui a un centro de adelgazamiento, y era como un lujoso spa… Se trataba todo de hacer ejercicio y comer bien y hacer cosas holísticas, y pensé para mí que lo único que haría de esto una experiencia perfecta sería ir a un cirujano y hacerme una elevación de pecho después de amamantar un bebé durante un año. Y pensé: Dios mío, eso es un programa de televisión».

*The Swan* fue concebido inicialmente para el mercado latino, donde los procedimientos cosméticos estaban más normalizados en aquel momento. (Brasil, México, Argentina y Colombia tienen las tasas más altas de cirugía plástica del mundo, y los ciudadanos brasileños asumen que tienen un «derecho a la belleza» que está directamente relacionado con las perspectivas laborales, la movilidad social y la felicidad, por no mencionar la blanquitud). Pero cuando el programa se volvió demasiado caro para Telemundo, Galán se lo propuso a Mike Darnell, de Fox, y ambos acordaron un formato de concurso de belleza: las concursantes competirían entre ellas hasta coronar a la ganadora, al final, como «el cisne». Esto es lo que distinguía este programa de *Extreme Makeover* en la ABC, que se había estrenado en 2002 con una premisa similar, y de otros innumerables programas de cirugía plástica que se emitían en ese momento. Era asombrosamente cruel: incluso después de someterse a procedimientos médicos extenuantes, a dietas restrictivas y a ser aisladas de sus familias, la mayoría de las mujeres, al final, veían que sus cuerpos seguían siendo deficientes a ojos de un panel arbitrario de jueces.

De niños nos enseñan sobre la belleza interior, la magia de la diferencia, que no hay una sola forma de ser o sentirse bellos. Crecí viendo «We All Sing with the Same Voice» en Barrio Sésamo, una oda a los niños de etnias y culturas distintas cantando todos juntos; ahora le leo a mis hijos el libro *We're Different, We're the Same*, un libro ilustrado con el mismo espíritu. Pero lo que los programas de cambio de imagen enfatizaron implacablemente a principios de este siglo fue la idea de que solo había una forma de presentarse como mujer: intensamente femeninas, heterosexuales, sexy, de clase media y blancas, o al menos con cualquier signo visible de diferencia pulido hasta la sumisión.

Por no mencionar que, en aquella época, el aspecto físico no solo era una representación del carácter interior, sino también la fuente principal del valor económico y social de una mujer. «Cuando estás guapa es cuando ganas dinero», le dijo una concursante del programa de la MTV *I Want a Famous Face* a Anderson Cooper en una entrevista. «¿Acaso no quiere todo el mundo ganar dinero?». En aquella época, yo trabajaba de camarera en restaurantes para ahorrar para la universidad, lidiando con un trastorno de la alimentación que me daba, durante la enfermedad de mi padre, una ilusión de control. Y era innegable: cuanto más peso perdía, cuanto más pequeña era la ropa que llevaba, más propinas recibía. Estar delgada parecía ofrecer bendiciones del universo, aunque ninguna de ellas era la felicidad.

El mensaje que propagaban los programas de telerrealidad era el mismo que había interiorizado como una adolescente en 1999: la creencia, como dijo Susan J. Douglas, «de que es precisamente a través del calculado despliegue de las caras, cuerpos, ropa y sexualidad como las mujeres ganan y disfrutan del auténtico poder». Las primeras versiones de los *realities* nos enseñaron las recompensas económicas de la autoexposición; ahora el género predicaba una especie de evangelio de la prosperidad del cuerpo, la idea de que reinventarse también podía ser lucrativo. La ganadora de *The Swan* recibió un amplio surtido de premios, entre ellos cincuenta mil dólares, un contrato de modelo, un Jaguar de 2004 y «beca de transformación» de diez mil dólares en la Mastery University del *coach* de autoayuda Tony Robbins. Por convertirse en la imagen pública del cuestionable producto de pérdida de peso TrimSpa en 2003, Anna Nicole Smith recibió supuestamente medio millón de dólares al año. En 2009, cuando Jessica Simpson fue avergonzada por su peso por llevar lo que se consideraban unos «vaqueros de mamá» nada favorecedores para actuar en un concurso de cocina picante en Florida, *The Daily Beast* sacó un artículo sugiriendo que sería fácil para ella firmar un acuerdo de promoción y pasar de vaca a secas a vaca lechera.

Reiterando esos mismos mensajes en aquel momento estaba el porno, una industria en auge a principios de este siglo cuyo modelo financiero aún no había sido trastocado por internet. La profesora de estudios audiovisuales Elizabeth Atwood Gailey había escrito sobre las similitudes entre la pornografía violenta y las formas en que los programas de transformaciones extremas «representan los cuerpos femeninos mientras son explorados, pintados, succionados, esculpidos con instrumentos quirúrgicos y rellenados con objetos extraños». La pornografía también marcó el estándar físico al que se suponía que los cuerpos de mujer tenían que aspirar. En un ensayo para *London Review of Books*, la escritora Hilary Mantel señaló que la mujer ideal de la época tenía «pechos como una muñeca hinchable, nada de caderas, y los labios vaginales pulcros y lampiños de una niña de seis años sin desflorar». Una forma así, cabe señalar, no hay modo humano de conseguirla. Hay que comprarla.

¿Qué otra cosa se supone que íbamos a sacar de este momento, aparte de la idea de que solo gastar amplias sumas de dinero en cambiar nuestra apariencia podía validarnos? El programa de la MTV *I Want a Famous Face*, que se estrenó en 2004, presentaba a gente tan fascinada con famosas como Carmen Electra y Pamela Anderson que se sometían a múltiples procedimientos quirúrgicos para remodelar sus rostros para parecerse a ellas, en parte como homenaje y en parte como aspiración. La fama parecía tan tentadoramente cercana, que parecía que bastaba con representar ese papel para hacerlo realidad, para *manifestarlo*. (El libro de autoayuda

*The Secret*, que alentaba a hacer precisamente eso, se publicó en 2006). Al final de *The Swan*, como escribe Brenda Weber, las concursantes «han aprendido a posar, girando sus cuerpos de manera que puedan ser vistos y admirados por completo... saturados de significantes que denotan la fama». Cuando Heidi Montag, la estrella sacada del olvido de *Laguna Beach* y *The Hills* se sometió a su propia transformación al estilo de *The Swan* en 2010, a la edad de veintitrés, sometiéndose a diez operaciones de cirugía estética en un solo día, aquello pareció una inversión de la jerarquía de la realidad. Ahí estaba una estrella que se sometía a los mismos tortuosos rituales que los del común de los mortales para tratar de avanzar en su carrera. Las escenas televisivas de Montag a menudo estaban preparadas, incluso guionizadas, pero su reinvención física fue plenamente auténtica en su postración ante el artificio.

Para 2013, la idea de que la belleza podía comprarse se había aceptado plenamente en todo el mundo. Ese año, una breve lista de veinte finalistas para un concurso de belleza en Corea del Sur —que recientemente ya se había atribuido las tasas más altas de cirugía estética per cápita del mundo— se hizo viral porque todas las mujeres parecían idénticas, con los mismos ojos almendrados, los mismos dientes blancos y perfectos, narices esculpidas y rostros con formas de corazón. «La cirugía plástica significa muchos tipos de reinas de la belleza, pero solo un tipo de rostro», concluyó Dodai Stewart en *Jezebel*. La visión de *The Twilight Zone* de belleza idéntica y estereotipada finalmente se había cumplido.

En su libro de 2004 *Appetites: Why Women Want*, la escritora Caroline Knapp analiza cómo los mensajes culturales enseñan a las mujeres a suprimir cualquier forma de hambre: de comida, de sexo, de poder. «Las preguntas subyacentes del apetito, después de todo, son aterradoras: ¿Qué nos satisfaría?», escribe. «¿Cuánto necesitas y de qué? ¿Cuáles son las verdaderas pasiones, los verdaderos apetitos que se esconden tras los objetivos aparentes de la belleza o la delgadez?». Naomi Wolf, en su canónico libro de 1990, *El mito de la belleza*, sostiene un argumento parecido. El poder de lo que realmente quieren las mujeres es tan contundente, tan potencialmente iconoclasta, argumenta, que la única forma de controlarlo es distraernos con el odio a nosotras mismas y el proyecto de toda una vida de autocuidado disciplinado.

Es solo con Wolf y Knapp en mente que puedo entender el sentido de la cultura de la dieta de principios de este siglo, y aventurar la hipótesis de que fue tan cruel, tan despiadado e intransigente porque estaba instrumentalizando la vergüenza de un modo que neutralizaba la agencia y las ambiciones de las mujeres, además de proteger el poder patriarcal. Todas las revistas que leí durante mi adolescencia y a comienzos de la veintena, todos los programas de televisión protagonizados por estrellas adolescentes con mirada inocente y clavículas visibles parecía tener el mismo mensaje: encoge. En el Reino Unido, la revista semanal de cotilleos *Heat* tenía una sección llamada «el círculo de la vergüenza» para identificar los hoyuelos de celulitis, los cercos de sudor o los michelines de las famosas. En los Estados Unidos, las páginas de cotilleos *TMZ* y *Perez Hilton* se deleitaban con fotografías de estrellas captadas en poses poco favorecedoras, cuanto más humillantes, mejor. Cualquier desviación pública del cuerpo femenino de la suavidad de la porcelana, cualquier signo visible de corporalidad humana, exponía a una persona al ridículo y al asco. Interpretado en su conjunto, resulta suficiente para convertirte en una teórica de la conspiración que es, por desgracia, lo que le ocurrió a Wolf.

Es imposible exagerar lo obsesionados que estaban los medios de comunicación a principios de este siglo con los detalles de los cuerpos de las mujeres. La moda, atrapada en algún lugar entre el heroin chic y el porno chic, valoraba las prendas que no dejaban nada al descubierto: vaqueros de talle bajo hasta el hueso púbico (una variante de los pantalones *bumster* de Alexander McQueen), corsés y tops tipo pañuelo, vestidos con aberturas tan amplias que el término «nip slip» (la exposición involuntaria de un pezón) estaba en boca de todos en la prensa amarilla. Nada de esto habría sido digno de mención salvo por las licencias que parecían tomarse las revistas en respuesta a la obsesión por el físico de las jóvenes estrellas. «Lindsay Lohan acaba de cumplir dieciocho hace poco menos de una semana cuando me dice que sus pechos son reales», escribió Mark Binelli en la *Rolling Stone* en 2004, en un artículo que acompañaba a una imagen de portada con las palabras «Sexy, a punto y legal». «No le pregunté (los caballeros nunca lo hacen), aunque mi recogida de información (una discreta comprobación visual, un abrazo de despedida) parece confirmar su afirmación».

La proliferación de las fotografías de famosas en revistas como *Us Weekly* e *In Touch Weekly* nos proporcionó un acceso visual sin precedentes a las estrellas, pero también un nuevo poder: en un momento en que bastaba con parecer famoso para serlo, era más fácil juzgar a aquellos que no cumplían con su parte del trato. Los tabloides solían tener médicos en su agenda, listos para puntuar el cuerpo de una estrella cada semana. Las portadas que se centraban en la pérdida o ganancia de peso, según declaró un antiguo reportero de *In Touch Weekly* a *Slate* en 2022, se vendían especialmente bien. Las frases «cuerpo posparto» y «alarmante delgadez» entraron en el léxico moderno, escritas en grande y entre exclamaciones junto a fotografías poco favorecedoras de mujeres que no podían ganar. «Le debo a Renée Zellweger una disculpa», escribió Kate Betts en *The New York Times* en 2002, señalando que había retirado una foto de la portada del *Harper's Bazaar* el año anterior simplemente porque Zellweger estaba «demasiado gorda» en las fotografías después de haber ganado peso para *El diario de Bridget Jones*. (Cuando Zellweger perdió el peso en tiempo récord, el *Daily Mail* la llamó «terriblemente demacrada»).

A menudo, las mujeres eran humilladas públicamente por interiorizar los mismos estándares tóxicos que habían sido instrumentalizados contra ellas. En entrevistas de promoción de la primera temporada de *The Simple Life*, Nicole Richie dijo: «la gente me preguntaba cómo me sentía por ser una mujer voluptuosa», a pesar de que en ese momento era indiscutiblemente menuda. Después de perder peso, fue entrevistada por Howard Stern en 2005, que exaltó lo buena que estaba y afirmó que prefería «tirársela a ella antes que a Paris» con su nuevo cuerpo. Stern también la engañó para que se subiera a una báscula durante parte de la entrevista y luego le comunicó a los oyentes cuánto pesaba. Dos años más tarde, Richie fue vilipendiada cuando se hizo viral un correo electrónico que envió para invitar a una barbacoa con motivo del Memorial Day, el Día de los Caídos en Estados Unidos: «Honremos este día con los tops más zorrones y los vaqueros Tsubi más ajustados, aunque no tengamos ni idea de lo que significa realmente el Memorial Day!! Habrá una báscula en la entrada. No se admite la entrada a chicas de más de 45 kilos. Empezad a mataros de hambre ya. Allí nos vemos!!!».

El tono jocosamente cruel de ese momento, junto con imágenes de caderas cóncavas y esternones prominentes, ha sido imposible de olvidar. En aquella época sentía una especial fascinación por los libros sobre dietas, que se hicieron arrolladoramente populares en torno a 2003: la dieta Atkins, la dieta South Beach, el libro de *Las francesas no engordan*. A medida que avanzaba la década, las publicaciones de culto pasaron de ofrecer mano dura a repartir auténticos insultos. En 2005, una exagente de modelos y una modelo se unieron para publicar *Skinny Bitch*, cuyo singular argumento de venta se basaba en que la humillación da resultados. «¿Estás harta de verte gorda? Bien», empieza el libro, antes de lanzarse de lleno a una serie de insultos punitivos: sus lectoras son «asquerosas», no estar delgada es repugnante, comer grasa animal lleva a tener «bultos repulsivos por todo el culo, los muslos, costados, brazos y estómago». «Tienes que hacer ejercicio, vaga de mierda», escriben las autoras al principio. Y una aclaración: «Nosotras también tenemos algo de grasa, partes del cuerpo asquerosas», confiesa el capítulo doce. «Somos mujeres».

Lo que me llama poderosamente la atención al releer *Skinny Bitch* ahora es lo bien que su voz imita lo que la activista por la aceptación corporal Katie Sturino llama «la espiral del autodesprecio». «Deja de ser una cerda gorda», dicen las autoras. «Sabes lo que tienes que hacer, así que hazlo». Más allá de eliminar productos animales, los consejos del libro fomentan lo que hoy podríamos interpretar como trastorno alimentario: leer las etiquetas de absolutamente todo lo que consumas, ayunar entre veinticuatro horas y *diez días*, en función de «lo ligera, limpia y sana que quieras estar». A pesar de todo esto, *Skinny Bitch* está dedicado a los iconos de la autoayuda Tony Robbins y Wayne Dyer, y termina con una proclamación de «namasté». El consejo dietético, al final, resulta ser el veganismo, transformado en una biblia de culto de la pérdida de peso gracias a lo que su editorial describió como un «mensaje claro como el agua» de autodesprecio convertido en un arma. *Skinny*

*Bitch* termina con una exhortación a los lectores a practicar «afirmaciones», diciendo cosas como «cada día claramente mi culo se hace más pequeño» mientras se dedicaban a sus quehaceres diarios. Es un recordatorio de cómo la gordofobia de la década de los 2000 tenía un inconfundible tono New Age, combinado con un sesgo de optimismo de toda la vida: si estabas «gorda» o «fea» es que no te esforzabas lo suficiente.

*Skinny Bitch* disfrutó de un moderado éxito hasta 2007, cuando la ex Spice Girl Victoria Beckham fue fotografiada con el libro en Los Ángeles; después de eso, se disparó en las listas de libros más vendidos tanto en Estados Unidos como en el Reino Unido. Las celebridades nos han vendido la promesa de las dietas desde que Oprah Winfrey sacó en su plató de televisión una camioneta con treinta kilos de grasa animal, que representaba el peso que había conseguido perder con un régimen de batidos sustitutivos de comidas. Beyoncé, tras afirmar que había perdido peso para su papel en *Dreamgirls* en 2006 siguiendo la dieta Master Cleanse (limpieza maestra), provocó indirectamente un aumento de las mujeres que se alimentaban a base de zumo de limón, sirope de arce y pimienta de cayena. Sarah Jessica Parker y Kate Hudson supuestamente preferían la dieta Hamptons, un plan básico bajo en carbohidratos con un énfasis efectista en las nueces de macadamia. Y, sin embargo, el desfile constante de nuevas dietas relámpago, una tras otra, parece la prueba de su fracaso colectivo.

Durante la década de 2010, apareció el movimiento de positividad corporal en respuesta a una década de crueles rituales de autodesprecio. Lo que comenzó con la «Campaña por la belleza real» de Dove en 2004 cobró impulso a medida que surgían cada vez más pruebas científicas de que las dietas sencillamente no funcionaban. En 2016, la modelo de talla grande Ashley Graham apareció en la portada de la edición de trajes de baño de *Sports Illustrated*, el mismo año en que Mattel empezó a vender Barbies con diferentes tipos de cuerpos y colores de piel. Un estudio de 2023 descubrió que las mujeres jóvenes expuestas a publicaciones positivas sobre el cuerpo en Facebook durante un periodo de dos semanas afirmaban tener una mejor imagen de sí mismas y eran menos propensas a comparar sus cuerpos con los de otras personas. Pero la explosiva popularidad de medicamentos para adelgazar como Ozempic y Mounjaro, más o menos en esa misma época, volvió a mover la portería. Una vez más, los cuerpos de las famosas se encogían ante nuestros ojos y, una vez más, el producto responsable de su nueva delgadez estaba a la venta.

El *fat-shaming*, la humillación pública de las personas gordas, era la tónica habitual en la telerrealidad a principios de este siglo, en consonancia con el auge del consumo de manuales de dietas y ejercicios, vídeos de *fitness* y *snacks* de marca ultraprocesados. Cuando se estrenó *The Biggest Loser* en 2004 en la NBC, lo hizo con un montaje de apertura de partes del cuerpo aisladas y temblequeantes, acompañado de un coro de voces que condenaban lo que los concursantes más odiaban de sí mismos. «Estas doce personas tienen una cosa en común», explica la locución. «Están *gordas*». La palabra gorda se pronuncia con énfasis y repugnancia. La serie estaba construida en torno a la humillación: exponer los cuerpos de los concursantes con el mínimo de ropa en el primer pesaje, confrontarlos con sus lamentables decisiones, castigarlos en sesiones de gimnasio diseñadas para hacerlos vomitar, llorar y sufrir. Al final de la primera temporada, Ryan Benson fue coronado como ganador del programa, tras haber perdido 55 kilos, es decir, el 37 por ciento de su peso corporal. Según confesó a *The New York Times* en 2009, también había privado a su cuerpo de comida y agua hasta el punto de orinar sangre, un posible indicador de daño renal.

Este fue un momento cultural de abyecta crueldad disfrazada de mano dura. *The Biggest Loser* provocaba burlonamente a sus concursantes con imágenes y lenguaje diseñados para recordarles su gula: en las rondas de eliminación los reunían a todos alrededor de una mesa de comedor enorme en una sala con platos de comida mostrados detrás de paredes de cristal, justo fuera de su alcance. Cuando cada persona revelaba a qué concursante había votado para eliminar esa semana, sacaba su nombre de debajo de una bandeja de plata vacía. «Es hora de eliminar la grasa», afirmaba la presentadora, Caroline Rhea. En *America's Next Top Model*[11], que se había estrenado un año antes, el peso era una obsesión no menos importante: diez mujeres, que competían cada una por el premio de un contrato de modelo, eran medidas y pesadas por un entrenador al principio de la temporada, con el acuerdo de que irían adelgazando con su ayuda. «Tiene más aislamiento térmico que yo», dijo Elyse (51 kilos) de Robin (74 kilos, la concursante designada como «talla grande») durante la primera sesión de fotos. «Tienes que vigilar los muslos», le dijo Janice Dickinson, una de las jueces, a Ebony (59 kilos). «Tienes que vigilar ese trasero tan grande. Tienes que cuidar mucho la dieta y hacer ejercicio». (Debo señalar que las dos mujeres que más fueron avergonzadas por su cuerpo en este programa eran las dos negras; Paulini, una concursante de *Australian Idol* en 2003, a quien un juez del programa célebremente le aconsejó «escoger ropa más apropiada o perder algunos kilos», era fiyiana).

[11] La versión española de este programa se llamó *Supermodelo*, y fue emitida por Cuatro desde 2006 hasta 2008 (N. de la E.).

*America's Next Top Model* se convirtió en un fenómeno televisivo en el mundo de la telerrealidad, con veinticuatro temporadas. Al principio, posiblemente gracias a su escaso presupuesto, el programa fue bastante representativo de lo que que realmente se necesitaba para triunfar como modelo: eliminar la grasa y el vello del cuerpo (a todas las chicas les depilaban la línea del bikini en el primer episodio), compartir un diminuto loft con muchas otras mujeres y las extrañas «tareas», como cuando las cuatro finalistas fueron a París y les encargaron seducir a hombres desconocidos en una comida, vestidas con trajes de alta costura. Mientras caminaba por la ciudad para acudir a una prueba, Adrianne, la ganadora final de la primera temporada, fue manoseada por un hombre al que paró para preguntarle indicaciones, una agresión que le afectó profundamente. Aún así, cuando, como consecuencia de ello, perdió una de sus cuatro pruebas de ese día, fue recriminada por los jueces por ser poco fiable. El espíritu del programa, basado en el lenguaje directo y la mano dura hacia la cantera de chicas jóvenes participantes, lo encarnó mejor que nadie la propia Tyra Banks, a quien la crítica Ann Powers comparó una vez con Ayn Rand por su compromiso feroz e intransigente con la idea de que el éxito hay que ganárselo. Cuando la forma física de tu cuerpo es lo único que se interpone entre tú y la riqueza material, ¿por qué ponerse sentimental con lo que le ocurra?

Cada episodio de *America's Next Top Model* llevaba por título una alusión a una concursante concreta, pero despojada del nombre y reducida a un argumento: «La chica que trata con un pervertido», «La chica que es un orgasmo visual», «La chica que odia su pelo». La insinuación era que las mujeres del programa eran cada una de nosotras tanto como ellas mismas: avatares para vendernos maquillaje CoverGirl, vaqueros Lee y agua Smartwater. Y a medida que avanzó la década, nosotras las civiles empezamos a experimentar un poco del mismo escrutinio. La nueva omnipresencia de las cámaras digitales y el nacimiento de MySpace en 2003 y de Facebook en 2004 significaron que, de repente, nos viéramos bombardeadas con fotografías poco favorecedoras, de nosotras y de las demás: expuestas, sudadas, desaliñadas, lamentables.

La vergüenza, en *America's Next Top Model* y *The Biggest Loser*, no pretendía ser cruel por el simple placer de ser cruel. En ambos programas se presentaba como un proceso necesario, una especie de ritual de purificación que revelaba quién era débil y quién estaba verdaderamente comprometido con el proyecto capitalista de la perfectibilidad personal. A medida que se sucedieron las temporadas de *America's Next Top Model*, E. Alex Jung observó en retrospectiva, la serie «intentó eliminar la subjetividad inherente a la evaluación de la belleza física argumentando que es una destreza que se puede perfeccionar». Tanto mejor para animarnos a comprar los libros de dietas, los vídeos de entrenamiento, las revistas que mostraban a las famosas fallando —¡como nosotras!— en el proyecto de sí mismas. La cultura de la dieta, escribe Wolf en *El mito de la belleza*, promete «el sueño americano hecho realidad: podemos recrearnos como seres mejores en un nuevo y maravilloso mundo». O, como proclamó ostentosamente la portada de 2007 de *Ladies' Home Journal*, que homenajeó la pérdida de peso de Kirstie Alley, el producto que se vende perpetuamente es «tú, ¡pero mejor!».

Un poco de contexto rápido sobre la situación en 2006, antes de que un puñado de gente cambiara el panorama de la feminidad visible para siempre. En aquel momento el precio de la vivienda en Estados Unidos se había más que duplicado con respecto al precio de ocho años atrás. *Mujeres desesperadas* fue uno de los programas más vistos del país. Y *Queer Eye for the Straight Guy* hacía poco que se había convertido en la punta de lanza de la evolución de Bravo, que pasó de ser un canal de artes escénicas a convertirse en un canal de porno softcore por la noche. Todos estos elementos influyeron en *The Real Housewives of Orange County*[12], un programa que se vendía sin tapujos como una mirada voyerista a las vidas de las ricas y fabulosas. «La vida es diferente en una comunidad cerrada», dice una voz ronca femenina a modo de introducción. «La tierra aquí cuesta un millón el acre. El precio medio de una casa es de entre un millón ochocientos y dos millones doscientos». La cámara recorre con una panorámica los Roll Royce, diamantes y hombres jugando al golf en cuidados céspedes con un claro y despejado cielo azul de fondo. Queda claro al instante, como no podía ser de otra manera, que este es un programa sobre dinero: tenerlo, gastarlo, transformarlo mediante elaborados rituales en símbolos visibles de estatus y consumo. «Este no es solo un lugar en el que vivir», aclara otra voz diferente. «Es un estilo de vida».

Lo que llama la atención ahora, al verlo casi veinte años más tarde, es lo corrientes que parecen las mujeres del programa: lo descuidadas y desaliñadas y reconociblemente humanas en comparación con las *Housewives* actuales, con su aspecto radiante, la piel de la cara acolchada de relleno y un cariz ligeramente alienígena. Jeana Keough, una antigua chica Playboy convertida en agente inmobiliaria, lleva un flequillo asimétrico y joyería de plata, como cualquier madre que te encontrarías de compras en el T.J. Maxx. Aún así, en su libro de 2021 *The Housewives*, el escritor Brian Moylan señala cómo,

[12] Un programa muy similar en España fue *Mujeres ricas*, emitido por La Sexta en 2010 (N. de la E.).

en una foto promocional usada para la *premiere*, las cinco mujeres del programa llevan tops de la tienda Sky, blusas baratas, coloridas, sin mangas y con cuello halter que fueron populares en California por cómo realzaban los escotes a prueba de la gravedad. («El 85 por ciento de las mujeres de aquí se han puesto implantes de pecho», explica Kimberly Bryant en la primera escena). Las mujeres están bien conservadas, sin duda, pero aún no se han sumergido por completo en la estética deslumbrante de la telerrealidad: más grandes, más brillantes, más prietas.

En un contexto cultural que fetichizaba la juventud —«¡Llueven adolescentes!», como rezaba la portada de *Vanity Fair* de 2003— aquellas *Housewives* eran algo inusual. Dejando a un lado *Mujeres desesperadas*, las mujeres de su franja de edad, entre treinta y tantos y cuarenta y tantos, no destacaban precisamente en la cultura popular de la época. («Solo hay tres edades para las mujeres en Hollywood», despotricaba Goldie Hawn en la película de 1996 *El club de las primeras esposas*: «Bollycao, fiscal del distrito y *Paseando a Miss Daisy*»). El interés por las mujeres del condado de Orange no tenía que ver necesariamente con su belleza, ni con las dinámicas familiares o con sus travesuras lubricadas por el alcohol. Se trataba de cómo se presentaban ellas mismas. «En la telerrealidad, las mujeres en particular llevan la carga de exhibirse a sí mismas —el pelo, la cara, los pechos y los accesorios— como obras espectacularizadas en proceso», escribió en 2014 la profesora de estudios audiovisuales Misha Kavka. Ella califica la forma de arte particular en la que destacan las *Housewives* como «ostentación», una alardeante representación de hiperfeminidad, exceso emocional y riqueza.

En el universo de *Housewives*, el arte del cuidado personal ha venido a llamarse el «glam». Erika Jayne Girardi, un miembro de cincuenta y tres años del elenco de *The Real Housewives of Beverly Hills* con el rostro tirante e inquietante de una imagen generada por IA, se gasta cuarenta mil dólares al mes en *glam*, según confirmó en un episodio de reunión en 2024 presidido por el dios embaucador de la franquicia, Andy Cohen. En su primera temporada de *The Real Housewives of New York*, escribió Carole Radziwill en un ensayo de 2020 para *Allure*, ella misma se peinaba y se maquillaba. Cinco temporadas más tarde, los equipos de *glam* se incorporaron a su vida ante las cámaras, y Bravo a menudo pagaba los costes si podía filmar los procedimientos: «inyecciones de bótox para alisar la frente, exfoliación química para tensar la piel, láser para reducir la grasa del trasero». Por lo general, observa Moylan, después de una temporada viéndose en televisión, las mujeres eran capaces de evaluarse físicamente y hacer sus ajustes: un nuevo peinado aquí, un retoquito allá, todo ello parte del manual posfeminista de la autovigilancia. «El *glam* está ahora integrado en *Housewives* como una estrategia narrativa», escribió Louis Staples en *The Cut* en 2022.

Esto se debe a que el trabajo cosmético, en el país de la telerrealidad, es realmente trabajo, un tipo de labor que encarna y facilita el dinero. Es el *glam*, más que cualquier otra cosa, lo que denota cómo las mujeres de los programas se transforman de personas reales en celebridades de la televisión, y la promesa es que, las que lo vemos desde casa, también podemos comprar ese estatus mejorado. En 2022, una escritora de *Hustle* calculó que habían surgido cincuenta y dos marcas de belleza distintas a raíz del programa, entre ellas el perfume de Karen Huger, la colección de pelucas de Candiace Dillard, la línea de cuidado facial de Kim Zolciak y la colección de pestañas de Jen Shah (esta última sentenciada con una condena por fraude por un timo de telemarketing).

Las *Housewives*, por medio de su cambiante y cada vez mayor presencia en la pantalla, normalizan lo que la académica Sandra Bartky llamó el proyecto disciplinario del cuerpo femenino. Y luego nos venden los instrumentos de nuestro propio mantenimiento, un ouroboros de imagen, consumo y beneficio.

Hay que decir que esto es lo que han hecho siempre las famosas; es solo que las *Housewives* son excepcionalmente buenas haciéndolo y resultan especialmente atractivas para las mujeres con ingresos disponibles. En este punto debo señalar que soy tan susceptible al encanto de los productos de belleza como cualquiera y que abrir el embalaje de un producto nuevo recién llegado de la tienda suele provocarme la mayor emoción que he sentido desde que tuve a mis hijos. Hay muchas razones por las que nos encanta ver a estas mujeres bellas, en constante renovación, y siempre deslumbrantes. En los buenos tiempos, representan el optimismo del yo perfeccionado; en los malos, ofrecen escapismo desenfrenado. Cuando *The Real Housewives of Atlanta* debutó en 2008 justo en plena Gran Recesión, una reseña del *New York Times* comentó que las fastuosas compras compulsivas y sus vulgares alardes de riqueza podrían acabar siendo una cápsula del tiempo maldita de una década de derroches. En última instancia, sin embargo, el consumo sin límites que celebraba la franquicia resultaba demasiado seductor.

Lo más interesante de la belleza en la telerrealidad es que, aunque el cuidado personal es imprescindible, no hay una única forma de hacerlo, y a menudo hay matices entre los programas y las franquicias que reflejan la clase, la raza y el estatus social en el mundo real. *The Real Housewives of Potomac* ha dado lugar a un intenso debate sobre la discriminación por el color de piel —el trato preferencial hacia las mujeres de piel más clara— tanto en el programa como en Estados Unidos en general. En los programas británicos *Love Island* y *The Only Way Is Essex*, como escribe Anita Bhagwandas en su libro *Ugly*, publicado en 2023, los miembros del reparto suelen presentarse con signos hipervisibles de cuidado personal —carillas de porcelana blanca deslumbrante, bronceados artificiales y ostentosos, pestañas como patas de araña— que convierten el cuidado personal en un consumo conspicuo. Y programas como *What Not to Wear*, tanto en Estados Unidos como en el Reino Unido, empleaban rutinariamente insultos maliciosos y elitistas para animar a las mujeres de clase trabajadora a que mejorasen su imagen, por lo general gastando un dinero que no tenían.

Pero la belleza en la telerrealidad también está indefectiblemente ligada al género. Programas como la franquicia de *Housewives*, *The Girls Next Door* y *Jersey Shore*, escribe Kavka, «ponen en primer plano a mujeres cuya visibilidad... parece consistir en poco más que su capacidad para hacer alarde de un atractivo codificado como hiperfemenino». La feminidad es un premio que hay que exhibir tanto como la riqueza; la implicación es que ambas están indisolublemente unidas. En un ensayo de 2023 para *The New York Review of Books*, Anna Shechtman argumentó que las *Housewives* mostraron desde el principio todos los tropos de la cultura drag: «mujeres que envejecen en alta definición, negociando su valor tras la edad fértil, compensando con ornamento la falta de juventud, compitiendo por la atención de un público propenso a apartar la mirada». Las estrellas de la telerrealidad usan su propia apariencia como una especie de autoprotección que repele las críticas, exige visibilidad y exorciza la vergüenza.

En la telerrealidad, la feminidad exterior es trabajo, lo que quizá explique, paradójicamente, por qué las mujeres trans han tenido más visibilidad y han sido mejor acogidas en este género que en prácticamente cualquier otro ámbito de la cultura popular. El esfuerzo que han dedicado y la transformación total a la que se han sometido para poder ser plenamente ellas mismas representan, en este ámbito, la máxima distinción de honor. (Cuando Caitlyn Jenner reveló por primera vez su identidad de género afirmada en la portada de *Vanity Fair*, llevaba puesto el símbolo más cargado de significado del comportamiento femenino: un corsé). Antes de que Laverne Cox se hiciera famosa por su papel de Sophia Burset en *Orange Is the New Black*, participó como concursante en el programa *I Want to Work for Diddy* en 2008; más tarde, en 2010, copresentó un programa llamado *TRANSform Me*, en VH1, donde tres estilistas trans le daban un cambio de imagen a una mujer cisgénero con pocos conocimientos de moda. Isis King fue la primera concursante trans en *America's Next Top Model* en 2008, y tanto su transición como la transfobia que algunas de sus compañeras mostraron hacia ella se reflejaron en el programa. *RuPaul's Drag Race* se estrenó en 2009, un programa que, a pesar de tener actitudes cuestionables hacia las mujeres trans en sus inicios, demostró de forma concluyente, como escribe Danielle J. Lindemann, «que el género puede ser *performado*». La telerrealidad ha ofrecido retratos meditados y sensibles de la transición en *Becoming Chaz*, *I Am Jazz*, y *I Am Cait*, que desmienten los orígenes descuidados y deshumanizadores del género.

No siempre era así. En 2004, un *reality show* británico llamado *There's Something About Miriam* llevó a seis hombres a Ibiza para competir por el amor de una modelo de veintiún años llamada Miriam Rivera y un premio en metálico de diez mil libras. El giro inesperado consistía en que Rivera era una mujer trans, algo que reveló en la final cuando los cinco finalistas se cogían del brazo y se reían disimuladamente en segundo plano. La serie le había dejado claro a los espectadores que Rivera aún tenía pene, por lo que el elemento de suspense del programa era cómo reaccionaría el ganador, Tom. ¿La aceptaría tal como era, después de haber tenido la oportunidad de conocerla? ¿O estallaría en una ira transfóbica? Al final, no hizo ninguna de las dos cosas, aunque él y los demás concursantes demandaron a la productora por conspiración por cometer difamación, agresión sexual y daños personales.

Más tarde ese mismo año, la crueldad con la que fue explotada Miriam se hizo más evidente cuando Nadia Almada, una mujer trans, ganó la quinta edición del *Gran Hermano* británico, tras hacerse popular entre la audiencia por fumar como un carretero, sus bromas subidas de tono y su risa estridente. Cuando salió de la casa, fue aclamada con entusiasmo por la multitud, donde uno de sus fans llevaba un cartel que decía «Nadia - Es toda una mujer». Su visibilidad en sus propios términos había transformado la conciencia británica sobre las personas trans y había demostrado que los espectadores de los *reality shows* eran quizá más empáticos y progresistas de lo que los productores jamás les habían concedido.

La visibilidad en los medios puede ser revolucionaria; también puede ser una trampa. En el cambio de milenio, una de las paradojas de la forma en que las revistas de moda y las imágenes fetichizaban la belleza blanca delgada y excluían a las mujeres de color era que las jóvenes negras solían tener mejores resultados en las evaluaciones de autoestima y tenían actitudes más positivas hacia sus cuerpos que sus compañeras blancas. Como escribió la académica y escritora Imani Perry en 2003: «Las chicas blancas están inundadas de imágenes de belleza imposibles de alcanzar para la mayoría: cascadas de cabellos rubios, cuerpos delgados y delicados, pechos enormes, nada de celulitis, rasgos pequeños pero redondeados, pómulos altos. A lo largo de los años, las mujeres negras han estado relativamente ausentes de las imágenes públicas de belleza, una exclusión que puede haber salvado a las niñas negras de aspirar a ideales imposibles». Pero, añadía Perry, «con la reciente explosión de representaciones cosificadas y sumamente idealizadas de mujeres negras en vídeos musicales es muy posible que la imagen corporal e incluso la autoestima de las niñas negras empiece a caer».

En cierta medida, ya estaba sucediendo. Entre 2003 y 2004, como ha señalado la académica y crítica cultural Aisha Durham, se quintuplicaron las operaciones de aumento de glúteos tanto en Estados Unidos como en el Reino Unido, y muchas mujeres llevaron fotos de Jennifer Lopez y Beyoncé a las consultas. (En 2001, Beyoncé escribió la canción «Bootylicious» tras ser criticada por ganar peso, ofreciendo un oasis de positividad corporal en el desierto gordofóbico de la década). Se estaba produciendo un profundo cambio en lo que se consideraba el cuerpo ideal para las mujeres. «En ese momento, un tipo concreto de blanquitud se estaba disrumpiendo», señala Durham. «Tanto la belleza ideal como el deseo sexual se proyectan sobre el cuerpo femenino curvilíneo y con rasgos étnicos».

Todo ello quiere decir que cuando a finales de 2007 se estrenó un nuevo *reality show* de E! llamado *Las Kardashian*, había un número de factores históricos que habían preparado a las mujeres espectadoras en particular para que quedasen cautivadas por esta familia de Calabasas. El apellido «Kardashian» resultaba familiar a cualquiera que hubiera vivido la década de los noventa; O. J. Simpson era el padrino de Kim Kardashian.

La fama de Jennifer Lopez había provocado una creciente fascinación cultural con formas femeninas voluptuosas y ondulantes. La ambición era la palabra de moda de la década. Las revistas y las páginas web de cotilleos sobre famosos tenían un espacio infinito que rellenar, mientras que la agresividad de los paparazzi había empezado a asustar a las estrellas de primera fila, que se negaban a participar, dejando un vacío.

Kim Kardashian estaba en una posición privilegiada para tratar de emular la trayectoria de Paris Hilton. Había trabajado para Hilton como estilista antes de que se estrenase *Las Kardashian*, la habían fotografiado con ella en multitud de ocasiones, e incluso había aparecido en *The Simple Life*, incluyendo una escena en la que «ayudaba» a Hilton a hacerle una prueba de embarazo a su chihuahua. En marzo de 2007, la productora Vivid Entertainment lanzó un vídeo sexual que Kardashian había grabado con su novio de entonces, el cantante de R&B Ray J., en 2003, titulado *Kim Kardashian, Superstar*. La elección de título fue curiosa, ya que en el momento del estreno de la película, Ray J. era el más famoso de la pareja, y Kim era una relativa desconocida, lo que fomentó la especulación de que Kardashian y su manager y madre, Kris Jenner, se habían confabulado para publicar el vídeo con el fin de aumentar la popularidad de Kardashian. (La familia ha negado rotundamente haberlo hecho; sin embargo, el fundador de *Girls Gone Wild*, Joe Francis, amigo de la familia Kardashian y que anteriormente había salido con la hermana de Kim, Kourtney, afirmó en una serie documental de 2023, *House of Kardashian*, que él ayudó a cerrar el trato).

Independientemente del origen de la cinta, *Las Kardashian* se convirtió al instante, desde su mismo estreno, en el programa más visto los domingos por la noche entre las mujeres de entre dieciocho y treinta y cuatro años, un grupo demográfico muy codiciado por la publicidad. Y en las casi dos décadas que han pasado desde entonces, las mujeres que lo protagonizan han cambiado drásticamente la forma en la que la gente piensa acerca de la belleza, la influencia, el cuerpo y la riqueza. Las críticas y el desprecio que la familia se ha granjeado ha sido cáustico: yo empecé a trabajar para *The Atlantic* en 2014 y, en las raras ocasiones en que escribía algo sobre la familia o el programa, recibía un aluvión de mensajes airados por bajar el nivel de una publicación histórica de Estados Unidos al cubrir lo que los lectores consideraban basura. Sin embargo, a estas alturas es indiscutible que Kim Kardashian es una de las mujeres más poderosas del mundo, así como la más famosa. Cuando posó para la portada de la revista *Paper* en 2014, en una serie de fotografías de Jean-Paul Goude que mostraban sus nalgas untadas en aceite, en lo que parecía también una referencia a la historia de imágenes racistas que explotaban los cuerpos de las mujeres negras, la noticia acaparó casi el uno por ciento de todo el tráfico de internet en los Estados Unidos ese día. En la introducción a *True Story*, Lindemann escribe que de su clase de sociología hay más estudiantes que son capaces de listar los nombres de todo el clan Kardashian que enumerar los miembros del Tribunal Supremo de los Estados Unidos.

En gran medida, esto se debe al modo en que, desde el principio, las Kardashian satisfacían nuestro deseo colectivo de mirar. La dinámica familiar del programa, con sus rivalidades entre hermanos, nacimientos y muertes y peleas de órdago, siguió los pasos antropológicos de *An American Family*, si bien con intenciones menos serias y más publicidad indirecta. Las Kardashian eran lo bastante cercanas a la fama para parecer bañadas por su aura, y lo suficientemente ricas para satisfacer el deseo morboso de ver la riqueza de cerca, pero lo bastante «normales» como para parecer accesibles, al menos al principio.

Y el programa convirtió astutamente la cosificación de sus estrellas femeninas en una especie de agencia: las mujeres de la familia eran el nexo, con una Caitlyn pretransición y un joven Rob relegado a una subtrama secundaria, a menudo figuras emasculadas de divertimento («Bruce está pasando por la menopausia», dice secamente Kourtney en un episodio, refiriéndose a Jenner).

El sexo también estaba integrado en el programa, no como un elemento íntimo sino como un mecanismo a través del cual se podía alcanzar la fama y la fortuna. En el primer episodio, Kim compra una barra de striptease para su madre y su padrastro con motivo de su aniversario de bodas, lo que lleva a Kylie, una niña pecosa de nueve años, a demostrar sus propios movimientos con inquietante aplomo, doblándose hacia delante, mordiéndose el dedo en un remedo de seducción, y girando alrededor de la barra con unos tacones de aguja de doce centímetros. Más tarde, en una escena preparada para las cámaras, Kris «contrata» a una niñera para sus dos hijas pequeñas, que resulta ser la actriz porno Bree Olson. Cuando Kim, Kourtney y Khloé vuelan a México para grabar un anuncio de trajes de baño de Girls Gone Wild —con un memorable momento en el que Joe Francis llama a Kris para ofrecerle el bolo mientras está en prisión por crimen organizado—, Kendall y Kylie Jenner quedan a cargo de su hermano, Brody, cuyo «manager» graba a Kylie cuando ella hace como que le enseña los genitales. «Estáis un poco locas, chicas, pero ¿sabéis qué?, voy a empezar a ser vuestro representante», dice. «Subid esto a YouTube o algo así». En el siguiente episodio, Kris anima a Kim a posar para *Playboy*, diciéndole: «creo que sería una experiencia increíble… y además es un montón de pasta».

*Keeping Up with the Kardashians*, escribieron Maria Pramaggiore y Diane Negra en 2014, «puede que sirva como un infomercial de productos de belleza, ropa y productos derivados de las Kardashian, pero sobre todo vende a las propias Kardashian como símbolos sexualizados del estatus social y la riqueza». La familia ha sido criticada desde el primer momento por ser famosa sin ningún motivo y, sin embargo, yo diría que la destreza que caracteriza a estas mujeres es su talento para las ventas. Las Kardashian-Jenner son las influencers originales, performando el consumo para potenciarlo infinitamente más. Sus rostros y cuerpos en constante cambio presentan la forma humana como un proyecto perfectible, listo para ser moldeado, pintado y retocado de cualquier forma que fomente el *engagement* y venda productos. Al igual que el programa ha trazado la evolución económica de la familia, desde que vivían en un bungaló lujoso pero chabacano en la primera temporada hasta que ocuparon varios templos minimalistas de riqueza obscena, ha revelado cómo las cinco hermanas han pasado de ser reconociblemente humanas a monolíticas, con contornos inquietantemente perfeccionados, encogidas y rellenadas bajo el mismo patrón.

Su relación con la belleza ha sido más duradera que cualquiera de sus relaciones individuales, y no menos complicada. Como mujeres de ascendencia armenia y con ese tono de piel color aceituna que a menudo se califica, con tono despectivo, de «exótica», Kim y sus hermanas son blancas y étnicamente ambiguas (los insistentes rumores de que Khloé Kardashian es secretamente la hija natural de O. J. Simpson dan una idea de esa ambigüedad). Antes de que Kim se hiciera famosa, los cánones de belleza de los primeros años de este siglo estaban definidos en gran medida por el tipo de físico que pudiera lucir lo que Rosalind Gill ha llamado «publicidad del ombligo»: vaqueros hípster de talle bajo y veinticinco centímetros de abdomen prieto y bronceado. La pérdida de peso de Nicole

Richie entre temporadas de *The Simple Life* la llevó a pasar de ser la descarada secuaz de Paris a convertirse en el emblema de mayor estatus de la moda de talla XS de los años 2000, con una figura frágil e infantil cuyos accesorios eran tan grandes que amenazaban con derribarla.

Kim, en cambio, tenía curvas, con un trasero prominente. «Lleva un poco de equipaje de más en el maletero», dice Kris Jenner para presentar a Kim a todos los Estados Unidos en el primer episodio de *Keeping Up*. Hilton, que parecía molesta con el meteórico ascenso de su competidora, comparó en 2008 el culo de Kim con «queso cottage dentro de una enorme bolsa de basura», una descripción expresiva pero inexacta. La figura de Kim parecía representar la abundancia y el exceso; en ese sentido, era un mejor avatar para los tiempos anteriores a la recesión que todos los huesos de cadera prominentes y costillas que se solían ver en las alfombras rojas. En 2010, Jay Leno bromeaba diciendo que la economía estadounidense iba «tan mal que hasta Kim Kardashian está perdiendo su culo». Algunos críticos han deducido que la ostentosa celebración de la riqueza y la extravagancia es lo que hizo a la familia tan popular como contrapunto a la austeridad de la Gran Recesión.

El físico de Kim era lo que la distinguía de cualquier otra estrella de telerrealidad en E!, pero la forma en que se recibió como una novedad ponía de manifiesto cómo las mujeres negras seguían siendo marginadas e ignoradas por gran parte de la cultura popular. Su portada de *Paper*, que presentaba su trasero como una especie de curiosidad fascinante, recurría al mismo tipo de imaginería que se había empleado en el pasado para fetichizar con los cuerpos de las mujeres negras, desde Sarah Baartman a Grace Jones. Al ser blanca, Kardashian podía sacar provecho de la mirada condescendiente de la cultura sin ser explotada por ella. Desde entonces, su embellecimiento ha imitado la estética negra —la periodista Wanna Thompson acuñó el término *blackfishing* para describir el arte de hacer precisamente eso— en múltiples ocasiones, como por ejemplo cuando apareció en *Vogue* una vez con lo que parecía ser la piel oscurecida y un peinado trenzado.

Sin embargo, cuanto más famosa se hacía Kim, más se convertían su rostro y su cuerpo, el de ella y el de sus hermanas, por medio de una exposición pública y un talento comercial asombrosamente persistentes, en el modelo definitivo de la belleza en el siglo XXI. Aunque a menudo se elogia a las Kardashian por ayudar a reemplazar la delgadez chic por un ideal más sustancioso, los productos que han vendido durante los años han sido arcaicos y crueles: «té del vientre plano» (laxantes) para reducir la «hinchazón»; «entrenadores de cintura» (corsés) para estrechar la cintura de una mujer y así enfatizar mejor el pecho y los glúteos; fajas moldeadoras (de una línea inicialmente llamada Kimono hasta que suscitó más protestas de apropiación cultural) para moldear y comprimir el cuerpo femenino en una forma más disciplinada y estilizada.

El lanzamiento de Instagram en 2010 ha estado indisolublemente ligado al despegue de las Kardashian-Jenner como vallas publicitarias vivientes, exponiéndolas a una nueva y enorme audiencia. Y su influencia ha sido fácil de medir. Tras la emisión de un episodio de *Las Kardashian* en el que una adolescente Kylie confesaba finalmente haberse puesto relleno en los labios, las búsquedas sobre este procedimiento se dispararon un 3233 por ciento en los Estados Unidos. La cirugía estética de mayor aumento en el mundo es el levantamiento de culo brasileño, una redistribución enormemente dolorosa de la propia grasa a las nalgas, que algunos investigadores han estimado que mata a una de cada tres mil pacientes. En 2021, solo en Estados Unidos se realizaron 61 387. Entre

2010 y 2021, según *Allure*, los procedimientos cosméticos en personas racializadas aumentó un 70 por ciento, en comparación con el 12 por ciento en personas blancas.

Pero en el mundo de las Kardashian, el cuerpo es infinitamente maleable. En 2023, los fans notaron que las mujeres de la familia estaban volviéndose más pequeñas, más angulosas y menos curvilíneas. Para poder meterse, en la Met Gala, en un vestido que una vez llevó Marilyn Monroe, Kim supuestamente perdió casi diez kilos, lo que suscitó rumores de que ella y Khloé Kardashian estaban tomando Ozempic. Por esas mismas fechas, la modelo Angela White (anteriormente conocida como Blac Chyna), que había tenido una relación y un hijo —y un *reality* de corta duración— con Rob Kardashian, anunció que se iba a quitar los implantes de pecho, disolver los rellenos dérmicos, y a extraer las siete tandas de inyecciones ilegales en las nalgas. «Era muy joven, tan solo quería ese cuerpo, porque veía a todo el mundo, ya sabes, mi gente, poniéndoselo. Y yo quería estar con las *it girls*, las chicas de moda», declaró White a ABC News. Su evolución ha sido mostrada y cartografiada en detalle, ¿dónde si no?, en Instagram.

Con independencia de las dimensiones, el *look* Kardashian sigue siendo omnipresente, y no muestra signos de agotamiento. En 2019, la escritora Jia Tolentino describió «la aparición gradual, entre mujeres profesionales de la belleza, de un rostro único y ciborgiano», y nadie parece haber abierto el camino de esa inquietante falta de vida con más eficacia que las Kardashian. El rostro que Tolentino describió como «rostro de Instagram» parece contradecir la edad, los orígenes y la etnicidad; borra la individualidad y la imperfección en favor de una única simetría pintada. Ahora cualquier rasgo puede contornearse para ajustarlo a los ideales de belleza eurocéntricos, con maquillaje, con Facetune y, finalmente, con un bisturí. Nadie es totalmente inmune. Incluso preadolescentes con suficiente colágeno natural para hacer llorar a una *Housewife* suplican por productos antienvejecimiento, comparando sus propias caras con vida con las máscaras inmaculadas de Instagram y TikTok, y viendo solo rasgos falibles que necesitan arreglo.

## Capítulo 6

# CHICA FINAL

*Sexo extremo, arte y violencia en los Estados Unidos post 11-S*

> La carne nos llega a través de la historia, al igual que la represión y los tabúes que rigen nuestra experiencia de la carne… En resumen, la sexualidad nunca se expresa en el vacío.
> ANGELA CARTER (1978)

> El porno no informa, ni debate ni persuade. El porno entrena.
> AMIA SRINIVASAN (2021)

La primera mitad de la película *Hostel*, de Eli Roth, estrenada en 2005, podría encajar en prácticamente cualquier comedia sexual universitaria de su década: dos amigos estadounidenses, Paxton y Josh, llegan a Ámsterdam, dispuestos a fumar, beber y echar unos polvos. Su excéntrico nuevo amigo islandés, Óli, es el primero en ligar y les envía un mensaje con una foto de él mismo tirándose con alborozo a una rubia sin rostro en el baño de una discoteca. En un burdel del barrio rojo, Paxton se siente asqueado por una mujer que baila tras una ventana —«Espero que la zoofilia sea legal en Ámsterdam porque esa chica es una puta puerca»—, se mofa, pero luego se calma al ver a otra más sexy. Josh, el más sensible del grupo, deambula por el local, observando nervioso las siluetas de unos desconocidos detrás de varias puertas cerradas. Al oír los gritos repetidos de una mujer, abre la puerta, convencido de que alguien le está haciendo daño, pero descubre que en realidad es ella la agresora, una dominatrix enfundada en cuero azotando con un látigo a un cliente.

El giro, por supuesto, viene después cuando el grupo es convencido por un fumeta de aspecto amistoso para ir a Eslovaquia en busca de las chicas más guapas y más fáciles del continente. El albergue al que dirige a los chicos no resulta ser un lugar de fantasía a medio camino entre mansión Playboy y el Cuerpo de Paz, sino un antro donde turistas desprevenidos son subastados para ser torturados por clientes con predilección por la brutalidad extrema y la muerte. «Hay un lugar donde todas tus fantasías más oscuras y enfermizas son posibles», alardea (con cierta presuntuosidad) el tráiler de la película. «Donde puedes experimentar cualquier cosa que desees». Sexo y sadismo están tan íntimamente entrelazados en *Hostel* que el crítico de cine David Edelstein acuñó un nuevo término para el género que impulsó la película: «torture porn» (porno de tortura). Antes de la mitad de la película, Josh se despierta en un sótano fétido, encadenado a una silla y con la cabeza cubierta por una capucha. Un hombre de apariencia paternal con un delantal de cuero procede entonces a perforarle la pierna con un taladro, en una escena que vemos en un primerísimo plano, con la sangre brotando a chorros contra el frío metal, un plano de una eyaculación sangrienta y truculenta.

La historiadora de cine Linda Williams escribió una vez que hay tres categorías distintas de películas que suscitan fuertes reacciones corporales: el melodrama (para hacer llorar al espectador), la pornografía (para excitarlo) y el horror (para provocar asco y terror viscerales). Los llama los «géneros corporales», formas de entretenimiento excesivas y ridiculizadas por la crítica, pero que los fans consumen con placer. Podría decirse que el *torture porn* es una combinación de los tres. Sus escenarios espeluznantes y febriles, el sexo desenfrenado y la violencia perturbadora lo convirtieron en uno de los géneros culturales definitorios de la primera década de los 2000, pues reflejaban las ansiedades de una década marcada por la guerra y la desafección. Durante los cincuenta, el miedo a un holocausto nuclear se plasmó en películas como *La masa devoradora* y *El increíble hombre menguante*; en los setenta y ochenta, la preocupación generalizada sobre el crimen violento y los asesinos en serie inspiraron una avalancha de películas *slasher*. El *torture porn*, de una moralidad ambigua y a menudo nihilista hasta el extremo, parecía ejemplificar la época post 11-S, con su violencia estremecedora y una impulsiva sed de venganza.

*Hostel*, como indicador de… algo, fue producida por Mike Fleiss, el creador de *The Bachelor*, y el productor ejecutivo fue Quentin Tarantino, un *auteur* de brutalidad provocativa y muy estilizada. Roth, el director y guionista, era el hijo de un psicoanalista y una pintora que una vez contrató a un mago para fingir que cortaba a su hijo en dos con una motosierra en su propia fiesta de cumpleaños. A menudo daba interpretaciones cambiantes de su propia película. En una entrevista describió *Hostel* como un fiel reflejo «de mi repulsa a la guerra de Irak y las decapitaciones de Al-Qaeda… al capitalismo descarrilado y al imperialismo de Estados Unidos», pero en un minirreportaje sobre la secuela explicó que el público solo «quiere ver cómo joden a la gente, ¡y de mala manera!». Para promocionar *Hostel 2*, posó desnudo en una foto titulada «Eli Roth tiene la polla más gorda de Hollywood», con un pene protésico monstruoso que cubría sus verdaderos genitales.

El póster de la secuela, prohibido en Estados Unidos pero revelado en la Comic Con de Nueva York, también mostraba a la actriz Bijou Phillips, desnuda, sosteniendo su propia cabeza decapitada. (Las provocaciones de *Hostel* marcaron tendencia: en 2007, el póster de la campaña para la película *Cautivos* mostraba imágenes de una aterrorizada Elisha Cuthbert junto a la leyenda: «Secuestro. Encierro. Tortura. Exterminio», y recibió tantas críticas por parecer deleitarse en la degradación de una mujer que fue rápidamente retirado de la vista del público). Un productor de la película más tarde defendió que la trama de la película trataba de «empoderamiento».

Era obvio que las películas de *Hostel* tenían la intención de conmocionar. Lo que no estaba tan claro es si Roth tenía algún otro objetivo en mente. Pero el *torture porn* formaba parte de una tendencia temática más amplia que se estaba desarrollando en el cine, desde los festivales de cine europeos al festival del valle de San Fernando. A medida que los directores de cine independiente de finales de los noventa empezaron a experimentar con imágenes sexuales explícitas, en películas como *Romance* de Catherine Breillat o *Los idiotas* de Lars von Trier, la industria del porno respondió con un cambio de rumbo. La pornografía es transgresora por naturaleza: si su estética y sus valores se integran en la cultura dominante, pierde su razón de ser, su reclamo único. En el nuevo milenio, mientras los fotógrafos de moda exhibían su propio semen en las galerías de arte de Manhattan y los cineastas serios mostraban sexo real en pantalla, al porno solo le quedaba un camino que tomar. «El nuevo elemento», escribió Martin Amis en 2001, informando desde Los Ángeles sobre las películas del director porno John Stagliano, «es la violencia».

Las películas de horror sádico, por lo general tan burdas y comerciales como poco eróticas, no podían considerarse ni como arte ni como porno. Pero representaban algo distinto que se estaba manifestando en diferentes medios de la primera década del siglo XXI: un gusto por la extremidad cruel, deshumanizadora. Los especiales «shockumentales» que Mike Darnell produjo para Fox a finales de los noventa sobre tumores de tamaño récord y ataques brutales de animales reflejaban el apetito de la audiencia por el exceso morboso. En 1995, después de que la actriz porno Annabel Chong tuviese 251 relaciones sexuales en un periodo de diez horas, apareció —¿dónde si no?— en *The Jerry Springer Show* para hablar de su experiencia, mientras el público ahogaba un grito y se estremecía ante el espectáculo. La proeza de resistencia de Chong, el especial del *reality ¿Quién quiere casarse con un multimillonario?* y la película de Gaspar Noé *Irreversible* (que incluía una escena de nueve minutos de violación anal protagonizada por la actriz Monica Bellucci) eran, en cierto modo, extensiones de la misma idea: tantear los límites de lo que los hombres podían hacerle a las mujeres por entretenimiento mientras las cámaras grababan.

El *torture porn* no es porno: no está hecho para provocar excitación o placer. Pero lo que hace, al igual que gran parte del porno, es reducir a los seres humanos a trozos de carne, para ser maltratados, ensartados y diseccionados mientras miramos. La política de género de *Hostel* y sus secuelas es desconcertante: en la primera película, los personajes masculinos quedan reducidos al arquetipo históricamente femenino de víctimas, sometidos a abusos espantosos en juegos sexualizados por otros hombres que han pagado por ese placer. En la segunda película, las turistas estadounidenses son mujeres, como lo es una de las «clientas», que se regodea debajo de los borbotones de sangre de una mujer más joven a la que está fileteando. Christopher Sharret, en un artículo para *Cinéaste*, concluyó que «la mujer que sale victoriosa en *Hostel: Parte II* es poco más que otro ejemplo de la mujer construida como masculina, que interioriza plenamente los valores de la sociedad dominante y predatoria que la película pretende criticar». Cada vez que Roth parece subvertir una dudosa tradición en el cine —la misoginia casual de las comedias sexuales de la década de 2000 o la idea de que la tortura puede ser un imperativo moral—, replica esa tradición al mismo tiempo o incluso se regodea en ella. En sus películas, al igual que en el porno extremo que surgió en la década de los noventa, el exceso violento y la degradación eran fundamentales. Ahora que el sexo y la brutalidad ya no eran tabú en la pantalla, estos eran los productos que la gente seguía pagando un buen dinero por ver.

En el año 2000, el cineasta y escritor Stephen Walker recibió el encargo de realizar un documental sobre una joven británica que se dirigía a Los Ángeles para intentar establecer su carrera en el porno. Felicity, que tenía veinticinco años cuando Walker empezó a filmarla, es en muchos sentidos un sujeto ideal: dulce, locuaz, sincera, franca y clara sobre lo que está dispuesta a hacer y lo que no para conseguir un papel. Su agente, Richard, un tipo sombrío y fumador de puros empedernido que intenta insistentemente acostarse con ella, le muestra una guía en forma de lista de posibles escenas, remuneradas según una escala gradual que va de lo considerado menos extremo (mamadas, escenas lésbicas) a lo más extremo (porno interracial, que Felicity descubre sorprendida que se paga mejor y es más tabú que el sadomasoquismo o el sexo anal con varios hombres a la vez). No participará en *gang bangs* y no hará un doble anal, que sabe que le hará daño físicamente. «No voy a maltratarme en este viaje», dice.

Richard, que sin embargo quiere obtener el máximo beneficio de la gira de tres semanas de Felicity, ignora todos sus límites y la lleva a ver una escena en la que diez hombres están practicando sexo con una mujer en un cuadrilátero de boxeo. Lo único que Walker consigue filmar son los pañuelos de papel desechados en el suelo y el rostro consternado de Felicity cuando empieza a comprender en qué se ha metido. Más tarde, llora después de llamar a su hija y besa su foto. Richard la lleva entonces a conocer a Max Hardcore, un productor conocido por abusar de mujeres con instrumentos ginecológicos, disfrazarlas de niñas, ahogarlas con su pene hasta el desmayo, escupirles saliva y flema en la boca e introducirles rotuladores permanentes en el recto, donde hace que se escriban «soy un pequeño agujero para follar». Marcos, el cámara de Max, le dice a Felicity que le gusta que las chicas parezcan «jóvenes». Las películas, añade, van de «hasta donde somos capaces de llegar».

La escena que sigue es pesadillesca, aún más depravada porque es real y porque Walker, hasta ese momento, ha humanizado verdaderamente a su protagonista en una forma antitética al porno, capturando su ambición, su infancia turbulenta y el deseo de construir una vida mejor para su hija. La casa de Max parece sacada de una película de terror: enorme, silenciosa, con un fuerte olor a productos de limpieza. Felicity está claramente asustada. Cuando Max llega por fin, está callado, fingidamente solícito e intensamente siniestro, acechándola en silencio como un depredador. Se unta las manos de lubricante, se desabrocha los pantalones y penetra a Felicity con el pene a modo de saludo: «Y así es como comprobamos tus cualificaciones, señorita», le dice, mientras ella parece disociar. Más tarde, después de que Max la estrangule durante el sexo oral hasta el punto de que ella se vuelve histérica y luego la intimida y la insulta para que grabe escenas más extremas,

Walker interviene, detiene la grabación y saca a Felicity de la casa. Más tarde, Walker reveló que ella sollozó en el coche durante todo el camino a casa. Estaba aterrorizada, le dijo, de que Max fuera a matarla.

El documental que Walker terminó haciendo transmite algo substancialmente distinto de cómo el porno se retrataba en términos generales en la cultura popular británica de la época, en series como *Sex and Shopping*, *Eurotrash* y *Boogie Nights in Suburbia*. El ambiente del porno chic de los años 2000 era más alegremente vulgar que abiertamente abusivo. Algunos vieron *Hardcore* en su momento como un correctivo necesario, dada la crudeza con la que muestra el desmantelamiento psicológico de una joven ante nuestros ojos. «Una escena típica de Max Hardcore parece una violación», escribió Evan Wright, antiguo editor de *Hustler*, en el año 2000, describiendo las películas de Hardcore como «psicodramas de rabia dirigidos a la belleza femenina». La degradación sádica de las mujeres en sus escenas es el objetivo principal. Max tiene un pene pequeño, le dice Richard a Felicity, como si quisiera hacer ver que trabajar con él es más apetecible. No hace falta ser freudiano para interpretar que la forma en la que maltrata a sus víctimas (o lo hacía, pues murió en 2023), insertando espéculos en sus vaginas y estirándolos más allá del punto de dolor, parece estar sobrecompensando algo.

Al tipo de porno que Max Hardcore hizo durante varias décadas se le conoce a menudo en la industria como «porno gonzo», un género que imita el porno amateur en cómo prescinde de la narración para centrarse en la acción y cómo trata de sumergir al espectador en la escena. Gonzo, escribió David Foster Wallace en 1998, es «más o menos un cruce entre un documental de la MTV y el panel del infierno del *Jardín de las delicias* de El Bosco». Durante la edad dorada del porno, a mediados de la primera década del siglo XXI, los actores eran estrellas, los presupuestos podían rivalizar con los de las películas independientes (la película de 2008 *Pirates II: Stagnetti's Revenge*, protagonizada por Jesse Jane y Sasha Grey, costó ocho millones de dólares) y las películas seguían unas estructuras narrativas básicas. Pero, al mismo tiempo, en segundo plano, se desarrollaba una versión más oscura y absurda del medio, una más «real» y más explícitamente interesada en traspasar los límites. Un director al que Richard lleva a Felicity afirma con orgullo que dirige «la mejor empresa del porno». Cuando Walker le pregunta a qué se refiere, él le explica: «tenemos el sexo más sucio y desagradable, no usamos condones, todo es anal». Las personas que compran las películas de Max Hardcore, le dice una actriz a Walker, «son personas que están al filo del límite».

En su reportaje de 2001 del festival del Valle, Martin Amis entrevistó al director John Stagliano, cuyo estudio Evil Angel fue instrumental en popularizar lo que hasta entonces se consideraban actos extremos: estrangulamiento, escupitajos, bofetadas, abusos. El actor italiano de porno Rocco Siffredi, cuyo estilo «duro» incorporaba muchos de esos rasgos característicos, junto a una dedicación fetichista al sexo anal, convirtió sus colaboraciones con Evil Angel en obras de culto. «Yo fui el primero en filmar a Rocco», le dijo Stagliano a Amis. «Juntos evolucionamos hacia cosas más duras. Empezó a escupir a las chicas. Algo muy masculino y dominante, con las mujeres llevadas al límite. Parece violencia, pero no lo es. Quiero decir, el dolor y el placer son lo mismo, ¿no? Rocco está impulsado por el mercado. Lo que triunfa en el mercado de hoy en día es la realidad». En 1997, Evil Angel era el estudio más rentable de la industria del porno, con cerca de medio millón de vídeos vendidos el año anterior.

En el mundo real, los tropos del porno se estaban filtrando en la cultura más general. Un artículo de 2005 publicado en *The Guardian* analizó la misoginia rampante en las revistas para hombres del momento y señalaba un reportaje de *For Him Magazine* que animaba a los lectores a calcular cuánto «pagaban» a sus novias por el sexo, ya fuera en forma de flores, bebidas, entradas de cine y otros gastos, comparando los precios con «una puta camboyana», «una zorra chipriota» y una «vedette cubana». Un estudio de 2011 del *British Journal of Psychology* halló que muchos hombres jóvenes no eran capaces de distinguir entre citas despectivas sobre las mujeres sacadas de revistas para hombres y citas de violadores convictos. En un vídeo de un monólogo de 2006, el cómico Russell Brand bromea sobre que le gustan «esas mamadas, ya sabes, un poco hasta dentro de la garganta... esas mamadas en las que se corre un poco el rímel». En 2023, cuando surgieron acusaciones de que Brand había acosado y agredido a múltiples mujeres durante la década de 2000, una mujer declaró que la había ahogado con su pene cuando tenía dieciséis años, una técnica llamada en el porno como *cockgagging*, hasta el punto de que tuvo que darle puñetazos para que parase antes de asfixiarse.

«Por aquí tenemos un dicho», le dice Max Hardcore a Felicity mientras la penetra, «no somos felices hasta que tú dejas de serlo». John Stagliano se lo dijo de forma diferente a Amis: «los coños son una mierda». Los dos cineastas sostenían que la violencia en sí misma no era real, pero las actrices a veces decían lo contrario. En un número del año 2000 de *Adult Video News*, la actriz Regan Starr describió su experiencia al rodar una escena extrema del director conocido como Khan Tusion: «Me dieron una paliza de cojones», dijo. «Me lo dijeron antes del vídeo, y ojo que lo dijeron muy orgullosos, que en este tipo de escenas las chicas empezaban a llorar porque les duele muchísimo… No podía respirar. Me golpeaban y me estrangulaban. Estaba muy afectada, y no paraban. Seguían filmando. Se me oye decir: "apaga la puta cámara", pero ellos seguían». En 2022 se reveló que Khan Tusion —a veces definido como «el Freddie Krueger del porno», cuyas películas tienen títulos como *Piss Mops* (fregonas de meados) y *Meat Holes* (agujeros de carne)— era un adinerado promotor inmobiliario y donante del Partido Demócrata llamado Mark Handel. Según sus propias palabras, no hacía este tipo de películas por dinero. Las hacía por placer.

En el porno, lo extremo era un reclamo comercial. Pero en las películas europeas de autor de la década de 2000, se estaba convirtiendo en un movimiento, de estilo experimental, tono nihilista y característicamente plagado de *ennui* galo. En un artículo publicado en la revista *Artforum* en 2004, el crítico James Quandt calificó lo que estaba viendo en el cine como «el Nuevo Extremismo francés». En las películas de cineastas como Lars von Trier, Gaspar Noé y François Ozon, escribió: «proliferan imágenes y temas que antes eran propios de las películas *splatter* o *gore*, del cine de explotación y del porno: violaciones en grupo, palizas, apuñalamientos y cegamientos, erecciones y vulvas, canibalismo, sadomasoquismo e incesto, folladas y fisting, chorros de semen y sangre». Quandt tuvo dificultades para identificar exactamente qué había detrás de esta evolución particular del cine, pero señaló que algunas de las cineastas más interesantes eran mujeres: Claire Denis, cuya película de horror erótico *Trouble Every Day* estaba protagonizada por Béatrice Dalle como una mujer que seduce y después se come hombres inconscientes, y Marina de Van, cuya ópera prima en la dirección, *In My Skin*, presentaba una mujer que desarrolla una fijación por cortarse y mutilarse el propio cuerpo. *Baisé-Moi*, un thriller policiaco feroz y sexualmente explícito dirigido por la escritora Virginie Despentes y la exactriz porno Coralie Trinh Thi, narra el *road trip* homicida en busca de emociones fuertes de dos amigas después de que una de ellas haya sufrido una violación grupal.

Las tres películas parecen animadas por la rabia, pero también por el hambre, por los deseos que no se habían satisfecho ni se satisfacían en un mundo en el que el sexo estaba orientado hacia el poder masculino. «No se trata de escandalizar», dijo Despentes en una ocasión, «sino de cambiar el estado de las cosas». En su película *Romance*, de 1999, Breillat presenta a Marie, una joven profesora que se ve conducida casi a la locura cuando su novio, Paul, se niega a acostarse con ella. La paleta de colores de la película es de todo menos sutil: Marie y Paul viven en un apartamento completamente blanco, tan estéril que recuerda a un quirófano; la ropa que lleva, también la interior, es blanca. Paul, un modelo, parece ansiar una serenidad casi monacal, tranquila y disciplinada. No le da a Marie ninguna razón de por qué no quiere acostarse con ella, que es precisamente lo que la inquieta. «Me desprecias porque soy una mujer», le sugiere. «Te doy asco». Él no la corrige.

Furiosa, Marie sale de la cama y se dirige a un bar, donde se encuentra con Paolo (interpretado, en un casting audaz, por el actor porno Rocco Siffredi). Después se acuesta con él en lo que parecen ser escenas explícitas y no simuladas. Marie le dice a Paolo, de forma poco convincente, que lo que ansía es su propia degradación: «Quiero ser un agujero, un hoyo. Cuanto más se abre, cuanto más obsceno es, más soy yo, mi parte íntima, más me entrego. Desaparezco en proporción a la polla que me penetra». Al mismo tiempo, Marie explora el *bondage* y el sadomasoquismo con su jefe, Robert, quien le dice que ha tenido más de diez mil amantes, porque entiende que las mujeres solo quieren que les hablen. Cuando un día un desconocido le masculla una petición obscena a Marie en la calle, ella accede a concedérsela en la escalera de su apartamento, solo para que él la viole analmente por la fuerza y luego se burle de ella por su propia violación. Marie se pregunta si la ninfomanía sencillamente significa «destruirse a una misma porque escoges al hombre que no te ama». Quizá, piensa, «realmente quiero conocer a Jack el Destripador. Seguro que él diseccionaría a una mujer como yo».

*Romance* es fascinante hasta esta escena, que insinúa a través de un monólogo, con considerable provocación, que Marie ha disfrutado de su propia violación, a pesar de que su lenguaje corporal cuenta una historia totalmente distinta. «Soy feminista», ha dicho Breillat, «pero no en mis películas». Con diecisiete años, la directora publicó una novela que fue prohibida en Francia para los lectores jóvenes por su contenido explícito; en la veintena, tuvo un pequeño papel en *El último tango en París*, de Bernardo Bertolucci, una de las más electrizantes y controvertidas exploraciones del sexo en la industria del cine. Su ópera prima, *A Real Young Girl* (1976), trata sobre las extrañas y violentas fantasías de una chica de catorce años, y presenta la sexualidad explícita de un modo que desafía por completo el placer masculino. *Romance* tiene el mismo lenguaje cargado. Breillat escenifica lo que ella parece entender como ideales estereotípicamente masculinos —una mujer que busca sexo desesperadamente, una mujer atada y amordazada— y los representa de formas que los vuelven a un tiempo psicológicamente explosivos y nada sexualmente atractivos. La autora y profesora de cine Maria San Filippo ha sugerido leer sus películas como «simultáneamente un arte performativo feminista y una (auto)crítica de la pornografía», obras en las que Breillat escoge recrear y trabajar dentro de una cultura de subyugación femenina para señalar lo huecos y absurdos que son los tropos y la imaginería del porno.

Su elección de darle el papel a Siffredi parece sumamente cargada de significado a este respecto. En *Romance*, es un actor elegante, un contrapunto humano y comprensivo a la inexpresividad ascética y desconcertante de Paul. Cuando Paolo y Marie se acuestan («Caroline parecía tenerme miedo y se puso a llorar», le dijo Siffredi a *The Sunday Times*, mientras crecían las especulaciones en los medios sobre lo «reales» que eran las escenas de la película) él se ofrece a penetrarla analmente, pero ella se niega, como si Breillat hiciera un guiño explícito a la carrera y reputación de Siffredi. Más tarde, la directora volvió a contar con él en *Anatomía del infierno*, una película basada en su libro *Pornocracy*, publicado en 2001, en el que una mujer paga a un hombre gay para que la mire desnuda durante cuatro días enteros, culminando en un clímax profundamente perturbador. El proyecto de Breillat, según escribió la autora Chris Kraus en una introducción a *Pornocracy*, «ha consistido en desenterrar el "horror" indescriptible de la identidad heterofemenina y observarlo con frialdad». Lo que Breillat ve, argumenta Kraus, es «que seguimos todos poderosamente condicionados por el miedo fundamentalista y el asco hacia todo lo femenino... y este odio residual quizá pueda explicar la persistente ausencia de mujeres en la cultura pública». En una escena de *Anatomía del infierno*, el hombre pinta con pintalabios los contornos de la vagina de una mujer y luego la viola con el mango de un rastrillo: dos expresiones de una aversión inmadura y feroz que, casualidad o no, proliferan en la pornografía de Max Hardcore.

La cuestión de si se pueden o no reproducir imágenes abusivas para explorar lo que significan —sin caer en su trampa— es el tema central de la obra de Breillat, pero también del propio sexo. ¿Cómo pueden las mujeres definir una sexualidad propia en una cultura construida de forma tan sólida a partir del deseo masculino e incluso el odio absoluto de los hombres a las mujeres? El porno, según la cineasta feminista Erika Lust, es esencialmente un discurso sobre lo que la gente quiere del sexo en el que solo habla una voz masculina. Los personajes de Breillat parecen a menudo haber interiorizado su propia abyección, se sienten fundamentalmente insatisfechas porque lo que anhelan es la degradación, lo que, en cierto modo, no es más que otra iteración del impulso condicionado de darle a los hombres lo que desean. Y en este sentido, ella está participando de una larga tradición nacional. La narración literaria más célebre del deseo femenino en Francia durante el siglo XX fue *La historia de O*, una novela de 1954 sobre una fotógrafa de moda parisina que es adoctrinada por su amante en una voluntaria servidumbre sexual y después marcada con hierro candente, etiquetada y pasada de mano en mano como una pieza de ganado sexualizada. La moraleja del libro es que la felicidad reside en la esclavitud; la autora, Anne Desclos, reveló cuarenta años después de su publicación que lo había escrito como un reto para su amante casado, del que temía que estuviese perdiendo el interés en ella. Su objetivo no era la expresión llena de confianza de sus propios deseos, sino una abnegación tan profunda que la volviera irremplazable.

En 2001, la crítica de arte francesa Catherine Millet conmocionó al mundo literario cuando publicó sus memorias, *La vida sexual de Catherine M.*, en las que revelaba que durante la mayor parte de su vida había disfrutado ofreciéndose en orgías, en fiestas, y en parques públicos a cualquiera que se cruzara en su camino, a veces a treinta hombres a la vez, disfrutando de verse reducida a «una mercancía de primera calidad». (Breillat, por cierto, escenifica una fantasía muy parecida en *Romance*, en la que unas mujeres, ocultas de cintura para arriba, son penetradas por varios hombres a los que no pueden ver: divididas en personas en la parte superior y objetos en la inferior). El relato de Millet, jactancioso pero distanciado, rara vez menciona el placer; la excitación para ella, dice al principio, parece estar en la acumulación y la sumisión, en ser el objeto más prolífico, más dispuesto, más cosificado que pueda ser. Uno de los recuerdos más preciados de todas sus aventuras carnales, señala, es cuando un amigo escribe en su diario que su «tranquilidad y ductilidad en todas las circunstancias son dignas de los más grandes elogios». Le emociona ser vista como la fantasía eterna de una mujer emocionalmente simple y sexualmente dispuesta.

En *Female Chauvinist Pigs*, Ariel Levy sostiene que la sexualidad en la década de los 2000 estaba tan definida por una especie de exhibicionismo conformista y «liberado» que muchas mujeres se encontraban a sí mismas completamente alejadas de sus propios deseos. Sin embargo, cabe destacar que las películas realizadas por cineastas masculinos en este movimiento tampoco parecen animadas por el placer. En la película de Michael Haneke de 2001, *La pianista*, Isabelle Huppert interpreta a una profesora de conservatorio cuya represión emocional y sexual la lleva a una perturbadora relación masoquista con un estudiante. La película *Intimacy*, de Patrice Chéreau, también de 2001, está protagonizada por Mark Rylance y Kerry Fox que interpretan a dos amantes que se reúnen semanalmente en un estudio mugriento para tener relaciones sexuales sudorosas, apremiantes, y carentes de alegría. Sus encuentros, sorprendentemente explícitos y retratados con clínico realismo, están impregnados de vergüenza y arrepentimiento, pero ninguno de los dos puede renunciar al otro.

Al principio de la película, la cámara recorre con mirada clínica el cuerpo dormido de Rylance, analizando la piel flácida, el vello corporal, la vulnerabilidad y falta de atractivo de un tipo de físico que por lo general solo se ve cuando te encuentras en una relación muy íntima con alguien. «La mayoría de la gente no encontrará en *Intimacy* una representación gráfica del sexo y la desnudez ni bellamente erótica ni excitantemente pornográfica», esccribió Alan A. Stone en *Boston Review* poco después del estreno de la película. «Pero es tan real como Chéreau pretende que sea, y el sexo real puede ser perturbador». La película estudia la compulsión sexual posmoderna, argumentó Stone, aquella que «no ofrece liberación, sino solo repetición y la búsqueda de nuevos rituales afrodisiacos, nuevas parejas y nuevas experiencias... que aíslan a las personas en vez de conectarlas». El título es irónico: el personaje de Rylance, Jay, anhela más que nada una intimidad auténtica, la conexión con alguien, pero no la puede tener.

La escritora Alexandra Kleeman ha sugerido que el sexo en la pantalla presenta un enigma constante, porque «no puede separarse de la malignidad de las estructuras sociales que lo rodean». En medio de un debate más amplio sobre el deseo, la equidad y el consentimiento que surgió en los años posteriores al #MeToo, autoras como Nona Willis Aronowitz y Katherine Angel han tratado de desentrañar lo que el «buen» sexo podría requerir o significa hoy en día. ¿Cómo podemos desenredar lo que queremos de lo que solo hemos visto en pantalla? ¿Dónde termina el adoctrinamiento y comienza la exploración?

Pero en la nueva era digital de los años 2000, tal y como la interpretaban los directores de cine de autor, el sexo era a la vez escandalosamente explícito y profundamente triste, envuelto en una melancolía y aislamiento que acabarían pareciendo proféticos. El deseo de mostrar el sexo de forma realista en la pantalla —en las películas de Breillat, Chéreau, Despentes y Trinh Thi, Vincent Gallo, Lars von Trier— parece querer sacarnos de nuestra complacencia con una sacudida, de la comodidad de asumir que el arte es solo arte, y hacernos ver lo que nos dice sobre nuestras propias vidas. Son las cineastas mujeres, en cambio, las que se enfrentan a la verdad más difícil de todas: que la sexualidad contemporánea ha sido moldeada e influida por un millón de productos culturales y experiencias mucho antes de que empiece cualquier película. Y que, para las mujeres, la verdadera satisfacción puede requerir una drástica revisión y una redistribución del poder.

En 2004, salió a la luz una historia que definió de forma cruda y visual lo obsceno que podía llegar a ser el abuso sexualizado de poder. En primer lugar, *The New Yorker* obtuvo un informe secreto de cincuenta y tres páginas de una cárcel militar estadounidense en Irak llamada Abu Ghraib que reveló múltiples casos de «abusos criminales sádicos, flagrantes y gratuitos» en la prisión, así como actos de agresión y abuso sexual. La serie de la CBS *60 minutes* recibió después pruebas fotográficas de algunos de los peores incidentes: la humillación sexual forzada de los prisioneros iraquíes, que eran desnudados, encadenados y encapuchados, obligados a masturbarse, apilados en pirámides formadas de cuerpos humanos y forzados a posar como si estuvieran practicando sexo oral a otros prisioneros. En una foto, el exespecialista Charles Graner se arrodilla sobre el cuerpo de un detenido que ha sido torturado hasta la muerte, sonriendo y levantando el pulgar en señal de aprobación hacia la cámara. Con sus gafas de montura negra, bigote y una sonrisa que deja ver los dientes, Graner guarda un siniestro parecido con el fotógrafo Terry Richardson.

Fue Richardson, de hecho, quien identificó el género al que pertenecían las fotografías. No vio las imágenes de Abu Ghraib como pruebas de horribles abusos sexuales, sino como instantáneas personales que documentaban aventuras. «Sé que la mayoría de la gente tiene colecciones de esta clase de material, incluso en la industria de la moda», afirmó en la introducción de *Terryworld*. «Si miras las imágenes de Irak, con esa chica de veinte años obligando a los prisioneros a masturbarse delante de la cámara, te das cuenta de que eso viene del porno». Según él, esto era la nueva normalidad: gente con cámaras, documentando su actividad sexual, recopilando pruebas y enseñándolas a sus amigos, sin importar el tipo de crueldad que revelaran. Era un impulso milenial que todo el mundo parecía haber interiorizado: en el mundo del arte, en los campus universitarios, en el ejército. La tendencia del momento era la performance «irónica» solo para adultos, provocadora y distante. Un anuncio de American Apparel en Francia en 2010 incluso colocó a modelos unas encima de otras como una *pyramide humaine*, completando el círculo imitativo.

En *The Porning of America*, Kevin M. Scott y Carmine Sarracino argumentan que en torno a 2008 la pornografía «se había integrado tan profundamente en todos los aspectos de nuestra vida cotidiana —el lenguaje, la moda, la publicidad, el cine, internet, la música, las revistas, la televisión, los videojuegos— que casi había dejado de existir como algo separado de la cultura dominante». El porno contemporáneo en la primera década del siglo XXI era una especie de lengua franca audiovisual, cuyos tropos y recursos estilísticos eran reconocidos casi por todo el mundo. En Abu Ghraib, los soldados que participaban en el abuso y la tortura de los prisioneros no estaban intentando explícitamente hacer pornografía, sino que era simplemente la forma en que habían interiorizado las expresiones de dominio y poder. Según los informes, las condiciones en la prisión para los soldados eran caóticas, agresivas y salvajemente sexualizadas, llenas de desnudez. «Las historias que han salido a la luz sugieren una mezcla de comedia sexual adolescente, argumentos de película porno y película de terror», escribieron Scott y Sarracino. Compararon un caso en el que un capitán del ejército fotografiaba en secreto a sus subordinadas mientras se duchaban con «una escena sacada directamente de *Porky's*». Uno de los presos fue apodado Ron Jeremy, en referencia a la hirsuta y corpulenta leyenda del porno.

Sin embargo, lo que los soldados terminaron capturando en la cámara era *torture porn*, alineado ideológica y estéticamente con películas que a menudo parecían presentar una defensa vengativa de actos de humillación y violencia extrema. Se transgreden deliberadamente los tabús: en una foto, un prisionero encogido de miedo está manchado con excrementos humanos; en otra, un hombre con las manos detrás de la cabeza es amenazado con dos perros. Los dos están desnudos. La soldado Lynndie England señala y sonríe a un prisionero obligado a masturbarse mientras ella mira; Megan Ambuhl le inyecta una sustancia desconocida a un hombre en una pierna. La violación de los cuerpos de los prisioneros es el texto, pero la violación de sus creencias religiosas y dignidad como musulmanes es el subtexto. La humillación sexual de los detenidos, como ha sostenido la académica feminista Laura Sjoberg, tenía por objeto señalar «la victoria de la masculinidad estadounidense hegemónica sobre las masculinidades iraquíes subordinadas».

En *Hostel*, Óli se fotografía como si tal cosa mientras mantiene relaciones sexuales con una desconocida en un baño y comparte la imagen como prueba. Más tarde, para persuadir a los turistas de que visiten el «albergue del asesinato», Alexei les enseña fotografías suyas practicando sexo en grupo con varias rubias. «Las fotografías tomadas por los soldados americanos en Abu Ghraib», escribió Susan Sontag en 2004, «reflejan un cambio en el uso que se hace de las imágenes: ya no son tanto objetos que hay que guardar, sino mensajes que hay que difundir y hacer circular». Según se informa, England y Graner se grabaron a sí mismos practicando sexo duro y sadomasoquista, reorientando las cosas para convertirse ellos en el objeto, aunque con la diferencia muy obvia de que participaban voluntariamente en lo que hacían. (England alegó que Graner la coaccionó para tomar muchas de las fotos con los prisioneros y que hizo todo lo que le pidió porque no quería perderlo). En 2005, los periodistas averiguaron que algunos de los soldados en Irak estaban publicando fotografías de cadáveres y restos humanos iraquíes en una página web llamada Nowthatsfuckedup.com a cambio de acceso gratuito a la página, que también alojaba porno: sexo, muerte y atrocidades, todo mezclado en el mismo foro frívolo.

Sontag argumentó que la mayoría de las fotografías de Abu Ghraib «parecen formar parte de una confluencia más amplia entre la tortura y pornografía: una mujer joven que lleva a un hombre desnudo con una correa es una imagen clásica de la dominatrix. Y te preguntas cuánto de las torturas sexuales infligidas a los reclusos de Abu Ghraib se inspiraron en el vasto repertorio de imágenes pornográficas disponibles en internet, que la gente corriente, al enviar webcasts de sí misma, trata de emular». Todo ello, concluía, formaba parte de una cultura en la que la autodegradación se había vuelto un espectáculo popular: «secretos de una vida privada que, anteriormente, habrías dado casi cualquier cosa por ocultar, pero que ahora ruegas por que te inviten a un programa de televisión para enseñarlos. Lo que ilustran estas fotografías es tanto la cultura de la desvergüenza como la admiración reinante por la brutalidad sin remordimientos». De hecho, poco después de que salieran a la luz las fotos de Abu Ghraib, algunas páginas porno empezaron a copiarlas, con nuevas web tituladas *Sex in War* e *Irak Babes* que sacaban partido de un público que disfrutaba con la degradación: imágenes que replicaban imágenes que replicaban imágenes, todas comerciando con la moneda del sexo y la mercantilización del horror corporal.

Cuando *Hostel* se estrenó en 2006, su retrato de los estadounidenses como objetos de subasta vendidos a precios elevados para ser torturados hasta la muerte tenía una gran carga política, dado el contexto de Abu Ghraib y los interrogatorios que se estaban llevando a cabo al poder estadounidense. La primera mitad de la película presenta a Paxton y Josh como dos estereotipos de amigos idiotas que están de gira, haciendo lo que les viene en gana por toda Europa en busca de sexo, drogas y gansadas. Casi parece una película consciente de sí misma, como si Roth le estuviese recordando al público: así es como el mundo nos ve en realidad. Pero en la segunda mitad, tras el asesinato del sensible y ético Josh, Paxton se convierte de inmediato en el héroe vengador de la película, abriéndose camino a la salvación a disparo y puñalada limpios. Los suyos son los valores que se necesitan para triunfar sobre el mal, insinúa *Hostel*, un mensaje que la mayoría de los espectadores estadounidenses encontraron intrínsecamente familiar y mucho más fácil de digerir.

Mientras los autores representaban el sexo en el cine con lóbrega indiferencia y los directores de terror estaban elaborando escenas tan sangrientas y placenteras que parecían sexuales, el porno estaba evolucionando. «El aspecto de las actrices y los estilos de la pornografía cambian y evolucionan cada pocos años, al igual que el gusto de los espectadores», explicó en 2006 un reportaje sobre la nueva estrella adolescente Sasha Grey en *Los Angeles Magazine*. «Sasha no es ni rubia ni dotada como [Jenna] Jameson. Pero con su aspecto pálido y adolescente y su inclinación hacia las escenas *hardcore* extremas, es la chica del momento».

La nueva *it girl* del porno apareció en 2006, cuando, durante el rodaje de su primerísima escena sexual con Rocco Siffredi, poco después de su decimoctavo cumpleaños, ella le pidió inesperadamente que le diera un puñetazo en el estómago. La juventud ha sido históricamente un activo muy valorado en esta industria, donde las carreras suelen durar unos pocos años en el mejor de los casos. Pero Grey —delgada, de ojos oscuros, llena de angustia adolescente y ávida de escenas tan duras que incluso su agente arqueaba una ceja— era un signo del nuevo *status quo* del porno en otras direcciones. «En mi opinión, las chicas estilo *Suicide Girls* con pelo negro y tatuajes son las nuevas rubias con tetas de silicona», declaró a *Rolling Stone* en 2009. «Esas mujeres son todas iguales y son unas idiotas». Su entrevistadora, Vanessa Grigoriadis, describió a Grey como alguien que se imaginaba a sí misma «como una Camille Paglia del arte performativo», alguien que «exploraba los límites de la pornografía» en un estilo rebelde y ligeramente provocador. Al ver una escena en la que Grey se estrangula hasta alcanzar el orgasmo con una corbata negra, Grigoriadis señaló: «sus actuaciones están calibradas para desestabilizar, y lo consiguen».

Criada en Sacramento, Grey vio su primer vídeo porno a los once años. Jameson, que anteriormente era la mayor estrella del cine adulto del mundo, había definido su carrera según sus propios términos, rechazando hacer escenas anales o de doble penetración. A principios de la década de 2000, había pasado de ser una humilde actriz a convertirse en una marca global, vendiendo juguetes sexuales y lencería, pero también figuritas de acción y menaje del hogar. Grey, por el contrario, llegó a la escena dispuesta a inquietar a la gente con la naturaleza de lo que a ella le gustaba. Entre las cosas que hacía, según declaró a *Los Angeles Magazine*, se incluían «bofetadas, meados, escupitajos, vómitos». Incluso electrocución. No era solo que intuyera el giro de la industria hacia contenidos extremos y quisiese triunfar, aunque lo consiguió. Erudita y con una curiosidad insaciable —en su página de MySpace mencionaba a Yeats, Baudrillard y Nietzsche—, parecía ver el dolor como una aventura artística salvaje, una Marqués de Sade milenial del otro género.

La emoción de Grey en pantalla era, de algún modo, una mezcla de altivez controlada y distante y una liberación total y descontrolada. Y su filosofía, le dijo a *Rolling Stone*, era la de la liberación femenina: quería que las chicas que veían sus escenas se dieran cuenta de que «está bien ser una zorra». La tensión de su particular estrellato radicaba en lo bien que sus gustos sexuales particulares encajaban casualmente con un momento en el que el trato violento y misógino hacia las mujeres durante el sexo se estaba convirtiendo en una convención mayoritaria. En gran parte, esto se debió a la facilidad con la que se podía acceder al porno extremo durante la segunda mitad de la década de 2000, cuando se crearon tres sitios gratuitos (PornHub, RedTube y YouPorn) que juntos liderarían la consolidación del sexo en internet. Ya no había que pagar por el porno; prácticamente todo lo que se quería ver estaba en la misma plataforma: vídeos fetichistas y escenas de violaciones junto a porno de venganza y fragmentos nostálgicos de Jenna Jameson. En 2013, se estimaba que los sitios web bajo el paraguas de PornHub atraían mil millones de visitantes al mes.

Un estudio realizado en 2010 sobre más de trescientas escenas pornográficas populares reveló que el 88 por ciento contenía algún tipo de agresión física, típicamente azotes, atragantamientos o bofetadas, y que la fuerza era infligida abrumadoramente por hombres contra mujeres. Inevitablemente, ese tipo de comportamientos se filtraron, conduciendo a cambios demostrables en la forma en que las personas tenían relaciones sexuales en sus propias vidas. Un estudio de 2019 reveló que el 38 por ciento de las mujeres británicas menores de cuarenta años reportaron haber experimentado abofeteos indeseados, estrangulamientos, atragantamientos o escupitajos durante el sexo. Hay que hacer hincapié en la palabra «indeseado»: todos los adultos deberían ser libres de mantener el tipo de relaciones sexuales que quieran y con quien consienta en participar. No me interesa el *kink-shaming*[13] ni me opongo en absoluto al porno. Más bien me intriga cómo la cultura condiciona el deseo y qué significa que el impulso de infligir violencia a las mujeres se apruebe a menudo ciegamente en un contexto sexual de formas que nunca ocurrirían en otros ámbitos. «Por muy desgarrador que sea pensar en universitarias atrapadas en dormitorios con novios que esperan de ellas que actúen como Sasha Grey», escribió Grigoriadis en *Rolling Stone*, «resulta igual de triste pensar en Grey como una oficinista reprimida que tiene que vivir sus fantasías en secreto en Craigslist[14] durante el fin de semana. Alguien va a perder aquí, y no es Grey».

[13] Popularmente, estigmatización y vergüenza asociadas a las preferencias sexuales que se desvían de las prácticas aceptadas como «normales» en cada momento y cultura (N. de la E.).

[14] Craigslist es un portal web de anuncios clasificados de todo tipo que incluye también una sección de contactos personales y servicios (N. de la E.).

Pero ni la actriz ni nadie en la industria del porno era totalmente inmune a las fuerzas que estaban desestabilizando el sector y el resto de la economía. En 2009, el director Steven Soderbergh le dio un papel a Grey en su película de bajo presupuesto *La experiencia de una novia*, en la que interpreta a una prostituta de lujo, Chelsea, que ofrece a los clientes un servicio más íntimo y adaptado a sus necesidades emocionales tanto como sus deseos sexuales. La película se desarrolla con el trasfondo de la crisis financiera, mientras los acaudalados clientes de Chelsea se preocupan por la caída en picado de su cartera de valores y cuánto están a punto de perder. Chelsea toma apuntes meticulosos sobre lo que se pone y lo que hace en cada cita: un vestido de Michael Kors y lencería de La Perla para cenar y ver la película de *Man on Wire*; un corsé de Kiki de Montparnasse para comer en Nobu. Algunos clientes ni siquiera quieren sexo, solo alguien con quien hablar. «Me siento un poco estresado», le dice uno. «Probablemente debería ir a un loquero, pero quedar contigo me parece mucho más divertido».

Grey resulta fascinantemente inescrutable en el papel: en pantalla da una presencia intensa y cautivadora, aunque de mirada somnolienta, pero de una forma ligeramente extraña, comiendo, riendo, follando, y examinándose a sí misma sin ninguna señal discernible de placer. La película, en última instancia, está menos interesada en el sexo que en el dinero y en anticipar las formas en las que todo el mundo tendrá que mercantilizarse en el futuro. Chelsea es un producto en venta, pero también lo es su novio, un entrenador personal, y también lo son sus clientes, guionistas, inversores y productores, así como el periodista que la entrevista para un reportaje y el desarrollador de contenidos web que la ayuda a mejorar su posicionamiento de Google. De hecho, Chelsea acaba sintiéndose como el avatar de toda una generación de milenials en busca de empleo obligados a aprender cómo ganarse la vida, a promocionarse, orientarse y a realizar un complejo trabajo emocional para mantenerse a flote.

*La experiencia de una novia* fue profética también en otros sentidos. El fin de lo que para muchos artistas había sido una edad de oro artística y comercial para la industria había llegado, dado que el modelo de negocio del porno se vio trastocado por completo por el intercambio de archivos, la piratería y el dominio total de un puñado de páginas gratuitas. Un informe del *New York Magazine* sobre los Adult Video Awards de 2011 en Las Vegas describía una industria en rápida caída libre, con una disminución de los beneficios de hasta el 80 por ciento en algunas empresas. Para sobrevivir profesionalmente, muchos artistas se vieron obligados a pasar al trabajo por webcam y a los vídeos por encargo, antes de que el lanzamiento de OnlyFans en 2016 y el inevitable auge de las escenas generadas artificialmente transformaran el mercado una vez más. Las artistas contemporáneas de sexo llegarían a depender del mismo elemento emocional de la «experienca de novia» de Chelsea: trabajadores dándole a los clientes algo que necesitaban íntimamente y que no podían encontrar gratis en ninguna otra parte.

Una ironía de la economía sexual impulsada por el mercado era que, de repente, el consumidor tenía mucha más influencia sobre el aspecto del porno. Mientras que la pornografía convencional había presentado una serie de cuerpos blancos tonificados muy parecidos entre sí, plataformas como OnlyFans permitían mucha más diversidad de deseos. Una encuesta realizada en 2023 entre las celebridades que ganaban más dinero con la plataforma descubrió que muchas estaban en la cincuentena: la estrella de *Juegos salvajes* y *Real Housewives*

Denise Richards, la actriz de *Los Soprano* Drea de Matteo, Carmen Electra de *Scary Movie*, la actriz de *Los vigilantes de la playa* Donna D'Errico. Mientras Hollywood llevaba mucho tiempo excluyendo a las mujeres de mediana edad de papeles sexuales, OnlyFans demostró que mucha gente aún las encontraba extraordinariamente deseables. «Todo cambia» le dice uno de los clientes financieros a Chelsea en *La experiencia de una novia*. En 2010 ya estaba claro: ni el porno ni el sexo volverían a ser lo mismo.

## Capítulo 7

# CHICAS DE REVISTA

*La degradación de las mujeres y la fama en los medios del siglo XXI*

A medida que las sociedades industriales modernas cambian y las propias mujeres ofrecen resistencia al patriarcado, las formas antiguas de dominación se erosionan. Pero surgen nuevas formas, se difunden y se consolidan.
SANDRA BARTKY (1982)

¿Cómo no vemos que el trato que reciben las *It Girls* se traduce en el trato que reciben todas las chicas en nuestra cultura?
PARIS HILTON (2023)

Durante gran parte de la década de los 2000, el pasatiempo más popular en la cultura y en el mundo del entretenimiento era mirar y observar a las mujeres: en la telerrealidad, en la pornografía, en los vídeos musicales, en las revistas, en las películas… Todos estos géneros se fusionaban, se mezclaban y se influían mutuamente con una facilidad desconcertante. Un surrealista reportaje de Jessica Simpson publicado en *Esquire* en mayo de 2008 evaluaba a la cantante de los pies a la cabeza a modo de introducción, como si quisiera emular la mirada ávida y errante del lector: «Cabello rubio como Dios manda, rubio como el sol de Clorox. Un cuerpo de caviar, si te gusta el caviar lacado en salsa barbacoa. Pechos como gallinas de Guinea desplumadas, poco hechas y con demasiado relleno... Piernas de animadora. Piernas rectas y estiradas que cortan el aire como balancines». En la portada de la revista, Simpson posaba en *topless*, con el pelo cardado en ondas sensuales. Junto a ella había un texto en mayúsculas temblorosas: «HEMOS TOMADO ESTA FOTOGRAFÍA PARA LLAMAR TU ATENCIÓN Y QUE COMPRES ESTE NÚMERO... Y TE SUMERJAS EN LA HISTORIA MÁS APASIONANTE QUE LEERÁS ESTE AÑO». Simpson, la revista lo dejaba claro, era el cebo: el caballo de Troya para vender una pieza de periodismo mucho más sustanciosa sobre un soldado asesinado en Irak, una historia que importaba de verdad.

Esta portada por sí sola lo decía todo. La gente quería ver estrellas jóvenes y guapas; estaba incluso dispuesta a pagar por ello. Pero acumulaban cada vez más resentimiento hacia esas mujeres por hacerles mirar. La lascivia pública, en ese momento, se estaba convirtiendo en algo mucho más oscuro y odioso. Y la prensa del corazón estaba atrapada en un bucle: cuanto más se vendían las mujeres sobreexpuestas, más atención se les prestaba, lo que provocaba reacciones que recibían aún más atención y conducían a todavía más exposición.

En 2007, las mujeres más famosas del mundo eran objeto de un escrutinio sin precedentes, y muchas de ellas estaban sucumbiendo a la presión. En enero, el mismo mes en que Hillary Clinton anunció su candidatura a la presidencia, la antigua estrella infantil Lindsay Lohan ingresó en rehabilitación durante el rodaje de *Sé quién me mató*, un estridente thriller con un estilo *torture porn* en el que interpretaba a dos gemelas. En febrero, Anna Nicole Smith murió en un hotel de Hollywood, Florida, por sobredosis de medicamentos que le habían sido recetados, lo que provocó un delirio mediático que llevó a que se capturaran imágenes de su cadáver para la televisión y se filtrara en internet el contenido de su nevera (metadona y SlimFast). Ocho días después, Britney Spears, que por entonces era una madre de veinticinco años con dos niños pequeños, se afeitó la cabeza a la vista de los paparazzi en una peluquería del valle de San Fernando. La escena resultó tan impactante en parte porque Spears estaba atacando aquello que la hizo famosa: su propia imagen de feminidad deseable y envidiable. Habíamos llegado a esperar y anticipar el caos de las jóvenes estrellas, pero no esto, no una muestra pública tan flagrante de autodestrucción.

En marzo, tenía entradas para ver a una Amy Winehouse de veintitrés años en el Shepherd's Bush Empire en Londres, y mientras estaba cenando con una amistad cerca de allí, recibí un mensaje de texto que decía que el concierto se había cancelado. Más tarde, estábamos tomando algo en el bar de un hotel cuando entró la propia Amy, menuda como una niña, con un polo negro y unos pantalones vaqueros cortos sucios, casi catatónica, mucho más delicada en persona que en las fotografías. Se acercó a nosotros, por alguna razón, y se quedó mirándonos, con los ojos vidriosos y desenfocados. Murmuró algo, pero no pudimos entenderlo. Llegó una mujer y se disculpó, apresurándose a llevársela de allí. Amy acababa de romper con su novio, dijo, y estaba pasando por un mal momento. Pronto, volvería con el examante que había inspirado su segundo álbum, *Back to Black*, un adicto a la heroína cuya relación caótica con ella culminaría en una trifulca pública unos meses más tarde, zapatillas de ballet manchadas de sangre y heridas abiertas en todas las noticias, condena de prisión (para él) y, en última instancia, la muerte de Amy en 2011 en lo que sería etiquetado por el forense como un «infortunio»[15].

[15] El término legal británico *death by misadventure* hace alusión a la muerte accidental a causa de un riesgo que el fallecido asumió voluntariamente, como podría ser el caso de una sobredosis, por oposición a un accidente de tráfico, por ejemplo (N. de la E.).

En abril, Whitney Houston y Bobby Brown se divorciaron, después de un matrimonio turbulento marcado por acusaciones de violencia doméstica y abuso de drogas, algunas de las cuales fueron captadas o aludidas en el programa de telerrealidad de Bravo, *Being Bobby Brown*, en 2005. Durante ese mismo mes, Kate Moss fue fotografiada colgando boca abajo de una ventana con un cigarrillo encendido en la boca, mientras su novio, el músico Pete Doherty, propenso a los escándalos, tocaba la guitarra. (Pocos meses antes, un actor llamado Mark Blanco había muerto después de, aparentemente, haberse caído de un balcón en una fiesta en la que Doherty estaba presente). En mayo, Lohan fue arrestada por posesión de cocaína y conducción bajo los efectos de un estupefaciente. En junio, Paris Hilton comenzó a cumplir una condena de cuarenta y cinco días de cárcel por violar su libertad condicional por un cargo anterior de conducción temeraria; fue puesta en libertad al cabo de tres días, pero luego llamada de nuevo a la cárcel, entre lágrimas, por un juez que dictaminó que su sentencia especificaba el encarcelamiento. En julio, Lohan fue arrestada de nuevo. En agosto, Nicole Richie anunció que estaba embarazada de casi cuatro meses, poco antes de que fuese ella la enviada a prisión —durante un total de ochenta y dos minutos— por un cargo anterior de conducción bajo los efectos del alcohol.

En septiembre, se filtraron en internet fotos de desnudos de la actriz de dieciocho años y estrella de Disney Vanessa Hudgens, con enlaces sin pixelar en blogs de cotilleo, incluido *Perez Hilton*, a pesar de que a) habían sido robadas y b) Hudgens era menor cuando se sacaron. En diciembre, la actriz de veintiún años Mischa Barton fue arrestada por conducir bajo los efectos del alcohol, casi dos años después de que a su personaje en *The O.C.*, Marissa Cooper, lo eliminaran de la serie con el recurso de morir en un accidente de coche, en parte porque los blogueros de televisión de un foro muy popular en ese momento la odiaban. También en diciembre, la estrella de Nickelodeon, Jamie Lynn Spears, de dieciséis años y hermana de Britney, anunció que estaba embarazada.

Es difícil describir lo vertiginoso que fue aquel momento: estar constantemente bombardeada con imágenes, vídeos y actualizaciones de famosas derrumbándose en tiempo real, un elenco de una gran telenovela multiplataforma para la que nunca las habían contratado. Si vivías en Londres o en Los Ángeles o en Nueva York, incluso podías cruzarte con ellos en la vida real, yendo de bar en bar o de compras (yo me topé con Paris Hilton en la puerta de los almacenes de lujo Henri Bendel en la Quinta Avenida en otoño de 2007) y posando para las omnipresentes cámaras que nos arrastraban a los civiles al drama. Entre el 11-S y la crisis financiera de 2008, los medios de cotilleo estaban en su máximo y febril apogeo. Durante gran parte del siglo XXI, las recompensas por ser una mujer joven y famosa que estaba constantemente en el punto de mira superaban con creces los costes: ser famosa en la década de los 2000 significa rendirse a la vigilancia y muchas estaban dispuestas a ello. «Siempre las crié para que estuvieran expuestas y fueran parte de todo», declaró Kathy Hilton a *Vanity Fair* en el año 2000 sobre sus hijas adolescentes, Paris y Nicky. Pero para otras, que no habían consentido el escrutinio incesante y el odio devastador a través de nuevos tipos de medios de comunicación, fue fundamentalmente desestabilizador. Algunas nunca se han recuperado.

Me embarqué en este proyecto desde el principio porque la crueldad y el desprecio hacia las mujeres durante la primera década del siglo XXI me parecían más significativos de lo que se suele reconocer. Era un momento en el que todas las mujeres eran objeto de críticas y análisis públicos, desde las adolescentes con crisis de salud mental hasta la primera mujer candidata a la presidencia. A principios de 2008, cuando a Hillary Clinton se le llenaron brevemente los ojos de lágrimas en una cafetería tras una dura derrota en las primarias de Iowa, el momento se interpretó como algo lo bastante melodramático como para aparecer en *TMZ* y como una cínica estratagema para ganarse la simpatía y atención que al final le valió la victoria en New Hampshire.

La forma en la que se trataba a las mujeres en los medios de comunicación de masas no era una aberración. Más bien, era el lugar más lógico al que podían conducir los ideales abanderados por el posfeminismo. Las mujeres a las que nos habían condicionado a odiar eran demasiado visibles (como a menudo se veían obligadas a serlo por los hombres que no dejaban de sacarles fotos). Eran demasiado sexuales (lo que, como se ha reiterado una y otra vez, era la principal moneda de cambio de las mujeres). Eran famosas por nada (gracias a un momento en el que se había trastocado la naturaleza de la fama y en el que los cuerpos de las mujeres se consideraban de dominio público). Estaban fracasando en el proyecto del posfeminismo al llevar sus instrucciones, en la jerga de las revistas populares, «demasiado lejos» (eran demasiado delgadas, demasiado artificiales, demasiado borrachas o colocadas, demasiado narcisistas, simplemente demasiado).

La cobertura mediática de las celebridades durante esta década fue el punto en el que todos los cambios y tendencias de la cultura popular de los años 2000 se fusionaron en algo nuevo: el fin de la privacidad, la obsesión por las imágenes y un nuevo mundo tecnológico de actualizaciones continuas y exposición constante. En 2006, Kurt Anderson escribió que la fijación por los cotilleos de la época representaba «la democracia posmoderna. Las estrellas son rebajadas al nivel de los plebeyos, pero ahora los plebeyos también reciben instrucciones exhaustivas para lograr la alucinación de que son iguales a las estrellas». Ya ha sido bien documentado que esta década en particular fue devastadora para muchas de las mujeres que la vivieron, y se merecen una reevaluación. Pero también me interesa lo que este momento supuso para quienes éramos simples espectadoras: curiosas e incluso envidiosas de las estrellas cuya degradación se nos ofrecía como un entretenimiento emocionante, perpetuo y sin riesgos. ¿Cómo nos condicionó a vernos a nosotras mismas? Y, quizá incluso lo más importante, ¿cómo nos condicionó a pensar sobre otras mujeres y sobre lo que serían capaces de hacer?

Una de las razones por las que la cobertura de la fama explotó durante la primera década del siglo XXI fue que la gente ansiaba distraerse. En las semanas inmediatamente posteriores al 11-S, la cultura estadounidense se vio obligada a adaptarse a un mundo completamente distinto. Las películas consideradas violentas, perturbadoras o incluso iconoclastas de forma abstracta se pospusieron o se reeditaron antes de su estreno; los cómicos se vieron preguntándose, en palabras de Lorne Michaels en *Saturday Night Live*, si era apropiado hacer humor en un contexto de trauma nacional tan agudo. Las ceremonias de entrega de premios y los eventos deportivos se paralizaron por completo. La cobertura mediática de los famosos parecía increíblemente trivial: en *TelevisionWeek*, Louis Chunovic escribió: «Tras el ataque terrorista contra los Estados Unidos, cuesta creer que a los estadounidenses les hubiera importado alguna vez quién ganaría *Gran Hermano 2*, o si Anne Heche está loca o no».

Y, sin embargo, les había importado, y el secreto a voces era que les seguía importando. Cuando comenzó la pandemia del coronavirus en 2020 escribí un artículo sobre cómo la gente estaba utilizando la cultura popular para sobrellevar la situación. Una académica especializada en psicología de los medios me dijo que las personas tienden a lidiar con el estrés y el trauma de dos maneras: bien anestesiándose con banalidades reconfortantes, bien volcándose por completo en lo que les da miedo. Esta es la razón por la que tanta gente vio en streaming *Estallido* y *Contagio* durante la primavera de 2020 y también por qué *El coloso en llamas* cobró nueva relevancia en los meses posteriores al 11-S. En ese momento, la cobertura de los famosos y los *reality shows* todavía eran entretenimientos reconfortantes. No fue una coincidencia que algunos de los más duraderos e influyentes programas de telerrealidad (*American Idol*, *The Osbournes*, *The Bachelor*) se estrenaran en 2002, como contraprogramación para un país que ansiaba tranquilidad.

Al mismo tiempo, la industria de los medios de comunicación se estaba reorientando cada vez más hacia las estrellas: las investigaban en *reality shows*, analizaban su atractivo y vendían sus estilos de vida a través de imitaciones asequibles para el gran público. En el año 2000, el editor Jann Wenner había transformado *Us*, una publicación mensual dedicada a la industria del entretenimiento, en una revista semanal centrada en la cobertura «amigable» de las celebridades. En 2001, la estrategia aún no funcionaba, por lo que Wenner vendió un 50 por ciento de su participación de *Us Weekly* a Disney, lo que le permitió crear oportunidades de promoción cruzadas con programas de la cadena ABC, propiedad de Disney. Un año más tarde, Wenner nombró a la antigua editora de una revista para mujeres, Bonnie Fuller, editora de *Us Weekly*, una decisión que resultaría mucho más trascendental. Fuller tenía una comprensión intuitiva tanto de lo que querían los lectores como de lo que se vendía. «Es vulgarizadora y sensacionalista, pero con estilo», escribió Michael Wolff en 2002. «Está tomando el enfoque genérico de *Us* y ha empezado a convertirlo en algo de una vulgaridad auténtica, emocionante y original».

Esto no era del todo justo ni cierto. Fuller era menos reverente con las celebridades de lo que Wenner quería en un principio, pero solo porque intuía que los lectores querían sentir una mayor conexión con las personas sobre las que leían. Introdujo una serie de nuevas secciones, entre ellas *Stars: They're Just Like Us!*, *Who Wore it Best?* y *Star Beauty*, que convertían los detalles de las vidas de los famosos en contenido visual fácil de consumir. Durante sus dieciséis meses en *Us Weekly*, las ventas en quioscos se duplicaron con creces, mientras que varias publicaciones de la competencia (entre ellas *In Touch Weekly*) se lanzaron a la refriega. Los fotógrafos vieron de repente una nueva y lucrativa oportunidad para capturar fotos espontáneas de las estrellas mientras hacían la compra en el mercado de agricultores o tomaban un frappuccino, cualquiera de las cuales podía venderse por miles de dólares. Y, a medida que las revistas rivales competían por «exclusivas», era más fácil que nunca ganar dinero.

La competición entre los fotógrafos llevó a algunos a emplear tácticas extremas para conseguir fotografías. Jennifer Lopez reveló una vez que durante su boda con Marc Anthony, la pareja no pudo oír sus votos porque un helicóptero paparazzi que sobrevolaba la zona hacía mucho ruido. Jennifer Aniston demandó a un fotógrafo en 2002 después de que este escalase el muro de un vecino para fotografiarla tomando el sol en *topless* en su jardín. Los fotógrafos se escondían en arbustos y dunas de arena, alquilaban toda clase de vehículos aéreos y acuáticos, y a menudo provocaban a las estrellas con abusos verbales para buscar su reacción. La actriz Keira Knightley ha contado que, al principio de su carrera, tenía dos docenas de fotógrafos apostados frente a su casa a cualquier hora, que a veces la llamaban «puta» a la cara para que ella o su novio reaccionaran. Antes de 2013, cuando se aprobó una ley para proteger a los hijos de los famosos, a quienes los lectores solían querer ver especialmente, no había ningún escrúpulo ético o legal en fotografiarlos. Ese año, una Suri Cruise de siete años fue insultada por un desconocido, que la llamó «zorra» y «mocosa consentida» por quejarse de que los fotógrafos rodearan su coche en Nueva York.

La tecnología también estaba empezando a transformar la cobertura de las celebridades y el negocio de los medios de comunicación. En 2002, el experiodista de *Financial Times* Nick Denton lanzó *Gawker*, un portal de intención irreverente dedicado a los cotilleos y las noticias de los medios, más grosero y mordaz que cualquier publicación convencional anterior. La página hermana de *Gawker*, *Fleshbot*, orientada al porno y al sexo, se estrenó como un *spin-off* en noviembre de 2003, distinguiéndose por ser uno de los primeros sitios en publicar el vídeo sexual de Paris Hilton. Dos años más tarde, el cáustico bloguero Mario Lavandeira, más conocido como Perez Hilton —así llamado como «homenaje» a la heredera— lanzó su primera página web de noticias ininterrumpidas sobre famosos, que se distinguía por su costumbre de desfigurar fotos de estrellas sacadas de otros medios con garabatos obscenos (penes, semen chorreando de la boca) y apodos garabateados a mano para poder alegar «uso legítimo». En 2005, el exabogado y periodista Harvey Kevin fundó la página web de cotilleos *TMZ*, llamada así por la «zona de treinta millas» («thirty-mile zone», por sus siglas en inglés) alrededor de Los Ángeles que se utiliza para determinar las prestaciones para los empleados de Hollywood. La primera exclusiva para *TMZ* fue un vídeo de Paris Hilton y su entonces novio, Stavros Niarchos, saliendo de un club nocturno, estrellándose contra un coche aparcado y escapando del lugar. Dado el papel fundamental que desempeñó Hilton en el lanzamiento de esas tres marcas mediáticas tan influyentes durante la década de los 2000, cabe preguntarse qué habrían hecho los blogs de cotilleo sin ella.

Fue en torno a esta época cuando la fotografía de los paparazzi entró en lo que el escritor David Samuels describió como su «fase industrial», que priorizaba la cantidad de imágenes sobre la calidad de las mismas, y en lugar de fotógrafos profesionales enviaba escuadrones itinerantes de jóvenes con cámaras digitales para acosar a las estrellas que ofrecían la mejor oportunidad de rentabilidad. La agencia fotográfica X17, que se haría famosa por su implacable seguimiento de Spears, se fundó a finales de los noventa; en 2007, se estimaba que sus ingresos relacionados con Britney ascendían a tres millones de dólares al año, una cuarta parte de los ingresos de la empresa. Cuando la estrella se afeitó la cabeza, el programa de la CBS *Entertainment Tonight* pagó, según se rumorea, ochenta mil dólares a X17 por los derechos de las fotos solo una noche.

El auge de las noticias sobre famosos fue tan frenético, los beneficios tan enormes y el acceso tan sin precedentes que era fácil olvidar que se trataba de seres humanos reales y vulnerables. Las estrellas se habían convertido en personajes, tramas andantes que se enfrentaban a una letanía de giros de guion extravagantes, desde adicciones e infidelidades hasta arrestos y matrimonios precipitados que duraban menos que la resaca que les seguía. Perez Hilton fue particularmente cruel: en 2008, tras la muerte del actor Heath Ledger, vendió camisetas con la frase «¿Por qué no pudo ser Britney?». Y los apodos que ponían —la hija adolescente de Bruce Willis y Demi Moore fue apodada Cabeza de Patata— se burlaban de las chicas sin otro motivo que el hecho de que aparecieran ocasionalmente en público.

La prensa amarilla había abierto la veda al ofrecer un enfoque con menos filtros de la gente famosa. Pero los blogs no tenían ningún filtro: publicaban todo lo que podían conseguir. Fue por esa época cuando los fotógrafos empezaron a perseguir activamente lo que ahora se llaman «fotos por debajo de la falda», es decir, imágenes de la ropa interior de una mujer, o de la falta de ella. Hombres adultos se tumbaban en el suelo para enfocar a las jóvenes estrellas femeninas cuando se bajaban de un coche para intentar capturar lo que era, en esencia, pornografia no consentida, y cuando los fotógrafos lo conseguían, eran siempre sus protagonistas las que salían avergonzadas. Lindsay Lohan, según lamentaba una noticia en *ABC News* de 2006, había sido pillada «sin bragas cuatro veces en los últimos dos meses». Perez Hilton, entrevistado para comentar la noticia, insistió en que las famosas se exponían porque les gustaba la atención, no porque de repente decenas de hombres apuntaran con teleobjetivos a sus genitales. La actriz Emma Watson explicó una vez cómo, cuando se dirigía a la fiesta de su decimoctavo cumpleaños en 2008, los fotógrafos se colocaron en el suelo para sacarle fotos por debajo de la falda, lo que habría sido ilegal solo un día antes. En 2010, Perez Hilton fue duramente criticado cuando enlazó fotos de la entrepierna de la estrella Disney Miley Cyrus cuando era menor de edad; Cyrus finalmente decidió no presentar cargos.

Una de las primeras víctimas de estas fotos, como escribe Sarah Ditum en su libro *Toxic*, fue la rapera Lil' Kim, que sin querer acabó en la portada de la edición de octubre de 2004 de la revista *Hustler* después de que su minivestido se le subiera mientras estaba actuando en el escenario y un fotógrafo lograra tomar una foto de su vulva al descubierto. A partir de entonces, se abrió la veda contra cualquier mujer lo bastante imprudente como para llevar un vestido en público. Las fotos por debajo de la falda hicieron literal el subtexto de las fotos de los paparazzi: se trataba de un negocio dedicado a convertir los cuerpos de mujeres famosas en beneficios, con connotaciones sexualmente agresivas. Los fotógrafos que acosaron a la princesa Diana hasta su muerte en 1997 supuestamente usaron un lenguaje violento para describir sus métodos: la «bombardeaban» como grupo, la «vapuleaban», le daban «manguerazos». Según se cuenta, la desbordada princesa les gritó una vez que «violaran a otra». En sus memorias de 2023, *The Woman in Me*, Spears describe el momento en el que se rapó la cabeza y cómo se volvió loca después de que un fotógrafo la acosara reiteradamente unos días después, atacándolo con un paraguas. «Más tarde, el paparazzo diría en un documental sobre mí "esa no fue una buena noche para ella... pero sí para nosotros, porque conseguimos la foto del millón"».

Si los paparazzi parecían empeñados en capturar o provocar la degradación de las famosas, simplemente estaban siguiendo un modelo que empezó en televisión. «Nunca ha habido un momento mejor para ser una vieja gloria», escribió Alessandra Stanley en *The New York Times* en 2003. «La telerrealidad que inundaba la programación de mitad de la temporada está aprovechando una nueva veta: la elegancia del perdedor. Desde los programas más minoritarios y de nicho de la televisión por cable hasta las grandes cadenas, los productores de televisión están buceando en las aguas estancadas de Hollywood en busca de artistas dispuestos a resucitar sus carreras haciendo alarde de sus fracasos».

En torno a los primeros años de este siglo, la naturaleza de la fama —lo que significaba ser famoso, la razón por la que una persona podía volverse famosa, cómo nosotros en la audiencia entendíamos y nos relacionábamos con la fama—

empezó a cambiar de una manera que tendría repercusiones sorprendentes. La académica Sharon Marcus ha argumentado que la fama durante el siglo XIX se dividía en dos categorías: la ejemplaridad y la insolencia. Había personas famosas por ser modelos de normas o logros excepcionales y personas que alardeaban de su rechazo a acatar las normas. Durante el siglo XXI, la fama parecía seguir un patrón similar: ejemplaridad y desvergüenza. Estaban las estrellas de la vieja escuela, que se resistían a los paparazzi, evitaban entrevistas, y se ofrecían al público principalmente a través de su trabajo. Luego estaba la nueva guardia, que estudiaba la fama, la cortejaba con ahínco, se relacionaba con los fotógrafos, se comportaba de manera que vendiera periódicos y, en el proceso, conseguía elevar su perfil. En ocasiones, algunas estrellas conseguían ser ambas cosas. Jennifer Lopez, según contó su antigua publicista en el pódcast *Just Like Us*, «sabía cómo salir de un coche, un apartamento o una casa y crear una fotografía. También sabía que nada de lo que dijese sería tan interesante como su aspecto».

La telerrealidad, casi desde sus inicios, había creado un extraño y nuevo territorio a medio camino entre la fama y el anonimato. Las estrellas cuyo protagonismo había decaído podían participar en programas como una forma de reactivar sus languidecientes carreras, aprovechando la nostalgia y recordando al público quiénes habían sido. A menudo, esto significaba reforzar la jerarquía entre los famosos de primera fila y los aspirantes a famosos. «No creo que este sea el tipo de programa en el que necesariamente querrías contratar, no sé, a Tom Cruise», dijo John Saade, productor ejecutivo de *I'm a Celebrity, Get Me Out of Here!* de la ABC a los periodistas en 2003. «Creo que Melissa [Rivers] y Robin [Leach] son personas perfectas para este programa». (*I'm a Celebrity* también contó con la participación de Caitlyn Jenner antes de su transición, la primera miembro de la familia en participar en este género; Tom Cruise sí que apareció una vez en un programa surcoreano de variedades y telerrealidad llamado *Running Man* en 2018, promocionando la franquicia de *Misión imposible* en esta serie que es muy popular en China.

Pero la telerrealidad también creó estrellas nuevas para un firmamento mediático que las necesitaba desesperadamente para llenar espacio. Los concursantes que aparecían en *The Bachelor* bien podían aparecer poco después en la portada de *Us Weekly*, gracias a que ambas instituciones pertenecían al mismo grupo empresarial, Disney. En 2002, hacia el final de la primera temporada de *American Idol*, Kelly Clarkson, Justin Guarini y Nikki McKibbin aparecieron en *People* y en la portada de *Entertainment Weekly*; después de que Clarkson ganara, llegó a la portada de *Us Weekly*. En 2011, según *The Wall Street Journal*, «las personas que debían su fama a la telerrealidad representaban alrededor del 40 por ciento de las portadas de los semanarios más importantes sobre famosos». Janice Min, que se convirtió en editora de *Us Weekly* en 2003, identificó acertadamente que al público en general, y a las mujeres en particular, les encantaba ver estrellas cuyas vidas, trayectorias y rutinas de belleza parecían más accesibles, más parecidas a las suyas. Pero como ha argumentado la profesora de comunicación Erin A. Meyers, la cobertura mediática de las estrellas de la telerrealidad «hizo algo más que llenar páginas. También contribuyó a validar la representación de… la normalidad, de simplemente ser uno mismo, como un camino viable a la fama en modos que resonaron en toda la cultura de la celebridad».

Esta cultura mediática dio lugar en ocasiones a programas que renegociaban el significado de la fama ante nuestros propios ojos. En 2001, tras el extraordinario éxito del *Gran Hermano* británico, los productores experimentaron con una versión del programa en el que participan famosos con el objetivo aparente de recaudar fondos para obras benéficas. Más tarde, el *Gran Hermano Famosos* se hizo tan popular que sustituyó por completo al concepto original. En 2006, los productores tendieron una trampa a los concursantes que solo los espectadores en casa conocían: diez de los participantes eran «famosos», entre ellos el jugador de baloncesto Dennis Rodman y la estrella de *Los vigilantes de la playa* Traci Bingham, pero uno de ellos, Chantelle Houghton, era una desconocida que se hacía pasar por una estrella del pop y tenía la misión de convencer al resto de que era una de los suyos. Para añadir capas extra de metatextualidad, Houghton había trabajado anteriormente como doble de Paris Hilton. Consiguió engañar a las otras estrellas y fue coronada como la ganadora en el final de la temporada, firmando un contrato de seis cifras por su primera entrevista al salir de la casa de Gran Hermano.

Lo que distinguía a Houghton, según *The Guardian*, era su «personalidad alegre y alocada», pero también su «descaro»: el descaro necesario para presentarse con éxito como famosa en el siglo XXI. Era una cualidad que compartían todas las estrellas más exitosas de la telerrealidad de la década, junto con la disposición a someterse alegremente a posibles humillaciones y degradaciones. *The Simple Life*, que transportaba a dos herederas supuestamente pijas y malcriadas de Beverly Hills al mundo «real» de la América rural, basaba su atractivo en la promesa de que Hilton y Nicole Richie se sentirían incómodas, humilladas y obligadas a ganarse la vida honradamente. «Treinta días, sin dinero, sin lujos, sin tener ni idea», se mofaba una voz en off al principio de la serie. «¿Lo conseguirán?». La canción del programa remachaba: «They're both spoiled rotten / Will they cry when they hit bottom?» (Malcriadas hasta lo más hondo, ¿llorarán cuando toquen fondo?).

Hilton sabía, según escribe en sus memorias, que «había un enorme potencial para la humillación. Necesitaba asociarme con alguien que no tuviera miedo de parecer ridícula, que no tuviese miedo de ser ridícula». El subtexto era a menudo sexual; a lo largo del programa, Hilton y Richie ordeñaban vacas, hacían salchichas, trabajaban como empleadas domésticas en una colonia nudista, y hacían «lecturas del trasero» a los clientes masculinos de un astrólogo. En la segunda temporada, abandonadas en una estación de servicio con nada más que una furgoneta rosa y un tráiler Airstream, se vieron obligadas a pedir dinero para gasolina a completos desconocidos, con todo lo que eso implicaba. Fingir que trabajaban, escribe Hilton, era trabajo de verdad: durante la primera temporada, las estrellas rodaban dieciocho horas al día durante dieciocho semanas en pleno verano en Arkansas. Al final, aunque fuera algo sorprendente, las reseñas fueron positivas. «*The Simple Life* puede que no sea muy original», argumentaba un análisis en *Slate*, «pero podría ser el primer *reality show* cuyo triunfo se basa en prometer que la mejor oportunidad para la redención es a cambio de una humillación pública».

La recompensa para ambas mujeres por haberse entregado a las cámaras fue más fama y más cámaras. La filtración del vídeo sexual de Paris Hilton había trastornado momentáneamente las cosas —y devastado completamente a la estrella, según ella misma escribe—, pero intuyó que aprovechar el escándalo y negarse a ser avergonzada neutralizaría su capacidad para hacerle daño. En una aparición en *Saturday Night Live* para promocionar el programa a finales de 2003, Hilton participó en un segmento de *Weekend Update* con Jimmy Fallon en el que el cómico bromeaba sobre «Paris Hilton», lo «espaciosa» que era, y si podría entrar por «la puerta de atrás». («No importa quién seas», respondió Hilton. «No va a suceder»). Su disposición a sacar partido de su reputación tuvo un éxito extraordinario: en 2004, su nombre era el segundo término más buscado en Google en todo el mundo, solo por detrás de Britney Spears.

Lo peculiar de la fama de Hilton, y de la fama de otras estrellas de la telerrealidad de esa época, era lo accesible que parecía, como si el simple hecho de ser capturado por una cámara fuera suficiente para hacer famoso a alguien. «Mi generación considera a las celebridades como sus iguales: como vecinas o compañeras de instituto», dijo Janice Min en una entrevista de 2006 para un artículo en el *New York* sobre la «manía estadounidense por la fama». La aparición de nuevas categorías de famosos situados en una posición incómoda entre los de primera fila y los desconocidos desdibujó aún más las fronteras. Hilton, una vendedora empedernida, comercializó joyas, perfumes y productos culturales que prometían a las chicas una mayor cercanía a su experiencia particular. En su libro de 2004 *Confessions of an Heiress*, parte sátira y parte guía de autoayuda, ofrecía a los lectores consejos sobre cómo ser igual que ella: «canaliza tu heredera interior, crea tu propia imagen y proyecta una confianza extrema».

Cuando Hilton fue el objetivo de una serie de robos orquestados por estudiantes de secundaria en 2008 y 2009, los autores, apodados rápidamente el «bling ring» (la pandilla de las joyas), parecían estar motivados por la ambición. Querían los vestidos que llevaba Hilton a los clubs, las gafas de sol de Gucci y las joyas y los bolsos de Louis Vuitton. Las posesiones de las famosas estaban entonces tan documentadas y escrutadas que, según se daba a entender, poseerlas podía redistribuir su poder. Un detective secreto declaró a *Vanity Fair*: «Puede que suene un poco descabellado, pero ¿querer llevar la ropa de otra persona es tan distinto de querer envolverse en su piel, como el tipo de *El silencio de los corderos*?». Da la sensación de que, si los adolescentes codiciosos hubieran podido apoderarse por la fuerza del físico y la identidad de Paris Hilton, lo habrían hecho. Por primera vez, una de las mujeres más famosas del mundo no se sentía de una especie alienígena, sino como una versión mejorada y deslumbrante de una chica normal. «En su mundo de Facebook, Twitter, Instagram y *TMZ*, donde todo el mundo era una estrella de su propio universo social, así como ser su propia paparazzo, los adolescentes suburbanos idolatraban a las personas que más se parecían a ellos mismos», escribió más tarde Andrew O'Hagan para la *London Review of Books*.

Una de las ladronas, Alexis Neiers, estaba incluso grabando un programa de telerrealidad para E!, *Pretty Wild*, producido por Chelsea Handler, cuando la arrestaron. La premisa era que tres aspirantes a estrellas eran criadas por su madre, una exmodelo *Playboy*, para manifestar la fama para sí mismas, de acuerdo con las enseñanzas de *The Secret*. «En casa, mi madre, mis hermanas y yo nos levantábamos cada mañana y recitábamos juntas una afirmación en la que básicamente decíamos que íbamos a tener carreras en la industria del entretenimiento que beneficiarían al mundo», le dijo Neiers a *The Cut* en 2020. Irónicamente, esas afirmaciones sí que le dieron la fama cuando Neiers fue arrestada por robo, un momento que ocurrió fuera de las cámaras, pero que más tarde fue recreado por E! para escenas del programa. Durante su estancia en la cárcel, fue vecina durante un tiempo, cuando se encontraba en prisión preventiva, de Lohan, cuya casa había sido uno de los objetivos. Y en 2013, en un giro que Neiers nunca podría haber imaginado, fue interpretada por Emma Watson en *The Bling Ring*, una película sobre robos en casas de Hollywood dirigida por la autora y descendiente de Hollywood Sofia Coppola.

En un mundo alternativo, y con más ironía, *Pretty Wild* podría haber sido un éxito a lo Kardashian; con más privilegio y menos abuso de sustancias podría haber emulado *The Hills*. Ese reality de la MTV, que se emitió desde 2006 a 2010, fue en algunos sentidos la apoteosis de cómo los medios de principios de este siglo fabricaban celebridades para satisfacer mejor sus necesidades, transformando a estudiantes de instituto normales y corrientes, al estilo de la Cenicienta, en publirreportajes andantes. A diferencia de la problemática Neiers o las golfas hermanas Kardashian, Lauren Conrad, la serena e ingenua estrella del programa, era un lienzo perfectamente anodino sobre el que las marcas comerciales podían mostrarse. Una retrospectiva de *Los Angeles Times* de 2019 argumentaba que el programa contribuyó a definir a la influencer moderna, convirtiendo el consumo —las marcas que las espectadoras podían comprar, las discotecas a las que podían intentar acceder para ir de fiesta con sus estrellas favoritas— en una razón tan importante para ver el programa como las melodramáticas tramas, a menudo guionizadas.

La relación parasocial que los fans tenían con las estrellas de los *reality shows* de ese momento formaba parte de toda la construcción. Durante años nos habían dicho que las estrellas eran, en realidad, como nosotros, pero ahora, por primera vez, podíamos invertir el orden de las cosas y ser como ellos. El hecho de que Conrad disfrutara de todos los privilegios de la fama sin parecer identificarse con ella era crucial. En el programa se la mostraba trabajando para conseguir una carrera específica en el mundo de la moda, primero estudiando en el Instituto de Diseño y Comercialización de Moda y luego haciendo prácticas en *Teen Vogue*. Algunos fans de los *reality shows*, acostumbrados a las excentricidades escandalosas y al drama incesante que antes se requería para triunfar en la televisión, se quejaban de que Conrad era aburrida, «uno de los personajes principales más sosos de la historia de la telerrealidad», como dijo una vez la revista *Salon*. Pero su inexpresividad era precisamente el quid de la cuestión. Para los espectadores cansados de intentar seguir el ritmo de las celebridades cuyas vidas y apariencias cambiaban constantemente, Conrad era tan superficial que los espectadores podían ponerse en sus zapatos (casi literalmente, pues *Us Weekly* anunció convenientemente unos zapatos de talón descubierto y punta abierta de Anna Klein que costaban 225 dólares). Ser alguien con quien te puedes identificar nunca había sido un activo tan rentable.

En 2008, se estrenó en VH1 un programa de televisión que parecía encarnar cómo había cambiado a lo largo de la década la naturaleza de la fama. *Celebrity Rehab with Dr. Drew* era una serie que combinaba los aspectos más morbosos de la televisión sensacionalista —ver a personas que luchan contra la adicción—, con la filosofía del renacimiento de las celebridades a cualquier precio. El programa estaba presentado por el doctor Drew Pinsky, un hombre de aspecto anodino y presencia competente que se había hecho famoso, según *The New York Times*, por «navegar por el precario equilibrio entre la profesionalidad y la lascivia». La habilidad de Pinsky para condenar los impulsos y comportamientos más autodestructivos y, al mismo tiempo, convertirlos en entretenimiento (en un programa diferente, le pidió una vez a un cirujano plástico que examinase los pechos de Courtney Stodden, una chica de diecisiete años y sensación de la prensa amarilla, para evaluar si eran auténticos) lo convertía en la persona perfecta para ese momento.

*Celebrity Rehab* ofrecía escenas de estrellas en dificultades que habían tocado fondo consumiendo drogas duras (el mismo tipo de imágenes por las que los tabloides pagaban cantidades ridículas de dinero), pasaban por la abstinencia y hablaban abiertamente de los acontecimientos traumáticos de sus vidas que habían contribuido a sus adicciones. Muchos eran refugiados de antiguos *reality shows*: Brigitte Nielsen del programa de VH1 *The Surreal Life*, Jessica Sierra de *American Idol*, Jason Wahler de *The Hills*. Llegaron a rehabilitación aparentemente desesperados, no solo por la sobriedad sino por la atención y por una semblanza de las vidas y la fama que una vez tuvieron. «He tenido cámaras encima los últimos diez años de vida», dijo Seth Binzer, de la banda Crazy Town, a *The New York Times*, que señaló que fumaba crack en el programa. «Me siento cómodo delante de las cámaras».

Lo que había empezado en la telerrealidad como un simple intercambio, humillación a cambio de exposición, se estaba convirtiendo en algo más sombrío. Cuanto más crueles eran los comentarios en internet, más clics parecían recibir a cambio (en julio de 2007, cuando Lindsay Lohan fue arrestada, Perez Hilton recibió sesenta millones de visitas). Los dos pilares del consumo cultural después del 11-S, el cotilleo banal sobre famosos y el espectáculo violento, estaban chocando, y la naturaleza incesante de la cobertura de los famosos parecía estar teniendo un efecto deshumanizador, en el que ciertas personas parecía menos seres humanos que símbolos del declive cultural decadente. En una entrevista con *Salon* en 2006, Janice Min describió los problemas de adicción de Whitney Houston como «ruido blanco» de la celebridad, del tipo que apenas se nota porque es tan omnipresente y predecible. «No podía ser una estrella más grande ni más querida, y fue realmente la primera novia negra de Estados Unidos», dijo Min. «Ahora ni siquiera es digna de *The Surreal Life*. Ha caído a la tercera fila en el escalafón de famosas. Es casi demasiado trágico de asimilar».

Ese año, la degradación de Houston quedó al descubierto cuando la hermana de Bobby Brown vendió fotografías del cuarto de baño de la estrella al *National Enquirer*, junto con un relato «privilegiado» sobre lo profundo de su adicción a las drogas. Las fotos eran impactantes por su sordidez y empañaron la reputación de la cantante más eficazmente que cualquier otro medio. Pipas de cristal, mecheros, cucharas cubiertas de polvo blanco sobre una encimera llena de platos sucios, ceniceros, latas de cerveza y una copia de la revista *Star* con la cara de Jessica Simpson en la portada. Para entonces, los problemas de Houston eran bien conocidos. El *New York Post* informó en 2001 que la MTV estaba recopilando material de archivo para un vídeo obituario en caso de que Houston muriera de sobredosis. En 2002, concedió la tristemente célebre entrevista de «crack is wack» (el crac es una mierda) a Diane Sawyer, quien la interrogó implacablemente sobre su peso, el uso de drogas, y actuaciones recientes deslucidas y sobre si era «lo bastante dura» para el mundo del espectáculo. Pero las imágenes del baño de Houston encarnaban un tipo específico de terror. Provocaron repulsión.

El asco es una de las reacciones humanas más poderosas y una de las menos estudiadas. La historia de la misoginia está definida por expresiones de repulsión hacia mujeres y sus cuerpos: ideas generalizadas en la cultura, el arte y la religión que nos consideran, de alguna manera, impuras o pútridas o, por usar un término que fue instrumentalizado contra Hillary Clinton, «desagradables». El asco suele desencadenarse a menudo por el miedo a la sexualidad femenina visible: en el siglo XIX, un médico de Nueva Orleans que realizaba clitoridectomías en niñas describió la masturbación femenina como «lepra moral». Durante la última década, los psicólogos sociales también han descubierto que la sensibilidad de una persona al asco puede estar estrechamente relacionada a sus ideas políticas, lo que influye en su opinión sobre los derechos de las personas homosexuales, el sexo prematrimonial y la igualdad de géneros. «Cuando experimentamos el asco», escribió Kathleen McAuliffe para *The Atlantic* en 2019, «tendemos a hacer juicios morales más duros».

Gran parte de la cobertura mediática de ciertas celebridades durante la segunda mitad de la primera década del siglo se escribió con el objetivo explícito de provocar repulsa y condena. La página web HollywoodTuna, que prometía darle a los lectores «una perspectiva brutalmente sincera sobre ese hedor que llamamos famosos», publicó en un solo mes de 2005 artículos titulados «Alicia Keys es absolutamente repugnante», «Noticias pedófilas: Heather Graham considerada demasiado mayor» y «Pamela Anderson propagando su enfermedad». En una entrada de 2008 sobre Miley Cyrus, Perez Hilton escribió: «La muy guarra necesita cerrar el agujero». De Amy Winehouse, Hilton señaló que no había llevado ropa interior en un concierto privado y escribió: «¡¡¡¡Qué asssssoooo!!!!! ¿Quién necesita ver un potorro agrietado?». En 2006, cuando el heredero del petróleo Brandon Davis fue acosado por los fotógrafos al salir de una discoteca con Paris Hilton, los deleitó refiriéndose a su ex, Lindsay Lohan, como «firecrotch» (coño de fuego). La estrella de *The Hills* Spencer Pratt, durante su enemistad con Lauren Conrad, la llamó «cortinas de carne» en una publicación.

A lo largo de la década de los 2000, la percepción popular de la fama pasó por ciclos de idolatría, celos, curiosidad y entretenimiento. El asco parecía ser la fase final inevitable, una respuesta «apropiada» a las estrellas que habían sido bendecidas con talento, fama y riqueza solo para acabar desvaneciéndose, y hacia las mujeres que supuestamente habían buscado atención a lo largo de sus carreras solo para ahora quejarse de ser víctimas. Cuando Pink sacó el single «Stupid Girls» en 2006, vituperando a las «porno paparazzi girls» que enseñaban demasiado a los fotógrafos y cuyas ambiciones se limitaban a buscar *sugar daddies* y las salas VIP, las letras expresaban asco al comparar a las jóvenes estrellas con un contagio: «the disease is growing, it's epidemic / I'm scared that there ain't a cure / The world believes it, and I'm going crazy / I cannot take any more» (la enfermedad está creciendo, es una epidemia / Me da miedo que no haya cura / El mundo lo cree y yo me estoy volviendo loca / Ya no puedo más).

Es difícil no deducir que el tono específico que la cobertura mediática de la fama en ese momento también se vio alimentado por una tendencia cultural hacia la degradación, cuanto más extrema, mejor. En 2005, cuando Paris Hilton interpretó un papel menor en el *remake* de la película de terror *La casa de cera*, una campaña de promoción de la película colocó unos anuncios por todo Los Ángeles con el eslogan «See Paris Die!» (¡Ve morir a Paris!). En la escena en cuestión, la empalan con una lanza en la cabeza, un final desagradable y claramente sexualizado. Había cierto horror visual en las imágenes de mujeres famosas tratadas con brutalidad en películas y descomponiéndose visiblemente en la vida real que encajaban con el momento.

Los comentaristas parecían indiferentes, incluso optimistas, ante la idea de que alguna de esas mujeres cuyas extravagancias ocupaban las cámaras pudieran morir. En 2007, el desequilibrio psicológico de Britney Spears había llevado a muchos, con la misma naturalidad con la que se pronostica el resultado de un partido de fútbol, a anticipar cuándo y cómo podría llegar su fin. «La explotación continúa día tras día», dijo Pinsky, que no la había tratado, en una entrevista. «Todos estamos viendo cómo Britney se desmorona y muere ante nuestros ojos... Incluso con un buen tratamiento, sus probabilidades de respuesta positiva son del 50 por ciento». Un crítico cultural para el *New York* analizó el hecho de que la estrella se rapara la cabeza no como un grito de ayuda de una mujer en crisis, sino como una obra de arte marginal que finalmente la hizo relevante para él y su grupo. «La crisis nerviosa de Spears fue la actuación más interesante de su vida», escribió, preguntándose: «¿Morirá de sobredosis o se suicidará como Monroe? ¿Tendrá una muerte de *Grand-Guignol* como la obsesionada por la grasa Anna Nicole Smith?... Eso es lo que todo el mundo se pregunta».

La extensión lógica de la cosificación es la deshumanización. Desde finales de los noventa, las mujeres jóvenes en el ojo público habían sido enmarcadas como muñecas sexis, entretenidas y simples, pagadas para entretener pero no quejarse nunca. Algunas entendieron el trato. Hilton, que posaba, sonriente, junto a esos carteles de «¡Ve morir a Paris!», parecía aceptar la realidad de que construir una marca lucrativa a base de algodón de azúcar y presentación posfeminista podría hacer que la gente la odiara. Pero para otras, la crueldad con la que eran acosadas por los paparazzi y luego diseccionadas en internet era profundamente traumática. En sus memorias, Spears compara a los fotógrafos que la acosan con «un ejército de zombis tratando de entrar a cada segundo». Ningún lugar, ni siquiera su casa, era seguro.

Y el tono que marcaban los blogs fue inevitablemente absorbido por el resto de nosotros. «Si Britney no era un chiste antes, ahora sin duda lo es, porque parece que ha perdido cualquiera que fuese el talento que la diferenciaba de otras aspirantes a estrellas baratas», escribió una mujer sobre el «regreso» de Spears en los VMA (Video Music Awards) en 2007. «Quizá sea porque es vaga o porque se droga o por ambas cosas... Me pregunto si llegará a los treinta». Un comentarista en *Gawker* describió el espectáculo como «ver un niño discapacitado en un concurso de talentos de la feria del pueblo. Realmente querías animarla, pero era triste y acababas preguntándote quién sería tan cruel como para dejar que se hiciera eso a sí misma». Esta era la tendencia general de internet a finales de la primera década de este siglo: cínica, aparentemente cruel, perfectamente adoctrinada, durante años de exposición, en ver a las estrellas como algo menos que humano. En 2023, Amanda Hess, de *The New York Times*, volvió a ver la actuación de Britney en los VMA y la recordó como «desastrosa y divertida», y se horrorizó por lo que veía ahora. «Parecía una película de terror del tipo de cintas encontradas», escribió. «Vi a una madre primeriza obligada a bailar de forma sensual para Estados Unidos, y que la calidad de su actuación determinara si podía o no quedarse a sus hijos».

En ese momento, había poca simpatía pública para cualquiera que sufriera adicciones, tuviese problemas psicológicos o no pudiera soportar ser constantemente acosado. Más bien, las mujeres eran devoradas por los espectadores como la clase de arquetipos que se han usado para demonizarlas a lo largo de la historia: putas, zorras, malas madres, inútiles, manipuladoras, glotonas, derrochadoras. En 2011, cuando Winehouse murió al final de una noche dedicada a ver vídeos de sus viejos conciertos en YouTube, muchos consideraron que ese momento no era una tragedia irremediable sino algo justo, la conclusión lógica de su hedonismo y talento desperdiciado. Siete meses después, Houston también murió, sola, en una bañera del Beverly Hilton. Los testigos dijeron que se había estado comportando de forma errática antes, «dando saltitos» por el salón de baile del hotel como una niña y haciendo el pino junto a la piscina: actuando justo como una niña que no sabía que la gente estaba mirando.

## Capítulo 8

# COSAS DE CHICAS

*La autora confesional y sus detractoras*

> ¿Quién no se preguntó alguna vez: soy un monstruo o esto es ser una persona?
> CLARICE LISPECTOR (1977)

> Si cuento la historia, controlo la versión.
> NORA EPHRON (1983)

A principios de 2010, una cineasta de veintitrés años debutó con una obra que giraba, sin hacer mucho ruido, en torno a una pregunta que ocuparía al arte en la siguiente década: ¿Cuál es el valor de una mujer joven? En *Tiny Furniture*, de Lena Dunham, la propia Dunham interpreta a Aura, una recién licenciada de Oberlin que regresa al austero loft de su madre en el barrio de Tribeca después de que su novio rompa con ella. («Algo sobre tener que construir un santuario a sus antepasados con un árbol moribundo»). No tiene trabajo, no tiene dinero, tampoco perspectivas. Su portfolio creativo se reduce a un vídeo de YouTube con 357 visitas en el que se desnuda hasta quedarse en ropa interior y se asea en una fuente del campus. *Tiny Furniture* está a solo un paso de la realidad: Dunham lo grabó en el apartamento de sus padres, donde vivía en ese momento; su madre fue interpretada por su madre en la vida real, la artista Laurie Simmons, y su hermana (Cyrus Grace Dunham) por su hermana de verdad; aquel vídeo de la fuente era realmente una de sus obras tempranas. Dunham escribió, dirigió e hizo el montaje de las escenas de la película, pero estas constituían una especie de autorretrato representado con detalles francos y, en ocasiones, insoportables.

Con *Tiny Furniture*, Dunham parecía llevar al extremo sedicioso los imperativos posfeministas para las mujeres: vigilarse a sí mismas y exhibirse. Expuso su propio cuerpo, más carnoso y pálido que las figuras que suelen seguir las cámaras. Invirtió la lente idealizante del cine y la televisión para retratarse de formas en las que parecía más abyecta, más inútil, más patética. La película, le dijo a David Carr en 2010, trata «sobre un periodo en el que alguien no sabe cómo valorarse a sí mismo», y para mí captura la experiencia de una edad concreta, pero también de una época. Aura tiene dos intereses románticos, aunque ambos se muestran, en el mejor de los casos, cortésmente desinteresados: un artista de YouTube gorrón llamado Jed, que se dedica a grabar vídeos de sí mismo citando a Nietzsche mientras monta un caballo balancín de madera, y un chef ladino llamado Keith, que valora a Aura sobre todo por su acceso a pastillas con receta médica. Hacia el final de la película, Keith se acuesta con Aura, al estilo perrito, dentro de una tubería gigante en una obra, y aunque la escena no es traumática para Aura, exactamente, sí es perturbadora: mugrienta, carente de placer, sin protección. Después, Aura se mete en la cama con su madre, y acepta que está descubriendo las cosas por medio de la experimentación. «En el mundo de Dunham, no hay finales felices», escribió Phillip Lopate en un ensayo sobre *Tiny Furniture* para *Criterion Collection*. «Solo un realismo lúcido».

Lopate comparó la obra de Dunham con las comedias de fraternidad sobre la «pérdida de la virginidad» que habían proliferado en la primera década de 2000 y argumentó que, aunque ella trabajaba de manera similar en el ámbito de la humillación, la suya era «una comedia de vergüenza mucho más sutil y sofisticada». Aunque sus circunstancias personales eran distintas a las de la mayoría de los milenial —el privilegio de haber crecido como hija de artistas relativamente conocidos se convertiría en un blanco fácil para sus detractores— la obra que seguiría creando formaría parte de un movimiento creciente que la académica Maria San Filippo ha denominado «provoc*auteurs*»: escritoras y cineastas que creaban obras provocadoras, incómodas y a menudo oscuramente divertidas con la intención de exponer críticamente nuevas formas de verdad.

En ese momento, había más posibilidades que nunca de experimentar con la forma y la voz, y menos guardianes o barreras de entrada. A principios de este siglo surgieron una serie de blogs feministas: *Feministing*, *The F-Word*, *Racialicious*, *Jezebel*, *The Hairpin*, todos ellos sitios web que parecían informados por el tono y ambiciones de los fanzines del movimiento riot grrrl. Esos blogs construyeron comunidades apasionadas de lectores, que debatían en hilos de discusión con igual conocimiento de la cultura popular que de la teoría académica. Las plataformas siguieron apareciendo. YouTube, nacido en 2005, dio a los cineastas aficionados un escaparate democrático para sus obras. Twitter, que se lanzó como una «página de microblogging» en 2006, se hizo rápidamente popular por ser un lugar donde la gente podía jugar con su voz pública y perfeccionar su imagen como personaje. Tumblr, fundado al año siguiente, ofrecía más de lo mismo: más espacio para escribir, más secretos y revelaciones, más imágenes. Lo que me fascina ahora de ese momento es lo mucho que se utilizaba la escritura como medio, después de las décadas tan insistentemente visuales de 1990 y 2000. Antes de Instagram (que se lanzó en octubre de 2010), Vine (2013) y TikTok (2016), la forma más rápida de decir algo públicamente durante la primera década del siglo era escribirlo.

En 2010, la escritora canadiense Sheila Heti publicó la primera versión de *¿Cómo debería ser una persona?*, una obra fragmentada y experimental de autoficción que estaba inspirada, entre otras cosas, por novelas de autoayuda, la sobreexposición en internet y la serie de telerrealidad de la MTV *The Hills*. Cuando el libro se publicó en Estados Unidos en 2012, coincidió aproximadamente con el estreno de la serie *Girls*, de Dunham, en la HBO, lo que llevó a la crítica a comparar las exploraciones de ambas artistas sobre la humillación sexual, los niveles delirantes de ambición artística y el reconocimiento de la falta de referencias culturales claras para una feminidad moderna funcional. Heti aspira en el libro a crear tanto grandes obras de arte como un retrato realista de las mujeres y, sin embargo, al menos la versión novelada de Sheila, no conoce a ninguna mujer y no le interesan especialmente. El único momento en el que parece conectar espiritualmente con otra mujer es cuando encuentra el vídeo sexual de Paris Hilton. «Al verla, sentí una afinidad», escribe Heti. «Ella era otra chica blanca que iba por la vida sin ropa».

La elección de Barack Obama en 2008 parecía indicar que el futuro sería posracial y posfeminista: unos Estados Unidos progresistas, magullados por la Gran Recesión pero optimistas sobre las posibilidades de una nueva era intelectual. Mirando hacia el interior en busca de inspiración, los escritores ofrecieron una nueva ola de estudios espinosos y difíciles sobre el yo. En 2011, la actriz y comediante Issa Rae estrenó la serie web *The Misadventures of Awkward Black Girl*, que abrió un espacio para el tipo de personajes que Rae sentía que faltaban por completo en la cultura popular. Con dos álbumes importantes en poco tiempo, *Speak Now* en 2010 y *Red* en 2012, Taylor Swift obligó a la música pop a volver a *sentir*, en toda su enmarañada, irrazonable intensidad.

Muchas de estas obras parecían ancladas en un desarrollo atrofiado. La adolescencia de las chicas ya no era una fase temporal, sino un estado prolongado que se extendía casi hasta la mediana edad. Pero parte de esta adolescencia prolongada y estilizada, me parece ahora, tenía que ver con dejar espacio para la experimentación. A las chicas se les permite ser vulnerables, compartir en exceso, analizar en exceso, desahogarse, avergonzarse, fracasar. (La escritora Leslie Jamison ha observado hasta qué punto nuestro lenguaje de escritura confesional está impregnado del «lenguaje líquido» de las experiencias corporales de las mujeres: «derramar, vomitar, purgar, sangrar»). Después de una década en la que se las valoraba principalmente como decoración, parecía que muchas mujeres tenían poco interés en que sus obras fueran agradables, incluso palatables. Lo que querían, como escribió Ezra Pound sobre el modernismo, era crear representaciones de la vida que fuesen totalmente nuevas.

Inevitablemente, hubo una reacción violenta. La alegre reivindicación de *Girls* por parte de algunas mujeres como un tótem cultural, «por nosotras, para nosotras», provocó una válida oposición de mujeres que no se veían representadas en la serie. La nueva proliferación de voces en internet también supuso un nivel de escrutinio sin precedentes hacia todos y cada uno de los productos culturales. «Dado que el destino de Dunham era llegar a la escena cultural con un aspecto desaliñado y poco glamuroso, pero de alguna manera ya popular, surgió, en cierto sentido, odiada de antemano» escribió Meghan

Daum en 2014. La voluntad de Swift de ser lo que ahora solo puedo describir como femenina y aniñada, inclinándose por completo hacia los cuentos de hadas, la vulnerabilidad y la autorrepresentación de princesa, llevó a *Jezebel*, la página hermana de *Gawker*, a estar de acuerdo con una escritora que en 2010 tildó a la joven de veinte años como «una pesadilla para las feministas». Cuando Rachel Cusk publicó en 2012 sus memorias sobre su divorcio, *Despojos*, fue tildada de «pequeña dominatrix frágil y una narcisista sin igual» por *The Sunday Times* por convertir su infeliz vida doméstica en literatura.

El narcisismo, de hecho, fue una queja generalizada, una palabra de la que no puede escapar ninguna mujer que insista en enmarcarse a sí misma como sujeto. Fue también un término que los comentaristas de la derecha arrojaron implacablemente a Obama, retratándolo como un egoísta que presidía un culto a la personalidad: el avatar de una era de blogueros en primera persona y de autoproclamadas voces de su generación. La diferencia ahora era que el término estaba perdiendo poco a poco su mordacidad por sobreuso, y parecía menos un análisis clínico y más un malestar proyectado de la generación milenial. Privada de muchos de los indicadores convencionales de la edad adulta —casas, familias, seguridad laboral—, una generación de artistas estaba dispuesta y era capaz de analizarse a sí misma en busca de sentido. ¿Cómo debería ser una persona? O, como escribió Chris Kraus en 1997 en *Amo a Dick*, una obra que anticipó la era de la autoficción en una docena de años: «Si las mujeres no hemos logrado crear arte "universal" porque estamos atrapadas en lo "personal", ¿por qué no universalizar lo "personal" y convertirlo en el tema de nuestro arte?».

Cuando *Girls* se estrenó en 2012 estaba muy a la sombra de *Sexo en Nueva York*, aunque fuese solo porque todas las demás series de HBO de los 2000 tendían a ser un lodazal sombrío de hombres oscuros, violentos y con personalidades complejas. *Girls* no tenía una temática explícitamente sexual: el primer episodio presentaba a Hannah, interpretada por Dunham, como una recién graduada irresponsable, infantil y solipsista que trabajaba en unas memorias en forma de ensayos tituladas *Midnight Snack*, y sugería que la serie trataría sobre el doloroso proceso de descubrir si ella, como artista, tenía algo que valiese la pena decir. Pero el segundo episodio, «Vagina Panic», dispuso todas las piezas de un manifiesto notablemente seguro de sí mismo. *Sexo en Nueva York*, a pesar de su título, siempre había sido una serie más interesada en representar el consumo que el placer. Sus personajes coleccionaban experiencias de la misma forma que coleccionaban alta costura vintage, como objetos para ser analizados y admirados durante el *brunch*. El interés de la serie por el sexo era antropológico, según la presunción de la columna de Carrie Bradshaw, y estaba relacionado principalmente con el poder. Todo el mundo era guapo y todo brillaba con dinero fácil.

*Girls*, de inmediato, desinfló esa fantasía. Aquí no se vendía nada: ni productos, ni estilos de vida, ni siquiera Nueva York como telón de fondo. El sexo no era un tema divertido sino una serie de mortificaciones ácidas y amargas. «Vagina Panic» comienza con Hannah teniendo relaciones sexuales con Adam (Adam Driver), un hombre interesante pero profundamente extraño, en su lúgubre apartamento. «¿Te gusta?», resopla, no como una pregunta sino como un intercambio ritualizado en un guion. «Me gusta todo... lo que estás haciendo», responde Hannah, tímidamente. «Supe cuando te encontré que lo querías así», espeta él, el sonido de la carne entrechocando en segundo plano mientras da empellones. «Eras una yonqui, y solo tenías once años y tenías tu puta tartera de Cabbage

Patch». Hannah, tratando de parecer entusiasta, le sigue el juego. «Y yo me asusté mucho cuando te vi». Adam, acercándose, dice, «Eres una sucia putita y te voy a enviar a casa con tus padres cubierta de corrida». Hannah, actuando mal, llora: «No, ¡no hagas eso! ¡Se van a enfadar muchísimo!». Él se quita el condón, que vemos volar hasta el suelo, y le pregunta dónde lo quiere. «Eh, ¿dónde?», contesta Hannah. Él le rodea el cuello con la mano, le empuja la cabeza contra la almohada y eyacula sobre su pecho. Solo vemos la cara de Hannah en primer plano, indescifrable en la oscuridad. «Ha estado muy bien. Muy bien. Casi me corro», dice mansamente, como para asegurarle —tampoco es que a él le preocupe— que su falta de placer fue culpa de ella.

A lo largo de la década de los 2000, a menudo parecía que la cultura popular condicionaba a las chicas a practicar sexo por reconocimiento social en vez de explorarlo para su propia satisfacción. «Aunque sería "raro" que una chica adolescente buscara la gratificación sexual», escribió Ariel Levy en *Female Chauvinist Pigs*, «es fundamental que parezcan sexis, atrevidas, dispuestas, salvajes». Hannah, que más adelante en el episodio explica que solo se ha acostado con «dos hombres y medio» y termina buscando en Google «enfermedades que se contraen por no usar condón durante un segundo», es una aficionada que intenta ser profesional, una realidad que se refuerza a lo largo de la serie por su comportamiento infantil, sus oscilaciones entre la extrema cortesía y el absurdo ensimismamiento, y su incapacidad para cuidarse a sí misma. No es que le moleste necesariamente el juego de roles de Adam, pero tampoco lo disfruta. Para Hannah, la humillación será un largo y continuo proceso que ella entiende, y así se le dice, que es necesario para convertirse en escritora. «¿Dónde está el fracaso sexual?», le pregunta un editor malhumorado en la segunda temporada de la serie, después de leer un borrador. «¿Dónde está la cara regordeta cubierta de semen y tristeza?».

Dunham parecía haber llegado a la conclusión de que hombres y mujeres abordaban el sexo con guiones diferentes. Las mujeres tenían una concepción idealizada de sí mismas como fuertes, curiosas e intrépidas aventureras que habían sacado de *Sexo en Nueva York* y los hombres tenían prácticas y diálogos que habían sacado directamente del porno. «Los tíos de mi edad ven muchísima pornografía», dijo Dunham en *The New York Times* en 2010, afirmando que había experimentado posturas agresivas y «un montón de impredecibles tirones de pelo» mientras pensaba: «No es posible que tú, un joven judío de Chappaqua, hayas aprendido esto por ti mismo». Mientras tanto, *Sexo en Nueva York* había sido estudiada con fervor talmúdico por chicas que la veían como parte de un manual de adultez empoderada, parte de un test Myers-Briggs. Shoshanna (interpretada por Zosia Mamet), hablando con su prima Jessa (Jemima Kirke) en el piloto de *Girls*, la describe como «definitivamente una Carrie con, bueno, algunos aspectos de Samantha y el pelo de Charlotte». Jessa, que nunca ha visto la serie, se muestra impávida, como es habitual en ella. Es la única de las cuatro chicas en la serie que aborda el sexo por completo según sus propios términos, con una actitud impregnada de confianza y resistencia.

Desde sus primeros episodios en adelante, *Girls* pareció planteada como un desafío directo a los tópicos del porno. Hannah aparece desnuda con frecuencia en la serie, pero su cuerpo no se interpreta como un objeto de deseo, sino como una afrenta. Howard Stern, al comentar las frecuentes escenas de desnudos de Dunham en *Girls*, dijo una vez en un programa de radio: «Es una chica gordita que se parece un poco a Jonah Hill y no para de quitarse la ropa y parece un poco una violación... No quiero ver eso». Sus comentarios lo decían todo: sobre la insistencia de Stern de que todos los cuerpos visibles en la cultura deben ajustarse al deseo masculino y que todos los productos culturales deben orientarse en torno a lo que él quiere ver. (Pues cambia de canal, Howard). Pero sus comentarios también subrayaban la realidad de que cuerpos como el de Dunham, aunque son la forma predominante en los cuerpos de las mujeres, eran tan poco comunes en la televisión de la época que se sentían visceralmente discordantes. Al oponerse, Stern solo pareció reforzar la determinación de Dunham. Hannah siguió saliendo desnuda en *Girls*, no solo como una afirmación política de su presencia, sino también como una delineación de su personaje. Estar tan expuesta resalta su rareza, pero también su vulnerabilidad.

Con sus escenas de desnudos, argumenta Maria San Filippo, Dunham «desvincula la desnudez femenina de la deseabilidad heterosexualizada de las mujeres, y la reposiciona en contextos de naturalismo e intimidad femenina». Al parecer, un guionista de comedias le dijo una vez a Dunham en una fiesta de Halloween, a modo de consejo no solicitado: «No quiero ver a chicas yendo juntas al puto baño. ¡Quiero ver chicas enrollándose!». Dunham pareció tomárselo como un reto: Hannah suele salir desnuda con sus amigas, pero de un modo rigurosamente antierótico; cualquier energía sexual que pueda surgir en una escena en la que se baña con Jessa queda neutralizada por los mocos de Jessa y el reconocimiento de Hannah de que se ha meado en todas las bañeras en las que se ha metido.

Al mismo tiempo, Dunham deja claro hasta qué punto la vida sexual de cada personaje ha sido influida de una u otra forma por el porno. En una de las primeras escenas con el adorable gruñón Ray (Alex Karpovsky), se le ve explayándose sobre una violenta fantasía sexual con Marnie (Allison Williams) y lo mucho que quiere «follársela para darle una lección, azotarla». En el episodio de la segunda temporada «One Man's Trash», Hannah le confiesa a un amante que una vez «le pidió a alguien que le diese un puñetazo en el pecho y después correrse en ese mismo sitio. Fue idea mía. Se me ocurrió a mí. Y es como: ¿qué me hace pensar que me merezco eso?». Las mujeres de *Sexo en Nueva York* una vez mostraron su rechazo a un amante de Charlotte que no podía alcanzar el orgasmo sin gritar: «¡eres una puta, una puta zorra!». Cuando se estrenó *Girls*, ese tipo de lenguaje era bastante habitual en las conversaciones íntimas. En la segunda temporada, cuando Adam llama «sucia putita» a su nueva compañera sexual, ella le contesta: «me puede gustar tu polla y no ser una puta», dejándolo desconcertado.

En su ensayo de 1993 «Feminism, Moralism, and Pornography», Ellen Willis argumentó que «las mujeres han aprendido, como cuestión de supervivencia, a ser expertas en moldear las fantasías masculinas para sus propios propósitos». Algunos de los momentos de Hannah que dan más vergüenza ajena surgen cuando está intentando emular escenas porno para sentirse poderosa. Hace una sugerente broma sobre violación que arruina una entrevista de trabajo, le hace proposiciones a su jefe, que es un sobón, y después le enseña brevemente la vulva al director de la escuela donde trabaja. Dunham nunca condena el porno rotundamente, algo que las feministas prosexo, incluida Willis, llevan mucho tiempo advirtiendo que solo haría que muchas mujeres se avergonzaran de sus elecciones sexuales. En cambio, *Girls* se apropia de los clichés del porno y los convierte en algo totalmente ridículo. Dunham no puede remodelar por sí sola el ámbito visual e imaginativo del sexo en su conjunto, pero puede hacer que nos preguntemos qué es lo que realmente nos parece sexy y qué es lo que simplemente se nos ha grabado profundamente por sobreexposición.

El panorama cultural que habitamos moldea no solo nuestra fantasía, sino que también da forma a nuestra forma de pensar, escribir, soñar, crear. El personaje de Sheila, al principio de *¿Cómo debería ser una persona?*, es una especie de tabula rasa, una extraterrestre con forma de mujer que estudia a los humanos para intentar imitarlos. Las «grandes personalidades» que ella admira —Andy Warhol, Oscar Wilde, Charles Darwin, Albert Einstein— son todos hombres. «Una cosa buena de ser mujer», escribe, «es que aún no tenemos muchos ejemplos de genias. Yo podría ser uno». Su especialidad, tal como están las cosas, es practicar sexo oral a los hombres, algo a lo que se dedica con tanto entusiasmo que una vez vomitó a mitad de la faena, se lo tragó y siguió adelante. «Vivimos en una época de grandes artistas de la mamada», concluye. «Cada época tiene su expresión artística. El siglo XIX, lo sé, fue el mejor para la novela».

Cuando estaba pensando en *¿Cómo debería ser una persona?*, me topé con una publicación de Reddit que elaboraba una opinión sobre la novela. «Sus pensamientos parecen tan pretenciosos y engreídos, mientras que sus acciones son sumisas y tradicionales», decía. Abarcando un periodo que va desde 2005 (cuando Heti tenía veintiocho años) hasta 2012, cuando se publicó la edición estadounidense, el libro se adentra de lleno en esta contradicción: la colisión entre la ambición y la conformidad, la falta de un mapa en la década de los 2000 para las mujeres con peso intelectual. Heti, encargada por un teatro de escribir una obra de arte seria sobre las mujeres, se da cuenta de que no conoce a ninguna. «Desde que era una adolescente me he sentido atraída solo por hombres», escribe, «y ellos por mí: como amantes, como amigos... Era con los hombres con quienes disfrutaba charlando en las fiestas y cuyas opiniones me interesaba escuchar. Era a los hombres a quienes quería acercarme y cuya influencia buscaba». Esto es un problema para su obra, porque hace que todo lo que escribe con voz de mujer suene raro o inventado.

Lo que termina creando, en cambio, es esta «novela», un collage de frívolas cavilaciones, conversaciones transcritas que ocurrieron en la vida real con su amiga, la artista Margaux Williamson, y una larga secuencia de barrocas acrobacias sexuales con un artista llamado Israel, el tipo de hombre que le escribe un correo electrónico con el encabezado «Hola, Puta». A través del realismo, o al menos de una versión seleccionada de su propia realidad, Heti ofrece una visión bastante sombría de la mujer moderna. Al principio, Sheila no puede evitar llegar a la conclusión de que el modelo de cómo debe ser una persona es «una celebridad», lo cual, según explicó Heti a *The Paris Review*, surgió de «pensar mucho en Paris Hilton y todas esas chicas como Lindsay Lohan que salían en la prensa sensacionalista. Me preguntaba qué podría tener en común con ellas, encontrar las semillas de ellas en mí, pensar en esos aspectos y enfatizarlos. No veo que su motivación sea tanto la riqueza como la fama... La fama es algo que la gente siempre ha deseado, pero quizá lo moderno es que ahora este deseo se considere una virtud, en lugar de un vicio».

Chris Kraus, en una reseña, argumentó que *¿Cómo debería ser una persona?* tenía más en común con *El Quijote* que con *Girls*, dado que la pregunta de Heti era en realidad la siguiente: «¿Qué es una búsqueda épica para una chica?». Sheila se embarca en un odisea del siglo XXI, navegando por la feria Art Basel en Miami, una peluquera misteriosamente siniestra, un viaje a Nueva York, y una relación sadomasoquista con

Israel que amenaza con consumirlo todo, una tierra de lotófagos donde el fruto es la degradación sexual. En un capítulo, Sheila compra el mismo vestido amarillo que su amiga Margaux, lo que provoca un conflicto entre las dos que parece sacado directamente de *The Hills*, un drama sin sentido creado para aumentar la audiencia. Y sin embargo, la escena revela al mismo tiempo cómo Margaux está molesta con la forma en la que Sheila intenta canibalizar su personalidad y su arte. «Realmente necesito algo de mi propia identidad», le escribe Margaux, «y esto es bastante sencillo y bueno para la cabeza».

Con lo que tanto Heti como Dunham parecían estar lidiando durante los primeros años de la década de 2010 era con cómo crear arte significativo en un clima cultural que miraba con lascivia y desprecio a las mujeres, que incluso las odiaba. Me resulta ahora revelador que lo que más ofendía a la gente de Dunham durante sus primeros años en televisión era su convicción de que tenía algo que decir. «Para bien o para mal, nunca me ha obsesionado la percepción que los demás tienen de mí», declaró a *The New Yorker* en 2024, «pero siempre me ha obsesionado poder hacer lo mío». El personaje de Sheila, según explicó Heti en *The Paris Review*, «quiere un yo perfecto, hermoso, ideal. Y eso acaba mal». Un proceso necesario para las escritoras durante este momento era reconocer que la mitología contemporánea sobre la mujer era completamente falsa con el fin de crear algo menos bonito y más verdadero.

Cuando Issa Rae estrenó *The Misadventures of Awkward Black Girl* en 2011, lo hizo con la esperanza de ampliar el panteón de personajes femeninos negros en la cultura popular. J, la protagonista, a quien Rae describió como a veces un 30 por ciento ella misma, otras más como el 60 por ciento, es divertida, misántropa, frustrada y torpe. Sus antecedentes televisivos provienen de comedias de situación de la vieja escuela:

Larry David, Elaine Benes, Dorothy Zbornak, Liz Lemon, todos ellos cascarrabias familiares y adorables, todos blancos. La serie, como escribió Jada Yuan en 2016, equivale a «una declaración de objetivos: retratar a las mujeres negras como sujetos imperfectos, merecedoras de fascinación, con un humor preciso y observador. O, más concretamente, retratar a las mujeres negras que conoce, incluida una versión de sí misma, como seres humanos de carne y hueso».

*Awkward Black Girl*, realizada con un presupuesto ajustado y filmada en los primeros episodios de forma poco artística, tiene un aire lo-fi que se olvida fácilmente cuando Rae sale en pantalla, avergonzada y furiosa, rapeando fatal sola en su habitación. «Me llamo J y soy torpe», dice en el primer episodio, mirándose con aire sombrío en el espejo del baño. «Y negra. Alguien me dijo una vez que esas eran las dos peores cosas que alguien podía ser». A continuación, vemos una lista de adjetivos insultantes que se desplazan rápidamente por la pantalla, entre los que se incluyen «pretenciosa», «moribunda», «insaciable», «contagiosa», «repugnante», «vieja», «asquerosa», «desagradable», «puta» y «fea»; «torpe» y «negra» aparecen justo al final. J trabaja para una empresa que vende un producto dietético llamado Gutbusters (algo así como «destructor de tripas») que, según ella, es básicamente «bulimia en forma de píldora». Su jefa blanca es «una pedazo de gilipollas imbécil y ofensiva» que quiere hacerse trenzas africanas con ella y está obsesionada con el pelo de J. Su vida laboral es una serie de elaboradas humillaciones: sesiones organizadas para fomentar la cohesión, comentarios racistas por un compañero étnicamente ambiguo que resulta ser «cien por cien armenio»: terapia de manejo de la ira después de que J explote cuando una compañera estirada que no para de estornudar le toca la grapadora.

Después de que se estrenara *Girls*, Rae también fue comparada a menudo con Dunham, posiblemente porque ambas interpretaban personajes que solían quedar relegados a un segundo plano —la compañera gordita, la mejor amiga negra— y les daba relevancia y protagonismo. Además, ambas series parecían luchar con la carga de la representación. *Girls* fue criticada incluso antes de su estreno por contar con un reparto exclusivamente blanco en una de las ciudades más raciales y culturalmente diversas de Estados Unidos; por su parte, *Awkward Black Girl* fue vista como una forma de posicionar a Rae como una voz singular de las mujeres negras, algo que a ella le molestaba porque el propósito de la serie era su especificidad. El problema no era ninguna de las dos mujeres (aunque el sentido del humor imprudente de Dunham la llevó a tantos traspiés que alguien creó un Generador de Disculpas de Lena Dunham en Twitter). El problema era que cada una tenía una plataforma para contar historias de experiencias concretas en un momento en el que las escritoras y directoras escaseaban tanto que sus programas tenían que representar a todo el mundo. Cuando Rae estrenó su segunda serie, *Insecure*, en 2016, fue el primer programa creado y protagonizado por una mujer negra en la historia de la HBO.

También en 2016, la académica y teórica feminista Rebecca Wanzo publicó un sólido estudio sobre la abyección tal como aparece retratada en *Awkward Black Girl* y *Girls*. Tanto J como Hannah, argumentaba, se muestran como personas creativas que luchan profesional y económicamente tras la Gran Recesión; ambas están en un estado de desarrollo truncado; y ambas están alienadas del mundo que las rodea, lo que constituye gran parte del humor de sus respectivas series. Pero mientras Hannah puede jugar con la humillación corporal de una forma relativamente nueva para las mujeres blancas en televisión,

J se inspira en el peso histórico de cómo las mujeres negras han sido deshumanizadas y humilladas en Estados Unidos. Al convertir a J en una parte tan identificable de la tradición de las comedias de situación, escribió Wanzo, Rae hace tangible su deseo de «ver mujeres negras en géneros que a menudo se les ha negado». *Awkward Black Girl* es, por tanto, una historia distinta, personal y a pequeña escala que también pretende derribar las barreras del segregado mundo de la comedia estadounidense.

Cuando empecé a vender este libro a las editoriales, casi todos los editores con los que me reuní tenían la misma petición: ¿podría darme más presencia en el libro? Al principio lo intenté. Pero cada vez que escribía sobre mí misma mientras redactaba el borrador, terminaba eliminándolo, salvo algunas excepciones. He vivido toda la historia que se narra en este libro, y mi interpretación de los hechos ya está influida por mis experiencias personales, limitadas y limitantes como son. Lo que más deseaba era ampliar mi forma de entender y pensar sobre esta época, y meterme en ella solo parecía estrechar mi campo de visión.

Y, sin embargo, entiendo por qué la narrativa en primera persona femenina es tan atractiva. En el mejor de los casos, proporciona una presencia tranquilizadora y familiar que guía al lector a través del caos de la experiencia contemporánea, u ofrece una perspectiva tan extraña y confusa que es apasionante encontrarla al natural. La narrativa confesional femenina parece tener sus olas históricas: durante los noventa, se disparó tras la publicación de *Nación Prozac*, de Elizabeth Wurtzel, alcanzó su punto álgido con *El beso* de Kathryn Harrison (una autobiografía sobre la relación incestuosa de la autora con su padre) y decayó cuando la telerrealidad ofreció un nuevo medio para el morbo durante la década de 2000. Luego, a medida que internet se fue afianzando en la cultura, el interés por los ensayos personales volvió a crecer en 2008, cuando la exescritora de *Gawker* Emily Gould publicó «Exposed», una historia para *New York Times Magazine* sobre el precio de una vida adulta dedicada a mostrarse a sí misma en internet.

Gould empezó a trabajar para *Gawker* en 2006, cuando tenía veinticuatro años. En aquella época llevaba un blog en el que publicaba cosas efímeras y aleatorias para unos doscientos amigos, la clase de pensamientos erráticos y de observaciones culturales que se diseminaban por internet antes de que encontraran su hogar en Twitter. (Para contextualizar: ese mismo año escribí en mi blog sobre mi padre muerto, las botas Ugg y Yoanna de la segunda temporada de *America's Next Top Model*). Gould señaló que los blogueros se habían obsesionado con compartir en exceso su vida personal en internet, revelando detalles íntimos que nunca le contaríamos a desconocidos en persona porque la distancia que creaba internet parecía dibujar una separación que no era real. Encontrarse con los detalles más íntimos de la vida de alguien, escribió Gould, era «fascinante». Cuando empezó a trabajar en *Gawker*, un editor le advirtió que no leyera los comentarios, pero también que la comunidad de comentaristas ansiaba detalles personales. Lo que querían, más que información, era conexión: la ilusión de la intimidad con una extraña al otro lado de una pantalla.

Para las mujeres, la autoexposición era al mismo tiempo tranquilizadoramente familiar y apasionadamente política. «Es fácil establecer paralelismos entre lo que está ocurriendo en internet y lo que está ocurriendo en el resto de medios de comunicación: la muerte de la televisión guionizada, el interminable desfile de rostros corrientes y extremadamente maquillados que nos resultan vagamente familiares mientras sonríen durante sus quince minutos de fama en la telerrealidad», escribió Gould. «No es de extrañar que estemos dispuestos a confesar nuestros pensamientos más íntimos a todo el mundo: se nos muestra constantemente que el camino más propicio hacia el reconocimiento es la humillación frente a un jurado». Escribir en internet era también una forma de reivindicar la diferencia en un entorno en el que todas las mujeres parecían comportarse igual y tener el mismo aspecto, y también de refinar el arte de escribirte como personaje. El neologismo *overshare* (compartir en exceso), que emergió a finales de los noventa y se popularizó en un episodio de *Buffy Cazavampiros*, fue en 2008 la palabra del año según el *Webster's New World Dictionary*. Las mujeres milenial se habían acostumbrado a publicar en internet lo que equivalía a diarios en línea: relatos que combinaban los detalles más íntimos de sus vidas con intentos de crear una voz literaria: parte Facebook, parte portfolio.

A medida que los lectores se anestesiaron con la sobreexposición, su apetito por la provocación crecía. Los ensayos en primera persona, escribió Laura Bennet en 2015, se convierten en «la forma más fácil de llamar la atención de un internet cada vez más hastiado». Y para los escritores que intentaban labrarse un nombre en una industria precaria y en declive, una historia viral podía parecer una explosiva tarjeta de visita. En 2012, una estudiante desconocida de veintiún años llamada Marie Calloway revolucionó el mundo literario en internet cuando publicó «Adrien Brody», un relato largo, experimental, de una honestidad casi violenta sobre sus interacciones con un editor de revistas mayor que ella. La pieza comienza con el primer correo electrónico que Calloway le envió, una suerte de carta de admiradora en la que lo elogia por su escritura y le invita a echarle un vistazo a su Tumblr. Se escriben, él admira su obra («leí tus obras como críticas al narcisismo y al egocentrismo, algo difícil de hacer sin encarnarlos al extremo») y ella le anuncia que va a hacer un viaje a Nueva York y que le encantaría acostarse con él. Él expresa un interés similar. «Me sentí aliviada, y orgullosa», escribe Calloway, «de que le resultara tan atractiva como para que quisiera verme».

Cuando se publicó «Adrien Brody» en internet, incluía una foto de Calloway con semen en la cara, una imagen cuya crudeza reflejaba la naturaleza de su trabajo: nos dejaba verlo todo, pero era difícil saber exactamente por qué. Su relato sobre las relaciones sexuales que mantiene con el editor resulta ahora revelador por cómo pone de manifiesto la distancia entre lo que dice y lo que quiere decir, entre lo que hace y lo que quiere hacer. «Nunca había conocido a un tío al que le gustase hacerlo en la postura del misionero», escribe. «Yo casi que me entrené para que dejara de gustarme porque a la mayoría de los tíos les aburre mucho». Al mismo tiempo, compara constantemente la escritura del editor con su comportamiento en la vida real, explorando la brecha entre la imagen que proyecta internet y la versión sin filtros. El objetivo de su obra, se intuye, es que no exista tal brecha, nada que permita la autocomplacencia, el autoembellecimiento, ni siquiera la autoprotección.

«Cuando ves las obras de Calloway reunidas, te das cuenta de lo que ha estado haciendo esta joven, cuál ha sido su plan desde el principio, plan que ha ejecutado sin errores hasta el final», escribió Stephen Marche en *Esquire*. «Se ha sometido a experiencias sexuales horribles *para poder escribir sobre ellas*». No estoy convencida de que esto sea del todo cierto; la escritura de Calloway me parece ahora parte de un canon más radical que sencillamente buscaba más honestidad en el arte, un relato rigurosamente auténtico de lo que las jóvenes estaban sintiendo y pensando. En su siguiente libro, *what purpose did i serve in your life* (¿qué propósito tuve en tu vida?), escribió sobre trabajo sexual, perder la virginidad y los hombres que le escribían expresando fantasías de hacerle daño. Luego, después de atraer una cantidad extrema de atención, mucha de ella cruel, desapareció. Me resulta difícil no compararla con Jennifer Ringley, otra mujer que parecía fascinada con el arte y la importancia histórica de su propia exposición, hasta que se dio cuenta de lo poco que le aportaba a cambio.

Para la temporada final de *Girls*, Lena Dunham escribió un episodio titulado «American Bitch» que parece inspirarse en parte en la obra de Calloway y en el desequilibrio de poder entre un artista hombre famoso y una mujer joven que ansía parte de su prestigio. Esa brecha, sugiere Dunham, es demasiado fácil de explotar. Sin embargo, se complica por algo que Hannah ha intuido desde el comienzo de la serie: la degradación de las mujeres en esta época era también una afirmación de su primacía y valor como sujetos. Como Jessa le dice a Hannah cuando se queja del éxito de una rival cuyas memorias sobre el trauma la han convertido en un éxito de culto: «¡Tu novio debería matarse! Te lo mereces». Pero ser celebrada por todas las formas en las que se trasciende el papel de víctima puede convertirse en otra forma de opresión creativa.

Para mí, esta paradoja es parte de la tensión que caracteriza la escritura confesional de ese momento. El género estaba haciendo balance de lo que había traído consigo el posfeminismo del siglo XXI y forzando un debate más sincero e incómodo sobre el sexo y el poder. Chuck Palmer, el celebrado y lupino novelista de «American Bitch», representa al autor masculino laureado que nunca ha tenido que sufrir para encontrarse interesante, mientras que Denise, la joven que lo acusa de una mamada no consentida en algo que él llama «Tumblr sin e», es solo reseñable para los lectores por los modos específicos en los que él la ha herido. «Vemos estas mujeres heridas por todas partes», escribió Leslie Jamison en su ensayo de 2014, «Grand Unified Theory of Female Pain» (la gran teoría unificada del dolor femenino). Y argumentaba que «en el momento en que empezamos a hablar de estas mujeres heridas, corremos el riesgo de transformar su sufrimiento de un aspecto de la experiencia femenina en un elemento de la constitución femenina: quizá su consumación más bella y frágil».

Gran parte de las obras que aparecieron en esta época, me parece ahora, han sido explotadas de una u otra forma: a cambio de atención, de clics, del viejo proyecto de convertir el sufrimiento y la degradación de las mujeres en entretenimiento. Las columnas de Cat Marnell sobre su drogadicción, publicadas primero en *xoJane* y luego en *Vice*, eran implacablemente francas y totalmente desprovistas de glamur y, sin embargo, los editores que las encargaron parecían haberlas entendido como el equivalente periodístico de un programa de telerrealidad: una ventana vicaria a una vida en caída libre. (*JazzHate*, la página web ficticia de *Girls* que le encarga a Hannah «hacer un trío con gente que conozcas en Craigslist, o meterte un montón de coca y luego escribir sobre ello» parece una parodia de la existencia de *xoJane*, una revista en línea que duró solo de 2011 a 2016 para vender la humillación de las mujeres a los anunciantes).

Pero, en cierto modo, la validación de narrativas de dolor y el trauma íntimos ayudaron a preparar a la gente para lo que vendría en 2017, cuando *The New York Times* y *The New Yorker* publicaron informes impactantes sobre el megaproductor Harvey Weinstein. El movimiento #MeToo, que toma su nombre de una iniciativa de la activista Tarana Burke para concienciar sobre la cantidad de mujeres que habían sufrido en primera persona acoso y agresión sexual, no habría sido posible sin el auge de la escritura de primera persona que daba crédito a las palabras de las mujeres. «No hay nada más valiente para mí que una persona que anuncia que su historia es una que merece ser contada, especialmente si esa persona es una mujer», escribió Dunham en 2014. El hecho de que todavía no hayamos descubierto cómo preparar a las mujeres para lo que ocurre después de que su testimonio se hace público, o cómo intentar evitarlo, es una acusación, pero no contra las mujeres que hablan.

Una de las razones por las que me siento tan dividida con respecto a la escritura confesional es que las historias de las mujeres son una incorporación relativamente reciente al canon literario y, en el mejor de los casos, exigen no solo compasión, sino también control. Durante los ochenta, cuando Nora Ephron decidió convertir la infidelidad de su marido en una novela, las respuestas no fueron amables. Ephron había estado casada con el reportero del Watergate Carl Bernstein, así que cuando se publicó la novela, los reporteros de los medios y los columnistas de cotilleos la analizaron concienzudamente para encontrar alusiones, paralelismos y personajes de la vida real plasmados en la ficción. *Se acabó el pastel* fue criticada, de forma hipócrita, por hombres que veían la novela como la traición de una esposa despechada. «También hay quienes dicen que *Se acabó el pastel*, aunque divertida y triste, es un gran desperdicio de talento, un libro cuyo único objetivo es exponer a Carl Bernstein», escribió Jesse Kornbluth en *New York*. El crítico literario Leon Wieseltier adoptó un pseudónimo (Tristan Vox, posiblemente un juego de palabras con la expresión latina para «voz triste») para arremeter contra la novela en *Vanity Fair*, argumentando que la infidelidad de

Bernstein fue banal comparada con «la infidelidad de una madre hacia sus hijos» y que lo que Ephron había hecho al exponer a su familia equivalía a maltrato infantil.

Ephron sabía que no era así: veía que lo que hacía no estaba motivado por la venganza sino por la supervivencia. «Si cuento la historia, yo controlo la versión» dice Rachel, la narradora, en *Se acabó el pastel*, y luego añade: «Si cuento yo la historia, no duele tanto». Creo que es significativo que la gente interprete con tanta frecuencia la narración de una perspectiva desconocida como una amenaza. Los hombres que escriben sobre sus vidas tienden a ser canonizados como autores valientes de la experiencia humana; las mujeres que hacen lo mismo son culpables de compartir demasiado. Rachel Skyes, en un ensayo de 2017, lo describió de esta forma: «Escritores como Ben Lerner, Karl Ove Knausgård y Tao Lin componen relatos autoficcionales similares sobre la vida interior, el cuerpo y la actividad sexual de sus protagonistas, pero los críticos suelen alabarlos como encarnaciones de Marcel Proust en vez de exhibicionistas literarios». O, como dijo Ephron en 2004, «Philip Roth y John Updike desmenuzaron los restos de los cadáveres de sus primeros matrimonios libro tras libro, pero, hasta donde yo sé, nunca se les acusó de "disfrazar sutilmente" la realidad».

Al escribir sobre «Adrien Body», de Marie Calloway, en 2011, Emily Gould identificó la obra como parte de una tradición literaria sin nombre. Yo tampoco tengo un nombre para ella. Pero las escritoras que quería explorar en este capítulo hacen todas lo mismo: recrean, con una honestidad bastante cruda, sus experiencias como mujeres del siglo XXI; indagan sobre las condiciones en las que viven y se abren paso a la fuerza en un mundo artístico que históricamente no las ha acogido. La mayoría abordan un problema que, como dice Gould, «en su nivel más fundamental, es el desequilibrio de poder inherente a la heterosexualidad». Y, yo añadiría, en el arte.

Lo que recibieron a cambio fue una cantidad esclarecedora de críticas virulentas. «*Girls* es un programa de televisión sobre las hijas de gente rica y famosa, música de mierda, Facebook, lo difícil que es saber quién eres, escritos de Thought Catalog, enfermedades de transmisión sexual y el agotamiento de dramatizar tu propia vida sin parar mientras finges ser alguien que entiende el vacío y el narcisismo fundamentales de esa misma autodramatización», escribió John Cook en *Gawker*, una de las críticas más benévolas. *Jezebel* ofreció diez mil dólares a cambio de fotos sin retocar de la sesión de Dunham para *Vogue* con Annie Leibovitz, en un intento de criticar la tiranía del cuerpo que ejercen las revistas de moda, que parecía también avergonzar a Dunham por su aspecto. Vale la pena señalar aquí lo diferente que suele recibirse *Girls* ahora, tanto por parte de milenials que vuelven a ver la serie como de espectadores más jóvenes que la descubren por primera vez. Lo que en 2012 parecía un narcisismo miópico de unas pocas privilegiadas ahora suena más como un primer retrato acertado, si bien incompleto, de la generación de internet.

Pero Dunham no era en absoluto la única que enfurecía a la gente de manera desproporcionada. Gould fue señalada en una diatriba de once mil palabras por un crítico de libros sobre «milenials mediocres» que rezumaba asco deshumanizante: según el artículo, Gould era «una fresca cuya cabeza está… profundamente enterrada en su propio conducto viscoso» y una «perra sarnosa a punto de ser gaseada en la perrera». ¿Por qué la honestidad masculina en el arte se ve como audaz mientras que la femenina resulta repelente? En un episodio de la primera temporada de *Girls*, Hannah le dice a Ray que está planeando leer un ensayo acerca de su breve relación con un acaparador en un evento literario. «¿No hay nada real sobre lo que puedas escribir?», le contesta. Chuck Palmer lo expresa de forma algo distinta: «Deberías usar tu humor para abordar temas importantes».

Este tipo de vigilancia tiene por objetivo el menoscabo. En un reportaje sobre Taylor Swift, Jody Rosen señaló el doble rasero que se aplica en las críticas a sus letras, es decir, la supuesta trivialidad de enfocarse en los sentimientos y la idea de que, de alguna manera, está traicionando la privacidad de los hombres que tienen una relación con ella. «La tradición del ajuste de cuentas en la música se remonta hasta los trovadores medievales y los antiguos intérpretes de la lira; ha sido un pilar de la canción estadounidense al menos desde que el primer hombre de blues le dedicó una ácida estrofa de doce compases a la mujer que le había hecho daño», escribe. «Bob Dylan es un incorregible, a veces malicioso, seductor que luego lo cuenta todo en sus canciones; durante décadas, los críticos de rock han citado con admiración el famoso dicho de Elvis Costello: "las únicas motivaciones que tengo para escribir todas estas canciones son la venganza y la culpa"». Sin embargo, de alguna manera, Taylor Swift se ha consagrado como la exhibicionista crónica, la cuentacuentos, la mujer furiosa y vengativa que ha sido despechada.

Las formas en las que Swift ha participado de la autoficción en su música se han entrelazado de forma enigmática con la historia cultural. En 2006, el año que lanzó su álbum de debut, soñador y sincero, los discos más vendidos del año parecían misóginos poemas encontrados: «Gold Digger», «Money Maker», «Buttons», «My Humps», «Laffy Taffy», «Do It to It», «Shake That», «Smack That», «Gimme That».

Al expresar lo mucho que sentía, Swift estaba subrayando su propia humanidad y la de las chicas de todo el mundo.

En 2010, *Speak Now* anticipó una década de emociones magulladas aptas para Tumblr, en la que procesaba viejas heridas («Innocent» por lo visto trataba de la interrupción que sufrió por parte de Kanye West en su discurso de aceptación de los VMA en 2009) y castigaba a un hombre —que muchos creían que era el músico John Mayer— que se había aprovechado de ella cuando era «too young to be messed with» («demasiado joven para jugar con ella»). El álbum *1989* de Swift, reconoció años más tarde en un «prólogo» que acompañaba su versión regrabada, lo compuso en parte como respuesta al modo en el que se sintió humillada por tener citas en público y a lo que consideraba «una trivialización de mis canciones como si fueran un acto depredador de una psicópata obsesionada con los chicos». El álbum también coincidió con un momento en el que se declaró públicamente feminista y en el que la palabra que empieza por efe de repente se discutió tan profusamente en la cultura popular que, en 2014, la revista *Time* propuso prohibirla por sobreuso.

«Estas son las condiciones», escribió Emily Gould en 2011. «¿Por qué las mujeres no iban a querer venganza?». En última instancia, no es de extrañar que tantas artistas de la década de 2010, tras haber sufrido un decenio en el que los detalles más íntimos de las turbulentas vidas de las mujeres fueron apropiados sin piedad para el entretenimiento, decidieran reclamar la propiedad de sus propias narrativas antes de que otros pudieran hacerlo. O que a menudo escogieran deconstruir la narrativa en sí misma para tratar de aproximarla a la naturaleza fragmentada y caótica de lo que se siente al estar vivas. Y, sin embargo, para mí, la escritura de esta época también estaba haciendo algo más productivo: perfilar la realidad para tratar de crear espacio para algo más e imaginar todas las formas en las que las cosas podrían ser, de algún modo, diferentes.

## Capítulo 9

# GIRL BOSS

*La transformación de la ambición femenina*

> Las herramientas del amo nunca desmantelarán la casa del amo. Podrán permitirnos temporalmente ganarle en su propio juego, pero nunca nos permitirán provocar un cambio genuino.
> AUDRE LORDE (1983)

> *You better work, bitch*
> BRITNEY SPEARS (2013)

A finales del 2008 estaba terminando un grado en Periodismo en la Universidad de Nueva York que me había costado 48 000 dólares en matrícula, 25 000 dólares en alquiler y dieciocho meses de palitos de mozzarella de marca blanca y el vino más barato en la hora feliz. Tenía tres contratos de prácticas no remuneradas en mi haber (incluida una en *Vogue*, la revista más prestigiosa de la industria editorial de la moda, donde me enviaban a hacer cola con veinte personas en el Starbucks de Times Square tres veces al día). Tenía tan poco dinero que vivía a base de berenjenas estofadas y tomates en lata, un plato que sabe más ofensivamente amargo al tercer día de recalentarlo. Estaba a punto de perder mi visado si no encontraba un trabajo, y tenía un quiste ovárico del tamaño de un pomelo que requería cirugía, pero el seguro médico estaba a punto de caducar. Para empeorar las cosas, vivía en Wall Street en medio de la crisis financiera, donde los equipos de cámaras reunidos allí me recordaban el fin de los tiempos de los que me sentía testigo: el fin de la prosperidad, el fin del periodismo, el fin de las esperanzas profesionales en las que había dilapidado todos mis ahorros y una pila de deuda personal.

Todo esto es solo para decir que, cuando llegó la década de 2010, mi promoción de graduados, aspirantes a periodistas y trabajadores creativos, nos habíamos acostumbrado a la idea de trabajar sin descanso. Como escribió la crítica Jennifer Wilson al ver la primera temporada de *The Real Housewives of New York City* durante su último año de carrera, «qué poco me había dado cuenta de que un programa sobre la riqueza me estaba preparando para vivir sin ella». Pronto nos convertiríamos en piezas ajetreadas en un tablero de ajedrez profesional y multiplataforma, vendiéndonos, promocionándonos y tramando tres jugadas a la vez. Cuando conocí a mi marido, él tenía dos contratos de prácticas no remuneradas y un trabajo a tiempo parcial mientras estudiaba un máster, todo para tratar de sacar el máximo partido a una educación que no podía permitirse. Cuando me ofrecieron un salvavidas —unas prácticas en una revista de Washington D. C. que pagaba el salario mínimo, 7.5 dólares por hora— me lancé a por él sin dudarlo, lo complementé con trabajos como redactora freelance por las mañanas y cuidando niños por la noche. Nada de esto era ambición, simplemente era necesario. Pero la implacabilidad de trabajar sin tregua me hizo más fácil ver algo esclarecedor, incluso virtuoso, en los manifiestos de las personas que triunfaban gracias al trabajo, que reafirmaban la idea de que todo compensaría al final si seguíamos esforzándonos.

Hubo dos acontecimientos históricos que, según mi interpretación, tuvieron un impacto más profundo que cualquier otra cosa en la forma en la que las mujeres vivieron durante esta década. Uno fue el colapso de la economía global, una implosión del comercio, la riqueza y la industria que se filtraría insidiosamente en las tendencias y trayectorias de la década siguiente. El otro fue la llegada, en octubre de 2010, de Instagram. Igual que la MTV transformó la música de un arte auditivo a un espectáculo multimedia, dejando fuera a los artistas que no encajaban en el molde, Instagram convirtió la vida cotidiana en un espectáculo. Alentó a sus usuarios a vivir públicamente, documentando la textura visual de todo, desde citas en la peluquería y reformas del hogar hasta problemas de salud. La gente corriente consiguió una extensa base de seguidores apoyándose únicamente en su olfato para las oportunidades y su buen ojo para la puesta en escena. Las celebridades recuperaron el control de su imagen frente a los fotógrafos que las habían acosado durante la última década. Para las mujeres, Instagram fue la apoteosis de la promesa posfeminista, una plataforma que recompensaba la feminidad, la autovigilancia y el consumismo con constantes subidas de dopamina y, en ocasiones, fama y fortuna.

Culturalmente, los tiempos estaban cambiando de otras y más prometedoras formas. Por un lado, el sexismo jovial y descarado de los primeros años del siglo XXI ya no estaba de moda. Cuando se publicó «Blurred Lines» en 2013, acompañado de un vídeo musical en el que Robin Thickle, T.I. y Pharrell Williams, completamente vestidos, miraban lascivamente y sonreían a tres modelos desnudas, el tono general de las reacciones puso de manifiesto un cambio innegable en la forma en que las mujeres estaban dispuestas a ser tratadas. Ese tipo de cosificación caricaturesca en tecnicolor parecía ahora anacrónica y discordante. ¿Acaso no había sido tan solo cinco años antes cuando Dov Charney, el CEO de American Apparel, había promocionado su empresa con una fotografía de una modelo en topless lamiendo una entrepierna que se rumoreaba pertenecía al propio Charney? Más tarde, en 2013, la estrella de Disney Miley Cyrus, que tenía ahora veinte años, una chica menuda con un bikini de PVC de color carne, perreó en un dueto con Thickle durante los VMA, frotándose con su entrepierna y sacando la lengua mientras espectadores como Drake y Rihanna miraban, con el rostro tan impasible como monjas. Un año después, en la misma entrega de premios, como para limpiar el paladar y dar una pista de lo que estaba por llegar, Beyoncé actuó delante de una proyección gigante de la palabra «FEMINISTA».

Jia Tolentino, en su libro *Falso espejo*, describe el cambio específico que se produjo al principio de la década de 2010 como «cambio radical que ha sido histórico y, a un tiempo, ha pasado casi desapercibido». De repente, observó, «hoy en día es completamente normal para las mujeres que entiendan sus propias vidas, y las de otras mujeres, desde el punto de vista del feminismo». Nada de esto había pasado solo por accidente. Más bien, la misoginia satinada de los primeros años de siglo, junto al florecimiento de los espacios de feminismo pop en internet habían dado lugar a un amplio debate sobre cómo se representaba y percibía a las mujeres y a un sentimiento de descontento con el *status quo*. Todavía recuerdo haber leído una entrada de blog definitiva de Tressie McMillan Cottom, titulada «Brown Body, White Wonderland» (cuerpo marrón, país de las maravillas blanco), que señalaba el contexto histórico de la actuación de Miley Cyrus en los VMA, en la que utilizó bailarines negros como atrezos sexualizados, y la tácita jerarquía racial de tantos espectáculos de nuestra cultura pop. La calidad del pensamiento, las capas de análisis que se añadían a cada tema de actualidad prácticamente en tiempo real eran más ricos y eruditos de lo que jamás había visto y, sin embargo, ¿qué significaba todo realmente? Más allá de las formas en las que las mujeres nos pensábamos, a nosotras mismas y a otras mujeres, ¿había cambiado algo sustantivamente?

El año 2014, en cambio, fue revelador. Todas las piezas de la última década y media se trenzaron en fenómenos como las *girlboss*, las emprendedoras famosas de la belleza y la moda rápida, y los primeros días de la cultura de los *influencer* y el marketing de afiliación. Fue el año del vídeo de «Anaconda» de Minaj y de la portada de Kim Kardashian para la revista *Paper*, ambas fetichizaciones absurdas y jubilosas del cuerpo femenino que utilizaban botellas de champán reventando, plátanos y emplazamiento publicitario descarado para enfatizar las posibilidades lucrativas de satisfacer el deseo masculino. Pero 2014 fue también el año de la revolución del colchón de Emma Sulkowicz en Columbia, del Gamergate y de la matanza de Isla Vista, primeros presagios de los movimientos activistas, las reacciones misóginas y las atrocidades nihilistas que traería consigo la década siguiente.

Con la ayuda de Instagram, las mujeres descubrieron rápidamente todas las formas en las que podían convertir el arte de la autorrepresentación en un segundo trabajo lucrativo, en un momento en el que los puestos de trabajo y los medios de subsistencia se sentían cada vez más precarios. Mi club de lectura leyó *Vayamos adelante*. Prácticamente todos los clubes de lectura de mujeres blancas leyeron *Vayamos adelante*. Lo que estábamos aprendiendo era que la responsabilidad de optimizarnos para prosperar en nuestras carreras era nuestra. Dondequiera que mirásemos, parecía estar funcionando: actrices y estrellas de *reality shows* estaban construyendo imperios comerciales con lujos «asequibles», como pintalabios y zapatos de cuña con pedrería de noventa y ocho dólares.

Las mujeres corrientes se estaban volviendo famosas al mostrar sus vidas en fotografías como algo tentador. Nuestros trabajos se estaban convirtiendo en nuestra identidad y mostrar nuestra identidad en internet —vigilándonos a cambio de *likes* y seguidores— se estaba convirtiendo rápidamente en un trabajo en sí mismo. «En la economía posindustrial, el feminismo se había rediseñado en un vehículo para la expresión del yo», escribió Faludi en 2013. Pero este nuevo yo en línea, arguyó, se estaba convirtiendo en «objeto de consumo comercializable, valorado por el número de veces que se ha comprado o, en nuestra era electrónica, por cuántos clics ha recibido». Esta era la moda del momento; tanto la reacción violenta como el agotamiento eran inevitables.

En 2013, hasta el milenial más joven estaba ya terminando el instituto, y la primera generación criada dentro del marco de internet se había consolidado firmemente en la fuerza laboral. Los cambios fueron positivos: la brecha salarial de las mujeres entre veinticinco y treinta y cuatro años se había reducido al 93 por ciento en Estados Unidos, frente al 63 por ciento de principios de los ochenta. Las mujeres milenial tenían más probabilidades que sus homólogos masculinos de tener un título universitario. También eran ambiciosas: el 61 por ciento encuestado por Pew en 2013 afirmaban que aspiraban a convertirse en jefas o directivas algún día, frente al 41 por ciento de las mujeres de la generación X y solo una quinta parte de las *boomers*.

Ascender en la escala profesional era, en algunos sentidos, más fácil que nunca. Lo más difícil seguía siendo querer algo más de la vida que el trabajo. «Sin hijos podía sortear el sexismo de mi época», escribió la directora y artista Miranda July en su novela de 2024 *A cuatro patas*, «pero ser madre me lo ha restregado en las narices». En la encuesta de *Pew*, más de la mitad de las mujeres con hijos afirmaron que ser madre había dificultado considerablemente su avance en el ámbito laboral. Solo el 16 por ciento de los hombres con hijos opinaba lo mismo. Al final de mi veintena, empecé a ver cómo mujeres con las que había ido a la universidad dejaban sus trabajos después de tener hijos porque el coste del cuidado infantil era superior a su salario o porque no querían seguir luchando en trabajos que no les gustaban especialmente y perderse todo menos las primeras semanas de vida de sus bebés. «Sigo creyendo firmemente que las mujeres pueden "tenerlo todo" (y los hombres también)», escribió la funcionaria del Departamento de Estado y profesora de Princeton Anne-Marie Slaughter en 2012 en un provocativo artículo para *The Atlantic* que se convirtió en el más leído de la historia de la revista hasta ese momento, con casi doscientos mil «me gusta» en Facebook. «Creo que podemos "tenerlo todo al mismo tiempo". Pero no hoy, no con la estructura actual de la economía y la sociedad estadounidenses».

Desde un punto de vista generacional, apuntó Slaughter, también había una brecha —que se estaba convirtiendo rápidamente en un abismo— entre mujeres de entre cuarenta y cincuenta años y las milenials, que empezaban a mostrarse reticentes a perseguir el ascenso profesional si eso significaba no pasar nunca tiempo con sus hijos. En 1995, antes de dejar la abogacía para convertirse en novelista, Min Jin Lee había publicado un ensayo en la antología de la tercera ola *To Be Real* donde apuntaba que el dilema de cómo tener hijos mientras te labrabas una carrera en el ámbito jurídico había consumido a sus compañeras de trabajo. «Últimamente he estado reflexionando sobre la profunda ironía de que mis predecesoras exigieran el derecho a entrar en la carrera… [solo] para darme cuenta de lo brutal que resulta seguir cuando quieres también otras cosas», escribió. Diecisiete años más tarde, muy pocas cosas habían cambiado. En su texto, Slaughter citó un discurso viral de graduación de la ejecutiva de Facebook Sheryl Sandberg en el que esta rogaba a las mujeres que no dejaran el trabajo a no ser que fuera totalmente necesario. «Aunque expresada en términos de apoyo, la exhortación de Sandberg contiene más que una nota de reproche», escribió Slaughter. «Las que sí hemos llegado a la cima, o que estamos luchando por llegar, estamos básicamente diciendo a las mujeres de la generación que nos sigue: "¿Qué os pasa?"».

En este clima de descontento, en 2013, apareció *Vayamos adelante*. Cuando se publicó Sandberg tenía cuarenta y tres años y llevaba cinco como directora de operaciones en Facebook. Era más que consciente que ni el sector tecnológico ni el empresarial estadounidense eran entornos especialmente acogedores para las mujeres. En 2012, una antigua empleada de Facebook llamada Katherine Losse había publicado un libro titulado *The Boy Kings* en el que describía una cultura similar a la de una fraternidad donde las empleadas tenían que llevar camisetas con la cara de Mark Zuckerberg estampada para celebrar su cumpleaños, y un hombre pedía constantemente tríos a las trabajadoras más jóvenes de la oficina. (Que Facebook, al igual que Google Imágenes y YouTube antes que él, surgiera del deseo inicial de evaluar en internet el atractivo físico de las mujeres es un hecho que siempre conviene tener en cuenta). La propia Sandberg relata en *Vayamos adelante* reuniones en las que ningún ejecutivo hombre sabía dónde estaban los baños de las mujeres (ninguna mujer había tenido un cargo lo bastante importante como para preguntar) y decía que, cuando estaba embarazada, un ingeniero había bautizado un proyecto con el nombre de «Proyecto Ballena» en su honor.

Sin embargo, cambiar la cultura de trabajo no era el propósito de Sandberg. Lo que defendía era que las mujeres reclamaran más poder para sí mismas, con la idea de que, una vez que lo hubieran conseguido, las cosas tuvieran que cambiar de forma natural. Como ideología, algunos la apodaron «feminismo del derrame», con todas las fuertes connotaciones que ese término implica[16]. «Cuanta más gente se apunte a la carrera, más récords se batirán», escribió Sandberg. «Y los éxitos se extenderán más allá de esas personas para beneficiarnos a todas». Sus consejos para las mujeres se documentaron en torno a once ideas principales, a modo de presentación de Power Point, y defendían, ante todo, que las mujeres debían dar un paso al frente, pedir lo que necesitaban, buscar mentoras más poderosas que pudiesen guiarlas, formar «Círculos *Vayamos Adelante*» con mujeres de su edad y de ideas afines, y aceptar que el éxito implicaba algunos sacrificios.

Durante décadas, el feminismo se había centrado en amplios cambios estructurales: el derecho al voto, el derecho a la libertad reproductiva, el derecho a no ser discriminadas en función del sexo. Sin embargo, lo que Sandberg defendía —igual que las posfeministas y las Spice Girls que la precedieron— era que, en lugar de eso, las mujeres deberían priorizar el ascenso personal. En la charla viral de TED Talk de 2010 que dio origen a *Vayamos adelante*, Sandberg empezaba diciendo: «El problema es el siguiente: las mujeres no están

[16] En el original, *trickle-down feminism* hace referencia a la política económica neoliberal de los gobiernos de Ronald Reagan, llamada popularmente *trickle-down economics*, que sostiene que los beneficios fiscales para las empresas y las clases más adineradas conlleva un «efecto derrame» que en el largo plazo beneficia a todos los sectores de la sociedad. Vale decir que la experiencia empírica, e incluso informes recientes del Fondo Monetario Internacional (2015), han demostrado la falacia de este postulado; los ricos tienden a acumular la riqueza más que redistribuirla a través del consumo y la inversión, cuando no a depositarla en paraísos fiscales (N. de la E.).

llegando a la cima en ninguna profesión en ninguna parte del mundo». Constituían tan solo 9 de los 190 jefes de Estado en todo el mundo, dijo, y solo el 13 por ciento de los miembros de los parlamentos. Y mientras muchas empresas debatían sobre medidas como «horarios flexibles, mentorados y programas que las empresas deberían ofrecer para formar a las mujeres», ella no quería hablar de nada de eso. «Hoy quiero centrarme en aquello que podemos hacer como individuos».

Para una generación criada en los principios posfeministas, los programas de televisión que predicaban el evangelio de la superación personal y la necesidad de medrar en una situación económica que no generaba ninguna confianza, su mensaje era como un imán. Y para el mundo empresarial, que tenía pocas ganas de cambiar y ninguna de invertir dinero en la causa de las mujeres, sonaba incluso mejor. Sandberg no perdía el tiempo hablando de permisos parentales obligatorios, cuidado infantil subvencionado, paridad salarial o inclusión. No era responsabilidad de las empresas cambiar para acomodar a las mujeres. Era responsabilidad de las mujeres abrirse camino trabajando con más ahínco. «Este feminismo se centra en animar a las mujeres formadas de clase media para "ser firmes" y "romper el techo de cristal", es decir, a ascender en la escala corporativa», argumentó la filósofa Nancy Fraser en *The New York Times*. «Por definición, entonces, sus beneficiarias solo pueden ser mujeres de clase directivo-profesional. Y, en ausencia de cambios estructurales en la sociedad capitalista, esas mujeres solo pueden beneficiarse apoyándose en otras: descargando sus tareas de cuidado y domésticas en trabajadoras precarias y con salarios bajos, normalmente mujeres racializadas o inmigrantes. ¡Así que esto no es, ni puede ser, un feminismo para todas las mujeres!».

Faludi señaló que, si bien *Vayamos adelante* usaba el capitalismo para «promover la causa de las mujeres», Sandberg era igualmente culpable de usar la recién hallada energía cultural del feminismo para abogar por el libre mercado. Según Faludi, redirigir los objetivos feministas hacia fines capitalistas no era nada nuevo ni para el feminismo ni para el mercado. Ya habíamos escuchado esa misma canción antes, hacía un siglo. En 1920, poco después de que la Decimonovena Enmienda concediera a las mujeres el derecho al voto, una floreciente economía estadounidense «aprovechó los anhelos de independencia e igualdad de las mujeres y los redirigió hacia el mercado», escribió. «Una y otra vez, los grandes comerciantes prometieron a las mujeres una versión falsa de la emancipación, la satisfacción de los deseos individuales y aspiracionales». En efecto, las campañas publicitarias y los persistentes mensajes de los medios de comunicación aseguraron a las mujeres que había modos instantáneos de afirmar su nuevo poder que no implicaban una tediosa organización ni la defensa de sus derechos. Empresas como la General Electric, General Motors, Hoover y la American Tobacco Company publicaron anuncios en los que apoyaban los derechos sociales y económicos de las mujeres, la mayoría de los cuales empezaban y terminaban con la compra de sus productos. Hoover declaró que su aspiradora podía ayudar a las mujeres a celebrar «agitación positiva» con su «revolucionario principio de limpieza» (mientras estaban en casa, haciendo tareas domésticas). Lucky Strike se dirigió a las jóvenes liberadas promocionando sus cigarrillos como «antorchas de libertad».

Cien años después, se observan claros paralelismos con un movimiento feminista que parecía estancado en un pantano de anuncios de la «Campaña por la belleza real» de Dove y bolsas de tela con el logo de una marca. *Vayamos adelante* vendió más de cuatro millones de copias en cinco años, en parte gracias a que supo aprovechar las preocupaciones y contradicciones de un movimiento en constante cambio. Las mujeres estaban agotadas del sexismo cultural de la primera década de este siglo y frustradas por las continuas secuelas de la recesión y el persistente fracaso del mercado laboral estadounidense a la hora de apoyarlas. Pero necesitaban más que un plan de once puntos sobre cómo abrirse paso a la fuerza hasta un despacho importante. En 2013, señaló Faludi, las profesiones con mayor crecimiento para las mujeres eran el trabajo de cuidados, la atención al cliente y la restauración, sectores devaluados y mal remunerados en los que los Círculos Vayamos Adelante y las poses de poder no servirían de mucho a las empleadas. Como escribió Tolentino, analizando el estado de la energía feminista en un artículo para *Jezebel* de 2015: «Hemos politizado y reivindicado todas las manifestaciones del narcisismo femenino sin conseguir ningún avance legislativo hacia la obligatoriedad del permiso parental remunerado. El feminismo está proliferando esencialmente como mercancía; podemos comprar cualquier cosa que nos siente bien y nada de lo que realmente necesitamos».

Un año después de que se publicara *Vayamos adelante*, otro libro de instrucciones para mujeres aspirantes a magnates irrumpió con fuerza en la lista de los más vendidos. *#Girlboss* —con su etiqueta y todo— era una especie de autobiografía de Sophia Amoruso, la fundadora de la marca de ropa Nasty Gal, un relato de superación de cómo pasó de vivir rebuscando en la basura y robando en tiendas como frigana anarquista a ser la directora ejecutiva de un negocio valorado en cien millones de dólares. El verdadero secreto de su éxito, según se descubrió, estaba oculto al final, tras varios cientos de páginas de eslóganes y consejos sobre la «alquimia» del pensamiento mágico. Cuando Nasty Gal estaba buscando financiación para expandir la marca, Amoruso escribió: «la mayoría de los inversores de capital de riesgo con los que me reuní habían "descubierto" recientemente y de forma unánime que a las mujeres les gustaba comprar cosas por internet. Estaban entusiasmados con la idea de un negocio dirigido por mujeres que vendía cosas a mujeres. Yo cumplía muchos de los requisitos que les entusiasmaban entonces».

Con su libro y con la ayuda de una cultura inversora que volvió a percibir el potencial sin explotar de las mujeres como base de consumidores, Amoruso dio nombre a un fenómeno de la década de 2010 que estaba recibiendo mucha atención: el *girlboss*. La palabra estaba cargada de significado en tan solo dos cortas sílabas: por un lado era condescendiente con las mujeres en el lugar de trabajo al utilizar una suerte de diminutivo, «chica», pero también daba a entender que no podían ser simplemente «jefas», sin añadir un calificativo. Las *girlbosses* eran jóvenes. Y eran guapas, unas emprendedoras espabiladas y mediáticas que se convirtieron en famosas por derecho propio, cortejadas por las revistas por su perspicacia empresarial y veneradas en las redes sociales por las chicas y mujeres que esperaban imitar su éxito. Estaban al mando, aunque solo fuera temporalmente. Cuando salió la edición en papel de *#Girlboss*, Amoruso había dimitido de su cargo como directora ejecutiva y declaró en *Forbes*: «Nadie sabe lo que cuesta ser CEO, ni siquiera los CEO. Mi consejo sería adquirir experiencia real en gestión, trabajar para grandes empresas y saber más de lo que yo sabía antes de intentar hacer lo que yo he hecho».

Las *girlbosses* fueron avatares de un momento cultural en el que el evangelio de la prosperidad orientado a las mujeres, predicado por tantos programas de telerrealidad y guías de autoayuda, estaba alcanzando su cénit. Aunque las estrellas tristemente célebres del canal Bravo eran tildadas de amas de casa, esposas que se quedaban en casa para apoyar la carrera de sus maridos, en realidad ellas mismas eran emprendedoras y trabajadoras tenaces, que amasaron pequeñas fortunas vendiendo productos para mejorar la vida de otras mujeres casadas. Bethenny Frankel, que anteriormente había sido niñera de Paris Hilton y había aparecido en un programa derivado de *The Apprentice*[17] presentado por Martha Stewart, aprovechó su fama en *Housewives* para lanzar una línea de libros sobre dietas, varios DVD de ejercicio y una mezcla para margaritas baja en calorías, bajo la marca Skinnygirl. Lisa Vanderpump creó su propia gama de sangrías. Otras *Housewives* comercializaron fajas, perfumes, sábanas y suplementos.

Tras la recesión, las marcas tenían productos que necesitaban vender a las mujeres, y el *girlboss* era una herramienta de marketing ideal. Una de las pioneras fue Gwyneth Paltrow, que había estrenado su boletín informativo, Goop, en septiembre de 2008, justo cuando Lehman Brothers se declaró en quiebra. Goop era originalmente un portal de recomendaciones, una forma de compartir los restaurantes que le gustaban en Barcelona, recetas de *muffins* de plátano y nueces y la marca de ropa de punto que llevara ese mes. El tono transmitía intimidad, una conexión con sus fans y seguidores. Pero el nombre denotaba ambición, imitando la doble o de grandes empresas tecnológicas como Google y Yahoo. En 2012, Goop era una plataforma de comercio electrónico que vendía artículos de lujo poco convencionales con un toque californiano: productos orgánicos para el cuidado de la piel, camisetas de 95

[17] Este programa de telerrealidad, cuyas dos primeras ediciones en Estados Unidos contaron en el papel del «empresario» con Donald Trump, tuvo una versión española emitida por La Sexta en 2009, llamada *El aprendiz*, con Luis Bassat en el mismo rol (N. de la E.).

dólares y toallas de hamán de color lila suave como la piel de un bebé. En 2014, *The New York Times* señaló que el modelo de Goop estaba siendo rápidamente imitado por otras famosas emprendedoras. Jessica Alba lanzó The Honest Company, una marca de bienestar orientada a los padres que vendía pañales y jabón para bebés «respetuosos con el medio ambiente», en 2012. Blake Lively la siguió en 2014 con Preserve, un sitio web de estilo de vida que tuvo una vida efímera. «Las celebridades están pasando cada vez más de promocionar productos a ser el producto», declaró John Demsey, presidente del grupo Estée Lauder, a *The New York Times*. «Esto va a ser cada vez más frecuente».

Las *girlbosses* de mediados de 2010 no tenían por qué ser famosas. Valía con que se comportaran como si lo fueran, con la combinación necesaria de aplomo, tenacidad, profesionalidad y encanto. Los inversores tendían a sentirse atraídos por el mismo prototipo: chica joven, guapa, con contactos, experta en redes sociales y, por lo general, blanca. Nadie encarnaba mejor aquella fórmula que Emily Weiss, fundadora de la marca de productos de belleza Glossier. En una época anterior, Weiss había aparecido en el programa de telerrealidad de la MTV *The Hills* haciendo de ella misma, una «superbecaria» sensata de *Teen Vogue* cuya calma sobrenatural y pericia en cualquier cosa desde estampados hasta peonías contrastaba poderosamente con las más despistadas Lauren Conrad y Whitney Port. Ya contaba con un gran número de seguidores y contactos de su época como redactora en *Vogue* cuando lanzó Into the Gloss en 2010, la página web sobre estilo de vida y centrada en belleza de la que surgiría una empresa valorada en mil millones de dólares.

Hubo una razón concreta por la que Glossier se volvió un producto tan ubicuo y por la que tantas mujeres empresarias del mundo de la fama en la década de 2010 amasaron fortunas considerables gracias a marcas de belleza. En tiempos de dificultades económicas, nos sentimos atraídas por productos que expresan opulencia, placer y cercanía al tipo de mujeres con cuyas vidas fantaseamos. Muchas de nosotras no podemos permitirnos llevar el suéter de quinientos dólares con el que entrena Jennifer Lopez, pero es más fácil justificar un gasto de 55 dólares en el pintalabios de Tom Ford que lleva Lupita Nyong'o en un estreno. Como escribe la periodista Marisa Meltzer en *Glossy*, en su versión del crecimiento de Glossier, hay poco que distinga los productos de belleza individuales de otros del mercado. La marca es la clave de las ventas, el gancho intangible que impulsa a una consumidora a comprar una crema facial específica o un lápiz de cejas en lugar de otro. Y en un negocio donde los márgenes de beneficio pueden alcanzar el 90 por ciento, tanto las celebridades como los genios del marketing pueden ganar enormes cantidades de dinero.

Las mujeres que tendemos a asociar ahora con la era *girlboss*, para bien o para mal, están inextricablemente ligadas al auge de Instagram. Retransmiten los detalles estéticos de sus vidas como figuras públicas, atrayendo a un gran número de seguidores por la forma en que proyectan un poder inequívocamente femenino. Pero también han sabido aprovechar con astucia todas las formas en las que Instagram había atrapado nuestra atención. Away, la *startup* de maletas de colores pastel fundada en 2015 por dos ejecutivas de Warby Parker, aprovechó el atractivo de Instagram como diario de viajes, en el que podías seguir en tiempo real las glamurosas excursiones y escapadas urbanas de tus amigos. Shop Jeen, una boutique online fundada en 2012 por Erin Yogasundram, de veinte años, usó el lenguaje visual de Tumblr —colores de neón, anime y consignas estrafalarias— para vender ropa informal y accesorios a compradoras jóvenes. The Wing, un club social y lugar de coworking centrado en las mujeres fundado en 2016 por Lauren Kassan y Audrey Gelman —esta última una antigua asesora política y amiga de Lena Dunham desde el instituto, había sido estrella invitada en *Girls* y había salido anteriormente con Terry Richardson— ofrecía espacios que eran funcionales y servían como el fondo ideal de fotos: paredes de rosa suave, estanterías de libros ingeniosamente dispuestas, una vegetación exuberante.

Ningún sector, eso sí, supo aprovechar el potencial de nuestro nuevo ámbito visual compartido como lo hizo la industria de la belleza. *Glossier* supo anticipar un momento en el que los estándares de belleza se vieron renovados por los *selfies*: imágenes de rostros femeninos con gran nitidez, primeros planos y filtros que resaltaban una piel «natural» luminosa o que maximizaban el artificio del contorneado o los labios perfilados muy por encima de su línea natural, dos tendencias que las Kardashian difundían en sus propias cuentas de Instagram. En 2015, unos pocos meses después de admitir en *Las Kardashian* que se había hecho un aumento de labios, Kylie Jenner, de dieciocho años, lanzó su primer producto cosmético, el Kylie Lip Kit. Cuatro años más tarde, después de que Kylie Cosmetics ampliase su gama para incluir correctores, sombras de ojos y productos de cuidado de la piel, *Forbes* declaró a Jenner la primera «multimillonaria hecha a sí misma a base de selfies». Lo que había comenzado como una inseguridad (por lo visto, un chico le dijo a Jenner que no creía que besara bien porque sus labios eran demasiado pequeños) se convirtió en un imperio comercial, con infinitas repercusiones que han influido en la forma en que todos entendemos la belleza.

Muchos de los productos que las Kardashian promovieron por Instagram en la década de 2010 eran, en el mejor de los casos, cuestionables. En 2018, Kim Kardashian se granjeó críticas generalizadas después de promocionar vigorosamente unas «piruletas supresoras del apetito» como «increíbles de verdad», junto a una foto de ella misma chupando una. Su hermana Khloé siguió promocionando en 2020 la misma línea de recursos para la dieta, que anunciaba tés laxantes y batidos sustitutivos de comidas como productos para la pérdida de peso. En 2014, Kim compartió su amor por un «entrenador de cintura», un aparato para moldear la silueta que es básicamente un corsé. (Los expertos en ejercicio y salud han denunciado este tipo de corsés por debilitar los músculos del abdomen, aumentar los riesgos de acidez estomacal e indigestión, y comprimir órganos internos importantes). En 2024, los entrenadores de cintura se podían comprar por internet a través de su marca de fajas moldeadoras, Skims, que tiene ahora un valor estimado de cuatro mil millones de dólares. Ese mismo año, Kardashian llevó un corsé de jacquard plateado tan ceñido en la Met Gala que parecía tener problemas para respirar.

Mientras tanto, cientos de millones de mujeres estaban interiorizando todo: los antiguos ideales de la feminidad, las vastas plataformas que se estaban construyendo sobre un tipo de imágenes extremadamente limitadas, el dinero que se ganaba en tiempo real. El término *girlboss* es inherentemente engañoso y capcioso. «Ser una *girlboss* era hacer que los negocios fueran bonitos: un *boy boss* es algo completamente irrelevante y absurdo», escribe Meltzer en *Glossy*. Dado que las *girlbosses* habían sido elevadas a pedestales gracias a su atractivo para las consumidoras y a su supuesta autoridad feminista, era muy fácil desacreditarlas cuando parecían actuar como los jefes de toda la vida. En 2015, una demanda alegaba que Nasty Gal había despedido a cuatro empleadas cuando se quedaron embarazadas. El mismo año, *Jezebel* denunció que la gestión de Yogasundram al frente de Shop Jeen era caótica, que retenía el dinero de los proveedores y trataba a las empleadas con desdén. En el debate nacional sobre el racismo institucional que siguió a la muerte de George Floyd en 2020, tanto Wing como Glossier se enfrentaron a acusaciones de no proteger a los empleados de color del trato racista en el trabajo.

Pero el *girlboss* también estaba condenado desde el principio porque era esencialmente una figura decorativa, una herramienta de marca al igual que Don Limpio o el Tigre Tony. Durante gran parte de la década de 2010, el feminismo era algo chic y el símbolo empoderador de una mujer que triunfaba en los negocios era la clave definitiva para atraer la atención de los medios, conseguir una buena imagen pública y, lo que era más importante, aumentar las ventas. «Si estas mujeres podían triunfar al tiempo que defienden valores feministas y tratando a sus empleadas con humanidad», escribió Amanda Mull para *The Atlantic* en 2020, «entonces quizá el patriarcado era solo una elección que los consumidores inteligentes podían eludir con sus compras informadas. Quizá la gente podía votar por la igualdad comprando un juego de maletas concreto o uniéndose a un espacio de coworking en particular». El hecho de que muchas emprendedoras se estuvieran haciendo ricas con artículos que sacaban rédito económico de los tóxicos estándares de belleza o la moda rápida nociva para el medio ambiente era un problema menor comparado con el descubrimiento de que muchas *girlbosses* actuaban igual que los hombres: no estaban interesadas en el encumbramiento de otras mujeres en absoluto.

Prácticamente desde el principio había un trasfondo de estafa en la era de las *girlboss*, algo que se hizo más evidente a medida que avanzaba la década. En 2010, dos emprendedores llamados Don Ressler y Adam Goldenberg lanzaron una nueva «marca de ropa de moda» llamada JustFabulous, una página web de moda rápida que contaba con una particularidad: era realmente difícil dejar de comprar sus productos si ya no los querías. La pareja había vendido previamente por internet una variedad de productos turbios para la pérdida de peso: píldoras de dieta DreamShape que supuestamente quemaban grasa mientras dormías, una crema anticelulítica, cristales «potenciadores de sabor» llamados Sensa que le valieron una multa de 26.5 millones de dólares de la Comisión Federal de Comercio por publicidad engañosa. JustFab seguía el modelo de suscripción que Ressler y Goldenberg habían establecido en la primera década del siglo, ofreciéndole a los clientes productos de prueba gratis o con enormes descuentos, al tiempo que les daban de alta en contratos mensuales que estaban ocultos en la letra pequeña y de los que era casi imposible darse de baja.

Las páginas web de moda por suscripción confiaban en las famosas para que les aportaran credibilidad y prestigio. Resulta que pagar 39.95 dólares al mes por un bolso de PVC o unos pantalones de yoga magenta es más fácil de digerir cuando conlleva algún tipo de conexión emocional o estética con una estrella. En 2009, Kim Kardashian lanzó el servicio ShoeDazzle.com junto con Robert Shapiro, uno de los abogados que había ayudado a defender a O.J. Simpson de los cargos de asesinato al mismo tiempo que su padre; cuatro años más tarde, el sitio web, que ofrecía a los clientes un nuevo par de zapatos cada mes por una cuota fija, fue adquirido por JustFab. En 2011, JustFab contrató a la diseñadora y empresaria Kimora Lee Simmons como presidenta y directora creativa, lo que dio lugar a una colaboración en la que Simmons promocionaba los artículos de JustFab en sus redes sociales, seleccionaba sus artículos favoritos para el sitio web e incluso protagonizó un *reality show* de corta duración, *Kimora: House of Fab*, sobre su trabajo en la empresa. «Siempre he estado a la vanguardia de la moda», afirma al principio del programa. Con Ressler y Goldenberg, dijo, «mis dos cómplices... vamos a guiar a esta empresa hacia la tierra prometida».

No hay nada intrínsecamente sospechoso en un servicio de suscripción, aunque el Programa de las Naciones Unidas para el Medio Ambiente ha expresado su preocupación por los modos en los que fomentan «prácticas de consumo insostenibles» y provocan un aumento de la ropa desechada y los plásticos de un solo uso en los vertederos. Sin embargo, los servicios de suscripción que ocultan su verdadero funcionamiento con ofertas atractivas para los nuevos miembros y luego dificultan enormemente la cancelación de la suscripción mensual se aprovechan de los clientes que tienden a no leer la letra pequeña. Ya en 2010, la fiscalía general de Florida comenzó a investigar JustFab tras recibir cientos de quejas de clientes que pensaban que estaban realizando una compra única, y no comprometiéndose a un gasto anual de cientos de dólares. En Reddit, los clientes de JustFab se han quejado amargamente del complicado proceso para cancelar sus suscripciones: enlaces que desaparecen cuando se intenta hacer clic en ellos, agentes de atención al cliente que afirman no poder oír a la persona que llama. «Es, con diferencia, uno de los procesos de cancelación más deliberadamente difíciles que he visto nunca», escribió una mujer.

Nada de esto disuadió a las estrellas de aprovechar la oportunidad. En 2013, la actriz Kate Hudson firmó como socia de Fabletics, una marca derivada de JustFab, un servicio de suscripción de ropa deportiva que tiene un valor estimado de cinco mil millones de dólares. («Estafa de dinero por membresía VIP», «Estafadores» y «Robo» son algunos de los comentarios típicos publicados a lo largo de los años en el sitio web Trustpilot). Pero el golpe maestro de todas las celebridades fue el de Rihanna, que en 2018 estaba en camino de convertirse en multimillonaria gracias al asombroso éxito de su línea de cosméticos, Fenty Beauty. Ese año, lanzó la línea de lencería Savage X Fenty con JustFab, ahora rebautizada como TechStyle. En 2019, Kaitlyn Tiffany describió en *Vox* cómo varios consumidores parecían darse cuenta poco a poco de que, para su disgusto, se les había cobrado regularmente durante el último año por Savage X Fenty. «Genial, sin darme cuenta, he estado suscrito durante cuatro meses a una cuota mensual de cincuenta dólares en la página web de sujetadores de Rihanna», decía un tuit. «NUNCA me habría suscrito de haberlo sabido, ni siquiera tengo ni idea de para qué estoy pagando. He malgastado mucho dinero». Lo que era casi más desconcertante, como señaló Tiffany, era que muchas de estas compradoras, debido a su relación parasocial con Rihanna, se mostraban reacias a quejarse públicamente o a implicar a la cantante de cualquier manera. El mismo día que se publicó el artículo de *Vox*, Savage X Fenty anunció una financiación adicional de cincuenta millones de dólares por parte de inversores. Tres años más tarde, en 2022, pagó 1.2 millones de dólares para resolver una demanda por protección al consumidor que la acusaba de engañar a los clientes sobre las cuotas recurrentes asociadas a su programa de membresía VIP.

Las consumidoras tienden a ser, de forma desproporcionada, el objetivo de los servicios de suscripción y las estafas en línea, muchos de los cuales utilizan imágenes de famosos para promocionar productos que son totalmente falsos. El atractivo de los productos milagrosos con envío gratuito suele ser demasiado tentador como para resistirse cuando se llega a la mediana edad, agotada por el trabajo y la crianza de los hijos, y desesperada por encontrar una solución rápida. Sin embargo, más recientemente, los influencers masculinos se han sumado al juego de los suplementos. En 2017, el sitio web de noticias económicas *Quartz* publicó un análisis comparativo de las vitaminas y suplementos promocionados, respectivamente, por Gwyneth Paltrow y el teórico de la conspiración Alex Jones, que demostraba que ambos elogiaban y vendían, casi sin excepción, los mismos ingredientes: el hongo cordyceps para «poder mental», la raíz de maca para «energía sexy» y «vitalidad superior», y el selenio para antioxidantes y para combatir los «radicales libres», entre otros.

Por lo que respecta a las estafas de marketing multinivel, en cambio, las mujeres siguen siendo el foco, y con motivo. Alrededor de 2010, comencé a recibir invitaciones de amigos para eventos sociales que tenían un interés particular en venderme algo. Una mujer convirtió su loft en una miniboutique para una empresa de bisutería. Una amiga de Facebook que estaba cursando un posgrado comenzó a promocionar intensamente batidos sustitutivos de comidas en sus actualizaciones. Personas que conocía principalmente a través de Instagram empezaron a publicar con regularidad sobre los champús, los productos de belleza y los pantalones de yoga que «recomendaban». Nada de esto era nuevo: estas mujeres simplemente participaban en los mismos esquemas de MLM que se manifestaron durante los años cincuenta y sesenta con las reuniones Tupperware y las visitas a domicilio de Avon. El marketing multinivel (MLM por sus siglas en inglés) sigue un modelo de venta directa en el que los participantes obtienen un porcentaje de los beneficios tanto de los productos que venden como de las ventas de las personas que reclutan. Esto suena más lucrativo de lo que realmente es: en un análisis de más de quinientas empresas de MLM en Estados Unidos, el 99 por ciento de las personas reclutadas por una empresa acabaron perdiendo dinero a largo plazo.

Y, sin embargo, ahí había mujeres que yo conocía, publicando actualizaciones exuberantes en un lenguaje que no se parecía en nada al suyo, plagado de palabras como «empoderamiento», «lucha» y «elección». El lenguaje del feminismo popular de la década de 2010 había sido cooptado por una industria que se dirige de forma abrumadora a las mujeres, apoyándose en sus comunidades en la escuela y la iglesia y ahora en las redes sociales para proporcionar un terreno fértil para el reclutamiento. La estética y la tecnología se habían actualizado para la era de Instagram y Facebook Live. Pero cada vez más parecía que la *girlboss* definitiva era ahora una madre ama de casa que se esforzaba al máximo por compaginar un empleo a tiempo completo y flexible con las horas de la noche, cuando sus hijos dormían. En *#Girlboss*, Sophia Amoruso recordaba sus estrategias en las redes sociales en la época de MySpace, cuando utilizaba ilegalmente un software para añadir amigos y generar tantas conexiones como le era posible, todo ello con el fin de conseguir una audiencia desmesurada para sus subastas de ropa vintage. Ahora, los reclutadores de MLM seguían a miles de mujeres en Instagram y les enviaban mensajes para elogiar su estilo y ofrecerles una nueva y emocionante oportunidad.

Las empresas de MLM, en muchos sentidos, son un símbolo del fracaso del feminismo corporativo. «Si quieres crear una increíble riqueza, identifica un recurso infrautilizado», explica Mark Stidham, cofundador de la conocida empresa MLM de ropa LuLaRoe, en la serie documental *LuLaRich*. «¿Y sabes qué? Hay un recurso infrautilizado: las madres que se quedan en casa». Según cifras de 2020 de la Asociación de Venta Directa, el 75 por ciento de la gente que vende productos desde sus hogares o por internet son mujeres. El 87 por ciento son blancas, lo que habla de la dinámica de a quién se anima exactamente en Estados Unidos a quedarse en casa con los hijos y quién está obligada a salir y trabajar. Las MLM se han centrado históricamente en las «tres emes»: mormonas, madres y esposas de militares, los tres sectores de mujeres que encuentran más obstáculos en incorporarse al mercado laboral. Durante la última década, han tenido un éxito importante en captar a mujeres que eran talentosas, creativas, trabajadoras y habilidosas y que, gracias a una absoluta escasez de recursos para madres trabajadoras, no podían encontrar un empleo que no implique promocionar productos dietéticos dudosos en Instagram.

Muchas de las MLM con mayor influencia cultural entre milenials han aprovechado las diversas vulnerabilidades de la mujer contemporánea. LuLaRoe, que vendía leggings y vestidos «modestos» de colores vivos a una creciente comunidad de mujeres hasta que sus problemas de control de calidad se hicieron evidentes, se benefició de gente que buscaba ropa cómoda y alegre aunque sus cuerpos cambiasen después del parto y sus rutinas las mantuviesen principalmente en casa. (La escritora sobre cultura Anne Helen Petersen, en su ensayo viral acerca del agotamiento milenial, observó que los pantalones de yoga son el símbolo de una generación de trajinantes que van del gimnasio a las llamadas de Skype y luego a recoger a los niños al colegio). Isagenix y Herbalife dicen ofrecer batidos nutricionalmente completos y suplementos para personas con agendas apretadas o que viven en zonas sin acceso a alimentos saludables, pero que aún así se sienten forzadas a perder peso. Empresas como Younique, Monat y las perennes Avon y Mary Kay publican imágenes, influidas por Glossier, de perfiladores de labios sobre un fondo rosa y vídeos grabados por vendedoras de sus impecables cabelleras y rutinas de maquillaje, todo diseñado para permitir el mínimo esfuerzo y el impacto optimizado frente a la cámara. «Nuestra empresa fue fundada con un único objetivo», afirmaba una publicación de Mary Kay de 2024: «Girl power».

Para mujeres que habían sido condicionadas desde que se hicieron adultas a presentarse meticulosamente para la aprobación en masa y representar los detalles de sus vidas como una suerte de proyecto artístico constante, las MLM cumplían con todos los requisitos. Sin embargo, la realidad es que los obstáculos estructurales que impiden a las mujeres acceder al mercado laboral son tan insuperables como lo eran en 2013, y que el ascenso individual es un pobre sustituto de una sociedad que de verdad quiere, fomenta y permite que las mujeres trabajen. La cultura *girlboss* nos ha condicionado para vernos como personas faltas de la motivación o el empuje suficiente, a pesar de usar todas las herramientas de nuestro arsenal para convertirnos en productos. Ignora todas las formas en las que el sistema está decididamente amañado contra nosotras.

Lo que supuso la sentencia de muerte definitiva para las *girlboss* fue la luz del sol. Una y otra vez, empresas y líderes supuestamente progresistas fueron acusadas de traicionar sus propios valores. Fundadoras de empresas como Away y la línea de ropa Reformation fueron acusadas de presidir entornos de trabajo tóxicos, especialmente para los empleados de color. El tipo específico de feminismo empoderador que se promovió a lo largo de la década de 2010 fue desacreditado en un meme viral: «*gaslight, gatekeep, girlboss*» (manipulación psicológica, control de acceso, chica jefa).

Pero el vacío de todo lo *girlboss*, sin embargo, contribuyó también a desencadenar un movimiento más oscuro que aboga cada vez más por abandonar completamente el mundo laboral. En TikTok, el algoritmo tiende a recompensar algunas de las más regresivas defensoras de la mujer moderna. Las *tradwives* venden un ideal nostálgico, edulcorado y extremadamente blanco de los roles de género tradicionales que convierte la representación del trabajo doméstico en un negocio lucrativo. Las novias que eligen ser amas de casa argumentan que una vida de «ocio femenino» es lo más gratificante a lo que puede aspirar una mujer. Mientras tanto, no estamos más cerca de lograr mejoras tangibles en las vidas de las mujeres que quieren trabajar y tener una familia. Cuando mis gemelos empezaron la guardería en Nueva York en enero de 2021, el coste de la matrícula por la jornada completa era de 5400 dólares al mes. Me sentí agradecida por las mujeres que cuidaron de mis bebés, así como del trabajo que amaba y el hecho de que al recortar en absolutamente todo lo demás, mi marido y yo podíamos hacer que las cosas saliesen. Pero era más difícil que nunca debatir con las mujeres que veía en las redes sociales vendiendo cosas, eternamente optimistas y con un don natural para hablar con fluidez la jerga de la crianza, el *engagement* y el pensamiento positivo. «Nadie tiene hijos para perderse todos los pequeños momentos», publicó en internet hace unos años una conocida. «Sacarse un ingreso extra mientras estás en casa es todo un regalo. Esta oportunidad es muy beneficiosa para todas las partes».

## Capítulo 10

# CHICAS EN LA CIMA

*Reescribir un camino hacia el poder*

El argumento es simple, pero importante: por más que retrocedamos en la historia occidental, vemos siempre una separación radical —real, cultural e imaginaria— entre las mujeres y el poder.
MARY BEARD (2017)

Lo que quiero es escandaloso: todos los placeres posibles de la libertad.
KATE MILLET (1974)

¿Por qué importa la cultura? ¿Qué impacto tiene realmente en nuestras vidas, nuestro dinero, nuestro estatus y nuestras posibilidades? Estaba hace poco tratando de analizar estas cuestiones cuando me encontré un argumento de la científica social Alice Evans que reunía todo lo que había sospechado durante mucho tiempo. Evans estudia la diferencia de género: por qué algunas culturas favorecen más a las mujeres que otras, por qué el progreso viene a menudo seguido por la regresión, cómo cambian las normas sociales y vuelven a cambiar. Ella argumenta que uno de los principales impulsores de la igualdad de género es el amor romántico. En las sociedades en las que el amor se desdeña activamente en favor de consolidar redes masculinas de poder en las que el matrimonio es a menudo una pieza de negociación, las mujeres tienden a tener un estatus mucho más bajo. En Europa, la Reforma Protestante —que celebraba y resaltaba el amor conyugal— llevó a más respeto por las mujeres, más reconocimiento de su humanidad y más voluntad de aceptar su ascenso. Una de las fuerzas más importantes detrás de la igualdad de género, escribe Evans, puede ser sencillamente «hombres amantes que quieren que las mujeres prosperen y sean felices».

Ella no lo conecta explícitamente con el arte como una fuerza impulsora, pero yo sí lo haré. El movimiento romántico del siglo XIX, que celebraba la caballerosidad, la belleza, el amor y la emoción, pudo abrir el camino para el feminismo del siglo XX al alentar una percepción de las mujeres como seres humanos completos, no solo mercancías. Por otro lado, el declive de las comedias románticas en los primeros años del siglo XXI —y el auge de películas que fetichizaban los vínculos afectivos entre hombres, las aventuras fraternales y la misoginia juvenil— puede haber conducido a que las mujeres parezcan menos humanas y menos merecedoras de amor y de respeto. Por extensión, ¿es acaso sorprendente que al creador de un programa de telerrealidad que trata a las mujeres como novias trofeo intercambiables, retratos robot unas de otras, le fuese impuesta una orden de alejamiento por agredir a su mujer embarazada? ¿Es extraño que una generación criada con pornografía violenta y deshumanizadora tenga problemas para tener relaciones íntimas significativas y esté renunciando cada vez más tanto al amor romántico como al sexo?

El acto de la «re-visión», como dice la cita de Adrienne Rich con la que empieza este libro, es «un acto de supervivencia. Hasta que no comprendamos las suposiciones en que hemos estado ahogadas no podremos conocernos a nosotras mismas».

Me embarqué en este proyecto queriendo comprender de dónde provenía el sexismo cultural y la reacción violenta contra las mujeres que se manifestó en el siglo XXI. Pero lo que ha quedado claro desde que empecé mi investigación es que la cultura popular es una fuerza sorprendentemente predictiva y transformadora por lo que respecta al estatus de las mujeres y otros grupos históricamente marginados. Las cosas que vemos, las cosas que escuchamos, leemos, vestimos, escribimos y compartimos dictan en gran medida cómo interiorizamos y proyectamos lo que valemos.

Durante el verano de 2016, estaba viviendo en Washington y trabajando para *The Atlantic*, lugares que estaban ambos obsesionados por las elecciones presidenciales de aquel año. La sabiduría popular —respaldada por encuestas, cobertura informativa y racionalidad— decía que Hillary Clinton derrotaría a Donald Trump. Una noche, durante una hora feliz en el trabajo, recuerdo hablar con uno de mis jefes de entonces sobre lo que realmente podría cambiar con una administración Clinton. Desde el punto de vista pragmático, la respuesta era: no mucho. (Sheryl Sandberg, por si sirve de algo, hubiera sido muy probablemente la secretaria del Tesoro de Clinton, una aliada tan firme de las empresas estadounidenses como cualquier capitalista podría desear). Sin embargo, en el plano de las emociones lo que estaba en juego era astronómico. Recuerdo haber argumentado que la toma de posesión de Clinton cambiaría el concepto que Estados Unidos tenía de las mujeres, que ver a una mujer en uno de los cargos con más poder en el mundo anularía décadas de condicionamientos sobre quién podía tener autoridad y qué podía ser posible. Argumenté que los cambios serían sísmicos, aunque no fueran evidentes de inmediato. Era un momento en que el progreso aún parecía inevitable.

Ahora lo único que puedo pensar es: «menuda estúpida». Durante ese julio, había escrito un artículo sobre la reacción a la adaptación de Paul Feig de *Ghostbusters* con un elenco totalmente femenino, en el que un aluvión de agraviados comentaristas de internet dirigieron su ira organizada hacia la película, además de insultos racistas y misóginos a una de sus actrices, Leslie Jones. Si Estados Unidos no estaba lista para ni tan siquiera cederle a las mujeres temporalmente un mundo ficticio de investigadores paranormales que conducen coches fúnebres y esquivan ectoplasma, había poca esperanza de que nos dieran a una de nosotras los códigos nucleares. Las señales de lo que estaba a punto de ocurrir estaban ahí en nuestro macrocosmos cultural. Simplemente no quería verlas.

La cultura nos enseña todo. Y a lo que no dejo de regresar ahora es cuán pocas representaciones culturales hay todavía de mujeres que buscan y ejercen el poder. El autor Tom Perrotta me dijo una vez que cuando escribió *Election* en 1998 no tenía ni idea de que Tracy Flick se convertiría en un arquetipo de sincera ambición femenina. De lo que sí llegó a darse cuenta, sobre todo después del indeleble giro de Reese Witherspoon en la adaptación al cine, fue de que Tracy se quedó grabada en la cabeza de la gente porque no había otras representaciones ficcionales importantes de mujeres en la política. Tracy (inteligente, válida, tremendamente impopular) se convirtió en el estereotipo dominante para tantas mujeres de la política, desde la Leslie Knope de *Parks and Recreation* hasta la propia Clinton. Hasta que se estrenó *Veep* en 2012 en la HBO, Tracy estaba prácticamente sola.

Obviamente, había razones por las que la gente no quería votar a Hillary Clinton que tenían nada o poco que ver con su género. Pero dada la escasez de mujeres que habían logrado convertirse en candidatas de un partido, vale la pena revisar su trayectoria, sobre todo dado el contexto en el que se desarrolló. En su libro de 2002, *La cultura del striptease*, que examina la proliferación en masa durante los últimos años de los noventa del sexo y la imaginería sexual en la vida moderna, el académico Brian McNair sostenía que la elección de Clinton al Senado en el año 2000 demostraba lo poco que este cambio cultural había dañado al feminismo. En ese momento, argumentaba, «la idea de una presidenta de los Estados Unidos ya no parecía una excentricidad». Lo mismo daba que las mujeres constituyeran solo el trece por ciento de los senadores en ese momento. Clinton y su éxito tenían que ser un símbolo de lo que era posible.

En 2007, el año en el que Clinton anunció que se presentaba como candidata a la presidencia, la cultura popular estaba principalmente centrada en una carrera frenética hacia lo peor de los tabloides. Allá donde mirases, mujeres bellas e inanes se estaban derrumbando, colapsando, vendiéndose, descarrilando. No es difícil interpretar que esto podría haber influido en cómo los votantes de mi edad se sintieron hacia una potencial mujer presidente, acerca de su seriedad, profesionalidad, capacidad para la toma de decisiones éticas y la negociación. Antes ya escribí sobre cómo el lenguaje dirigido a las mujeres bajo el ojo público en 2007 se caracterizaba por el asco: algo que deshumanizaba a las famosas en cuestión y hacía más fácil odiarlas. La misma clase de asco se ha dirigido durante mucho tiempo a Clinton, Julia Gillard y Angela Merkel, la mujer más poderosa del mundo durante principios de siglo. (Y pronto ese asco se redirigiría a Kamala Harris, por medio de calumnias sexualizadas en las redes sociales). «¿Querrá este país ver de verdad a una mujer hacerse vieja delante de nuestros ojos día tras día?», preguntó Rush Limbaugh en su programa de radio en 2007. En 2015, cuando Clinton se tomó un descanso para ir al baño durante un debate demócrata televisado, Donald Trump dijo en un acto electoral que eso fue «asqueroso» por parte de ella. Durante su propio debate con Clinton un año después, se refirió a ella como «una mujer desagradable».

Ya no me resulta para nada sorprendente que una mujer capaz y con experiencia perdiese contra un personaje de telerrealidad y un misógino virulento en 2016 (por no hablar de 2024). Cada mensaje individual que los estadounidenses han absorbido durante las décadas que llevaron a la primera carrera electoral estaba consagrando la idea de que las mujeres carecían de las cualidades fundamentales necesarias para ejercer la autoridad: inteligencia, moralidad, dignidad. (Vale la pena mencionar aquí que los hombres no tienen que demostrar que pueden vencer todas esas barreras de entrada, porque siempre han sido poderosos y por tanto no tienen nada que demostrar). Al mismo tiempo, cualquier mujer capaz de acumular poder cultural para ella misma era rápidamente desautorizada o reemplazada por completo. En la música de los noventa, las mujeres que atacaban el sistema fueron sustituidas por chicas que podían ser empaquetadas y vendidas más fácilmente. En la moda, durante la misma década, las supermodelos amazónicas que tenían poder y compostura fueron arrinconadas por adolescentes vulnerables, encorvadas y más fáciles de explotar.

En el cine de la primera década del siglo, los personajes femeninos se presentaron como objetos subordinados, mandonas e insustanciales en el mejor de los casos. Y el nuevo medio de la telerrealidad, prácticamente desde su origen, propagó la idea de que las mujeres eran unas histéricas, idiotas avariciosas, capaces de sacarse los ojos por un premio que ninguna de ellas parecía querer en realidad. El mundo de programas como *The*

*Bachelor* y *Flavor of Love* era uno en el que la única forma de poder de las mujeres era sexual y donde, como la educadora en alfabetización mediática Jennifer L. Pozner me dijo una vez, «las mujeres no solo parecían no tener elecciones, sino que parecían no querer tenerlas». Más tarde, mientras la fama de la telerrealidad se convertía en una carrera profesional más segura y lucrativa, un hervidero de protoinfluencers que nos vendía cosas estableció el modelo de cómo se suponía que las mujeres modernas tenían que rehacerse y presentarse a sí mismas al mundo, un éxito que importaba infinitamente más que el de cualquier otra aspiración que pudieran tener.

Cada una de nosotras hemos soportado décadas de cableado interno informado por las obras con las que crecimos. Por eso tenemos que ampliar nuestra concepción del poder femenino. Tenemos que reescribir los arquetipos y los relatos, tanto como sea posible. Y en muchos sentidos, esta reescritura ya está sucediendo.

Hillary Clinton tiende a ocupar el primer plano en el tema de la ambición política femenina de este siglo, pero hay otra mujer cuyo rápido y turbulento ascenso conecta con todas las tendencias culturales de esta época. En agosto de 2008, cuando el senador John McCain anunció a Sarah Palin como su compañera de fórmula presidencial, la gobernadora de Alaska, de cuarenta y cuatro años, era prácticamente desconocida fuera de su estado. Su experiencia política era mínima: dos mandatos como alcaldesa de Wasilla, una ciudad con menos de siete mil habitantes en aquel momento, y dos años como gobernadora. Pero era mujer —lo que la campaña de McCain esperaba que alentase a los votantes—, cristiana conservadora y madre. Un primer perfil de Palin en *The New York Times* destacaba esto último, ofreciendo una imagen de ella como alguien que nunca había tenido ambiciones políticas propias, sino que se había visto atraída al cargo a regañadientes, por un deseo pragmático de compartir sus habilidades. Su sucesor como alcalde la describió al periódico como «una madre muy involucrada».

Este tipo de encuadre fue crucial. En su libro de 2017 *Down Girl*, la filósofa Kate Manne escribe que nada desencadena más la misoginia que una mujer que aspira a un papel social «codificado como masculino», «especialmente si es a expensas de políticos varones rivales». Palin restó importancia sistemáticamente a su ambición y subrayó sus credenciales femeninas, estereotipándose a sí misma como una «mamá del hockey» y una «mamá oso pardo». Aunque le costaba responder a preguntas políticas básicas o articular una visión para Estados Unidos más allá de la fe, la familia y los combustibles fósiles, era telegénica y parecía conectar con una facción de votantes que a menudo se caracterizan oblicuamente como «reales» en lugar de «blancos».

Pero, convenientemente para alguien que surgió a finales de la década de los ochenta, Palin también encajaba perfectamente en la idea que se tenía en esa década de lo que debía ser una mujer. De adolescente, había competido en concursos de belleza, incluso ganó el título de Miss Wasilla en 1984 y quedó segunda finalista en el concurso de Miss Alaska de ese año. Aunque era convencionalmente femenina, incluso glamurosa (llevaba el pelo castaño con mechas y chaquetas que solían ser de encaje o con cinturón) pronto fue sometida a un costoso cambio de imagen por el Comité Nacional Republicano, que gastó más de 150 000 dólares de las contribuciones de la campaña en mejorar su ropa, peinado y maquillaje. Durante los cotilleos de los primeros años del siglo XXI, los detalles más turbios de su vida familiar atrajeron tanto a la prensa sensacionalista como al público. El primer día de la Convención Nacional Republicana, en septiembre, Palin anunció que su hija Bristol, de diecisiete años, estaba embarazada; los comentaristas políticos repasaron en los meses siguientes viejas fotos de la gobernadora durante su embarazo más reciente con el fervor con que *Us Weekly* evalúa los cuerpos posparto de las famosas. Después de que McCain perdiera las elecciones, la familia Palin decidió prolongar su notoriedad abriendo su vida a las cámaras de la telerrealidad, primero cuando Bristol apareció en *Bailando con las estrellas* en 2010 y luego con la serie de TLC *Sarah Palin's Alaska*, producida por Mark Burnett, ese mismo año.

Pero lo más importante es que Palin era imaginable como objeto sexual. Apenas unos días después de su discurso en la Convención Nacional Republicana como candidata a la vicepresidencia —la primera mujer de la historia en hacerlo—, la empresa del productor porno Larry Flynt publicó un anuncio en Craigslist solicitando una «doble de Sarah Palin para una película para adultos que se rodará en los próximos diez días». Flynt ya contaba con un historial de tratar de unir porno y política: en 1975, un año después de lanzar *Hustler*, publicó fotografías de la ex primera dama Jacqueline Kennedy Onassis tomando el sol desnuda durante sus vacaciones, y en 1984 intentó presentarse él mismo a las elecciones presidenciales como republicano. *Who's Nailin' Paylin?*, que se rodó durante dos días en octubre de 2008, estaba protagonizada por la actriz porno Lisa Ann en el papel de «Serra Paylin», una política proclive a los malapropismos que cree que la Tierra tiene diez mil años, le cuesta pronunciar «absolutamente» y participa en escenas grupales *hardcore* con versiones satíricas de Hillary Clinton y Condoleezza Rice.

En su momento, la reacción de los medios de comunicación a *Who's Nailin' Paylin?* fue en gran medida de hastío mezclado con *schadenfreude*. Si Palin iba a ser tan hipócrita sobre el sexo, defendiendo la educación basada solo en la abstinencia mientras su hija adolescente cosechaba las consecuencias, ¿qué daño podía hacer ridiculizarla? Cinco escritoras debatieron la película en una mesa redonda para *Salon*, criticando su «falta de creatividad», sus débiles intentos de comentario político y sus valores de producción de bajo presupuesto, pero no el hecho de que la respuesta inmediata de la cultura estadounidense al ascenso político de una mujer fuera ponerla a cuatro patas. Los detalles de *Who's Nailin' Paylin?* también son esclarecedores. «Serra» mantiene relaciones sexuales con soldados rusos que llegan a su casa, con un profesor universitario, en *flashback*, cuando era estudiante en la Universidad de «I-DA-HO», y con las otras dos mujeres más destacadas de la política estadounidense. El personaje de «Candilezza» también cuenta que ha hecho «cosas a algunos tipos que se parecen mucho a Cheney, Rove, Wolfowitz y Chuck Norris». El subtexto estaba claro: no había ningún ámbito público —ni la política exterior, ni la educación, ni la Casa Blanca— en el que una mujer no pudiera ser reducida a una caricatura sexual.

En un ensayo del libro *Pornographies*, de 2018, el teórico Tim Gregory sostiene que tanto el porno como los medios de comunicación de masas convencionales producen narrativas en las que el deseo y el poder se mantienen separados y distintos. «*Who's Nailin' Paylin* no se opone al intento de Palin de ganar poder», escribe, «sino que critica su intento de convertirse en otra cosa que no sea un objeto de deseo autónomo y poderoso». Gregory también señala cómo la película invierte la estructura tradicional de las películas porno —que suelen empezar con escenas lésbicas antes de terminar con penetración entre hombre y mujer— para terminar con un trío entre mujeres políticas, como si sugiriera que la única conclusión lógica de que las mujeres tuvieran poder y autoridad fuera el lesbianismo y el desplazamiento de los hombres. En otras palabras, por mucho que Palin intentara restar importancia a sus ambiciones identificándose como esposa y madre, no fue suficiente para neutralizarse como amenaza subconsciente al statu quo.

Desde entonces, las mujeres que se presentan a las elecciones tienden a caer en las mismas trampas en las que tropezaron Clinton y Palin. En julio de 2024, cuando los demócratas cerraron filas en torno a Harris como candidata presidencial tras la desastrosa actuación de Joe Biden en un debate con Donald Trump, una oscura red conservadora comenzó a impulsar una campaña de «escabrosas burlas sexuales» sobre Harris en las redes sociales, según informó posteriormente el sitio de noticias *Semafor*. Si las candidatas minimizan su apariencia y su capacidad de ser leídas como objetos sexuales, son recibidas con repugnancia. Si se arreglan de acuerdo con las extrañas normas estéticas del ecosistema mediático conservador, se socavan a sí mismas y su capacidad de ser tomadas en serio. Se podría argumentar que, hasta cierto punto, en la derecha posterior a Trump esto ya no importa; es más importante tener un aspecto que te permita salir en Fox News que exudar seriedad. La provocación se ha convertido en una herramienta más deseable y más eficiente que el propio poder. Pero las mujeres republicanas, como señalaba Rebecca Traister en un artículo de portada de 2024 para la revista *New York*, siguen estando en un aprieto: «Cuando tu valor está ligado inextricablemente a unos estándares sexuales concebidos por hombres blancos, no serás valorada, a veces ni siquiera vista, a menos que cumplas esos estándares. Sin embargo, si alcanzas sus (a menudo cambiantes) marcadores estéticos, corres el riesgo de ser degradada por esos mismos hombres, de que no te tomen en serio como a sus iguales, sino que te vean como su adorno».

No es coincidencia que tantas mujeres conservadoras de hoy en día presenten notables similitudes estéticas con las estrellas de la telerrealidad, donde el *glam* prima por encima de todo y la forma dominante de presentarse a sí mismas parece tan poco natural que apenas se percibe como humana. Por un lado, Trump estableció el estándar visual de la política derechista contemporánea, y él mismo es una estrella de telerrealidad con un gusto por el exceso hortera y monstruoso. Pero incluso antes de la presidencia de Trump las mujeres de Fox News llevaban mucho tiempo mostrando una apariencia muy similar: pelo rubio decolorado, trajes de falda ajustados en tonos joya, mucho maquillaje. En parte, se trataba de satisfacer las preferencias de Roger Ailes, presidente y director ejecutivo de la cadena, acusado en 2016 de haber acosado sexualmente a más de veinte mujeres que trabajaron para él. Sin embargo, la exigencia de que las mujeres de derechas se ajusten a unas normas de vestimenta muy femeninas y sexualizadas es también el resultado lógico de una ideología que valora a las mujeres como esposas y madres por encima de todo. Vestir de otra manera es disminuir instantáneamente tu propio valor. El mensaje general es el mismo que el de la cultura popular de hace veinticinco años: el poder es sexo, y el sexo es poder. Que el poder en cuestión no sea real es precisamente el quid del asunto.

Para mí, uno de los aspectos más fascinantes de la cultura popular del siglo XXI es la forma en la que puedes ver que las mujeres y las personas no binarias se enfrentan a las limitaciones que se les imponen frente a las historias que quieren contar. En su libro de 2017 *Mujeres y poder*, la historiadora Mary Beard analiza «cuán profundamente intrincados están en la cultura occidental los mecanismos que silencian a las mujeres, que se niegan a tomarlas en serio y que las aíslan [...] de los centros de poder». Cita el Telémaco inmaduro que esencialmente manda callar a su propia madre al principio de *La Odisea*, y también las imágenes que representan tanto a Hillary Clinton como a Angela Merkel como Medusa, cuya decapitación por Perseo es «clásico mito en el que el dominio masculino se reafirma violentamente». Este tipo de historias son las piedras angulares de nuestra literatura, nuestra sociedad y nuestras estructuras de gobierno y poder. Y su influencia puede ser insidiosa, incluso ahora.

Después de la década de los 2000, en la que las mujeres aparecían en las películas sobre todo para fastidiar, acicalarse o salpicarse con su propia sangre, la década de 2010 fue más acogedora para las protagonistas femeninas. Los ejecutivos parecieron darse cuenta poco a poco de lo que los vendedores y las marcas habían descubierto recientemente: que el poder de las mujeres como consumidoras no se estaba aprovechando de forma adecuada. En 2011, *La boda de mi mejor amiga*, producida por Judd Apatow, una película inteligente, vulgar y tremendamente divertida sobre la amistad entre mujeres y el complejo industrial de las bodas, recaudó más de trescientos millones de dólares, aproximadamente diez veces su presupuesto, y fue nominada a dos premios de la Academia. A lo largo de la década siguiente se sucedería una oleada de series y películas orientadas a las mujeres, muchas de las cuales exploraban una modalidad que la escritora de Joy Press denominó en su día «feminismo bufonesco». Sus personajes eran más reales de lo que lo habían sido las mujeres en la pantalla en mucho tiempo: entrañables, difíciles, hastiadas, problemáticas, alegres. Las observé a todas a lo largo de sus problemáticas relaciones amorosas, sus insoportables meteduras de pata en el trabajo, sus pruebas de ETS y sus episodios maníacos, y no fue hasta hace poco que pude darme cuenta de la única cosa que todas tenían en común.

La década de 2010 fue, en lo que respecta a las mujeres en el cine y la televisión, la de la calamidad. Se podría argumentar que fue un progreso: el tipo de imanes hermosos, ególatras y que atraen accidentes con los que nos habíamos obsesionado y a los que habíamos deshumanizado durante la primera década de siglo adquirían ahora interioridad, en narraciones que les ofrecían simpatía, una historia de fondo y una capacidad de acción (limitada). A menudo, los personajes eran plenamente conscientes de sus propias limitaciones. En *Young Adult*, de 2011, Charlize Theron interpretó a una fracasada, irritable narcisista y extraordinariamente guapa, en un experimento mental sobre lo que le ocurre a la abeja reina maliciosa que nunca supera el instituto (en resumen, como sintetizó un crítico: «depresión, alcoholismo y tricotilomanía»). El mismo año, en *Showtime*, Claire Danes volvió a las series por primera vez desde *My So-Called Life* como Carrie Mathison, una oficial de la CIA con trastorno bipolar que se obsesiona con un marine del que sospecha que es un terrorista. La tesis de *Homeland* era que los instintos de Carrie eran excepcionales, aunque continuamente presentaba pruebas de que sus instintos eran terribles: mezclaba pastillas y alcohol, se acostaba con sus objetivos y, en general, rompía todas las reglas del manual de la CIA.

En 2012, el año en que Mitt Romney declaró que tenía «carpetas llenas de mujeres» durante un debate presidencial[18],

[18] Frase que Mitt Romney utilizó el 16 de octubre de 2012, durante el segundo debate presidencial de Estados Unidos, en respuesta a una pregunta sobre equidad salarial, refiriéndose a las carpetas de anillas con currículums de candidatas a puestos de trabajo que le fueron entregados como gobernador de Massachusetts (N. de la E.).

la televisión tenía las suyas propias: Hannah Horvath de *Girls*, Olivia Pope de *Scandal*, Selina Meyer de *Veep* y Mindy Lahiri de *The Mindy Project*, entre otras. Fue un año extraordinario para la representación televisiva: *Scandal* fue la primera serie de televisión con una protagonista negra desde los años setenta, y *The Mindy Project* fue la primera serie de televisión estadounidense con una protagonista de origen sudasiático. Pero estos personajes, a la vez que rompían barreras, también se presentaban uniformemente como calamitosas. Mindy, como escribió Emily Nussbaum en *The New Yorker*, era una doctora de éxito que también era «reflexivamente egoísta, a veces totalmente delirante, con un monólogo interno que amenazaba eternamente con desembocar en un narcisismo clínico». A lo largo de seis temporadas, se quedó embarazada accidentalmente a pesar de ser ginecóloga, fue demandada por acoso sexual y estuvo a punto de perder su negocio tras cometer sin querer fraude fiscal durante años. Olivia, por su parte, era una exitosa gestora de crisis de Washington y de singular ingenio que estaba catastróficamente enamorada del presidente (casado) de los Estados Unidos.

*Veep*, que parecía inspirada, al menos en parte, en el ascenso y la caída de Sarah Palin, era una serie curiosa, en el sentido de que el hecho de que Selina Meyer —interpretada por Julia Louis-Dreyfus, de *Seinfeld*— fuera una mujer funcionaba como algo totalmente incidental en su trama. La serie profesaba tal cinismo y desprecio por la política y los políticos que dejaba poco espacio para la caracterización. Selina era un ejercicio andante de humillación, una amarga seguidora del optimismo de los primeros años de Obama. Y *Veep* era una serie sobre una mujer en la política estadounidense cuyas primeras temporadas estaban escritas íntegramente por hombres británicos, lo que resultaba clarificador: Selina se mostraba absurdamente impotente no por ser mujer, sino por ser vicepresidenta. Aun así, su tendencia a fracasar con estrépito y de la forma más pública imaginable la hacía inconfundible. Por otra parte, era tan corrupta, si no más, que cualquier otro político masculino de la serie, lo que había que ver como un consuelo.

A mediados de la década, el éxito de crítica de *Girls* y *La boda de mi mejor amiga* contribuyó a generar una serie de comedias subidas de tono y alegres sobre el amor y la amistad. En *Broad City*, estrenada en 2014, Ilana Glazer y Abbi Jacobson interpretaban a unas mejores amigas y fumetas dulcemente alocadas, cuyas payasadas parecían a menudo una versión de las *bro-comedies* de los años ochenta. En *Y de repente tú* (2015) Amy Schumer protagonizó su propia película sobre una periodista de una revista masculina con fobia al compromiso, una cerda machista con un corazón de oro. La llegada de la televisión en *streaming* también abrió toda una nueva era para creadores e historias demasiado poco convencionales para las cadenas de televisión y el cable premium. *Orange Is the New Black*, de Jenji Kohan, que debutó en Netflix en 2013, utilizó la premisa de una mujer blanca de clase media en prisión para contar las historias de un amplio elenco de personajes mucho menos frecuentes en televisión: mujeres racializadas que crecieron en el sistema de acogida, mujeres inmigrantes, mujeres trans, mujeres mayores. La serie fue caótica, alegre e innovadora. En Amazon, la serie de 2014 *Transparent*, de Joey Soloway, exploraba la dinámica de una familia de Los Ángeles después de que su progenitor decidiera transicionar, explorando la identidad de género, la conexión y el legado de una forma que nunca antes se había hecho en televisión.

Cuando el psiquiatra neerlandés Bessel van der Kolk publicó *El cuerpo lleva la cuenta* en 2014, el libro encapsulaba una floreciente fascinación en la cultura popular por el tema del trauma. Aunque las tesis de Van der Kolk fueron objeto de acalorados debates y cuestionamientos por parte de los investigadores, el libro ayudó a replantear la forma en que las personas se veían a sí mismas y en la que interpretaban sus propias vidas. Es casi palpable cómo se manifiesta este cambio en la televisión, ya que las comedias de la segunda mitad de la década dieron un giro mordaz e introspectivo. «En los últimos cinco años, más o menos, después de décadas de ver a las mujeres subsumidas en papeles muy regulados y rígidamente prescritos, hemos asistido a una explosión de personajes femeninos oscuros, incontenibles y escandalosamente humanos», observó Carina Chocano en 2020. *Fleabag*, la serie de la BBC de 2016 de Phoebe Waller-Bridge, adaptación de su obra homónima, presenta a una protagonista milenial que avanza a trompicones en un infierno posfeminista contemporáneo. Sufre la pérdida de su madre y de su mejor amiga, y su padre ha entablado una relación romántica con su refinada y malvada madrina. Para compensar, envía a Fleabag y a su hermana a conferencias feministas, donde son las dos únicas mujeres que levantan la mano con entusiasmo cuando un solemne orador pregunta quién «cambiaría cinco años de su vida por el llamado cuerpo perfecto».

El autodesprecio está grabado a fuego en el corazón de Fleabag. («Odio mi cuerpo odio mi cuerpo odio mi cuerpo», grita su amiga Boo, en un *flashback*, desde un probador). «No estoy obsesionada con el sexo», explica Fleabag a la cámara. «Simplemente no puedo dejar de pensar en ello. La representación. El drama... No tanto la sensación». Ya en el primer episodio, practica sexo anal con un hombre con un pene enorme, se masturba con un vídeo de Barack Obama en YouTube, se le insinúa a un extraño en el autobús y le pide a una mujer borracha que se vaya a casa con ella. «Tengo la horrible sensación de que soy una mujer codiciosa, pervertida, egoísta, apática, cínica, depravada y moralmente corrupta que ni siquiera puede llamarse feminista», le suelta a su padre. «Sí... Bueno... todo eso lo heredaste de tu madre», responde él.

Junto al intenso dolor y el duelo de Fleabag se encuentra el absurdo estado de la mujer moderna, que espera que sus adeptas sean a la vez poderosas líderes corporativas, muñecas sexuales de aspecto inmaculado ataviadas con lencería de Agent Provocateur y, a la vez, cuidadoras emocionalmente estables. En un retiro de fin de semana, a Fleabag y a su hermana se les asigna la tarea de fregar suelos en meditación silenciosa, mientras sus homólogos masculinos gritan invectivas misóginas como ejercicio «terapéutico». La serie es muy divertida, pero también se lee como el sombrío mensaje de una mujer que ha pasado su vida adulta identificándose ante todo como una mercancía sexual, extrayendo toda su autoestima, ambiciones y visión del mundo de su capacidad de ser —por efímero y doloroso que sea— deseada. *Fleabag* fue un éxito inesperado y una señal de hacia dónde soplaban los vientos. Si las comedias protagonizadas por mujeres de la primera mitad de la década de 2010 eran torpes, groseras y divertidísimas, las series de la segunda mitad de la década ya no querían ser tan simplistas ni tan tolerantes.

En *This Way Up*, de 2019, la cómica irlandesa Aisling Bea interpretaba a una dulce y desdichada mujer llamada Aine que se recuperaba de «un pequeño ataque de nervios». Un año después, Michaela Coel estrenó la fascinante y audaz miniserie *I May Destroy You*, sobre una escritora llamada Arabella que es drogada y agredida sexualmente una noche cuando sale de un bar. Basada libremente en las propias experiencias de Coel, la serie exploraba cuestiones como la negación, el perdón y el consentimiento. En 2015, Coel había hecho su primera serie, *Chewing Gum*, la entrañable comedia de humor *cringe* en la que interpretaba a una adolescente cristiana y torpe que intentaba por todos los medios perder la virginidad. Mientras escribía la segunda temporada de la serie se tomó un descanso de una sesión de escritura para salir a tomar algo y despertó teniendo *flashbacks* de un ataque que no lograba recordar y que no quería reconocer. *I May Destroy You* fue su forma de asumirlo. La serie, como ha señalado la escritora del *New Yorker* Doreen St. Félix, es «un sugestivo estudio de la amistad y el trauma casual, y de la escritura como camino —si bien no uno sencillo— hacia la reinvención».

Tratando de ver ahora la década de 2010 como una entidad holística, me resulta difícil no sorprenderme por el constante tira y afloja del progreso y la regresión. Incluso abogar por las mejoras más básicas y graduales, como hizo en 2012 la estudiante de Derecho de la Universidad de Georgetown Sandra Fluke cuando testificó ante un comité de la Cámara de Representantes sobre el control de la natalidad y la salud de las mujeres, podía provocar una avalancha de meses de locutores de radio conservadores llamando a una mujer «zorra» y «prostituta». El quimérico ascenso de las mujeres como avatares del liderazgo empresarial en 2014 se vio contrarrestado ese mismo año por el Gamergate, una campaña sorprendentemente virulenta y obsesiva contra la supuesta influencia de las mujeres en el mundo de los videojuegos que anticipó hacia dónde se dirigían tanto internet como la política estadounidense. Aunque solo fuera eso, el Gamergate fue pedagógico: mostró cómo la lucha por la igualdad en la década de 2010 y más allá iba a girar en torno a quién podía reclamar el poder sobre nuestras narrativas más arraigadas y populares.

También se estaba produciendo una profunda reflexión sobre el prolongado abuso de ese poder y sobre cómo llevaba décadas expulsando a las mujeres artistas de la industria. En 2014, grabé una entrevista en la CBC con el locutor de radio Jian Ghomeshi sobre un artículo que había escrito acerca de los payasos como temática de terror. Por aquel entonces, Ghomeshi era una figura venerada en Canadá, un músico reconvertido en locutor cultural que daba una consideración significativa a las artes en su programa diario, *Q*. Después de nuestra conversación, me envió una retahíla de estúpidos correos electrónicos en minúsculas sobre payasos tristes y la reina de Inglaterra y me invitó a tomar el té en Toronto. Pero la entrevista nunca se emitió. Dos días después, pidió una excedencia tras ser acusado por varias mujeres de sexo duro no consentido, acoso y agresión. En su libro de 2022 *Run Towards the Danger*, la cineasta Sarah Polley escribe sobre su decisión de no hablar públicamente de sus propias experiencias con Ghomeshi durante su juicio de 2016 por agresión sexual, del que fue declarado inocente. Declaró que la había asfixiado durante las relaciones sexuales cuando ella tenía dieciséis años y que había ignorado sus gritos cuando le pidió que parara. Ya adulta, acudió varias veces a su programa de radio para promocionar sus proyectos. «Cuando veo mis entrevistas con Jian en *Q*, muchos años después, me sorprende mi comportamiento», escribe. «Soy chispeante y risueña. Intento actuar con normalidad aunque él intente confundirme constantemente».

Las acusaciones contra Ghomeshi surgieron casi exactamente tres años antes de que Jodi Kantor y Megan Twohey, del *New York Times*, publicaran una serie de reportajes sobre el productor Harvey Weinstein en los que se detallaban innumerables acusaciones de abusos, acoso, conducta sexual inapropiada y violación. Si Ghomeshi había sido una especie de protector para los artistas y literatos canadienses, Weinstein era una fuerza divina en Hollywood. Paradójicamente, una de las razones por las que nunca antes se habían hecho acusaciones públicas contra él se debía a su poder. Tenía tanto éxito, tanta influencia, que supuestamente era capaz de aprovecharse incluso de mujeres con una influencia considerable. Gwyneth Paltrow contó a *The New York Times* que, cuando tenía veintidós años, Weinstein la convocó a una reunión en la suite de su hotel, la invitó a su habitación y le pidió un masaje. «Pensé que iba a despedirme», dijo. Más tarde, ganó un premio Óscar por una película que él había producido, *Shakespeare enamorado*, y posó obligada junto a él con su estatuilla en la alfombra roja. Los periodistas incluso la apodaron la «primera dama de Miramax», la productora de Weinstein, como si Paltrow fuera su musa.

La revelación de que Weinstein era un depredador precipitó el movimiento #MeToo. Las revelaciones se extendieron por industrias de todo el mundo. Sin embargo, las acusaciones contra los hombres de la industria del entretenimiento me parecieron especialmente dignas de mención, aunque solo fuera porque eran las personas que definían los contornos de nuestro imaginario colectivo. Resultaba difícil observar cómo un peso pesado tras otro quedaba al descubierto como presunto depredador sin preguntarse cómo las mujeres habían conseguido avanzar creativamente en la industria.

El movimiento #MeToo tuvo una enorme influencia: *The New York Times* calculó un año más tarde que más de doscientos hombres poderosos habían perdido su trabajo como consecuencia de ello, de los cuales alrededor de la mitad fueron sustituidos por mujeres. Pero también fue inmediatamente divisivo. Prácticamente antes de que se secara la tinta de la edición impresa de la primera denuncia de Weinstein, la gente se preguntaba en voz alta si el #MeToo había ido demasiado lejos. Los críticos parecían percibir algo vengativo, como si todo fuera una reacción exagerada al hecho de que Donald Trump fuera presidente. Y, en cierto modo, tenían razón. El hecho de que los votantes hubieran elegido a un hombre acusado de forma convincente por docenas de mujeres de agresión sexual —y más tarde declarado penalmente responsable en los tribunales por el abuso sexual y la difamación de E. Jean Carroll— añadía un verdadero sentido de urgencia al esfuerzo por desenmascarar a los hombres que abusaban de su poder.

Y esto, supongo, es por lo que la historia reciente a menudo se ha sentido tan a sacudidas, a frenos y aceleraciones. Tras la elección de Trump llegaron los esfuerzos correctivos del #MeToo, que fueron seguidos a su vez por el desmantelamiento en Estados Unidos de la elección reproductiva de las mujeres como derecho constitucional. «Si el miedo y la aversión al feminismo es una especie de enfermedad viral perpetua en nuestra cultura, no siempre se encuentra en una fase aguda; sus síntomas remiten y resurgen periódicamente», escribió Susan Faludi en *Backlash*, hace más de treinta años. Si, añade, «rastreamos estos sucesos en la historia de Estados Unidos… descubrimos que estos brotes no son aleatorios; siempre han sido desencadenados por la percepción, ya sea exacta o no, de que las mujeres están haciendo grandes progresos».

En los meses posteriores al #MeToo, una de las formas de evaluar la seriedad con la que la industria del entretenimiento se tomaba tal avalancha de historias de mujeres era observar a cuántas mujeres estaba dispuesta a pagar por el privilegio de escribir sus propias historias. Un año después de que se publicaran por primera vez las acusaciones contra Weinstein, analicé la lista de próximas series de televisión para tratar de ver señales de cambio. La gran mayoría de las nuevas series de 2018 estaban hechas por y sobre hombres: narraciones de padre e hijo, historias de detectives, *thrillers* de fugas de prisión, dos exploraciones distintas del dolor masculino. Algunas incluso incluían en sus créditos a actores y guionistas que habían sido acusados de abuso de poder en el último año. Esta realidad resultaba reveladora: parte de la razón por la que se había permitido y protegido durante todo este tiempo a tantos hombres maltratadores era que se consideraba que las historias que contaban tenían un valor extraordinario, incluso insustituible. A nadie en el poder se le ocurrió que tal vez las narraciones mismas también debían cambiar.

En el verano de 2024, los viejos ciclos se repitieron de nuevo. Cuando Joe Biden anunció que ya no se presentaría a un segundo mandato como presidente, los ataques inmediatos a la vicepresidenta Kamala Harris, como su sucesora, siguieron todos los mismos patrones. Donald Trump, en los mítines, criticó la risa de Harris, llamándola «loca» y «chiflada». Megyn Kelly, la antigua presentadora de Fox News, alegó en las redes sociales que Harris «se abrió camino con favores sexuales» hasta la cima de la política californiana, utilizando el mismo lenguaje de incitación al asco que antaño se había dirigido a ella. (En 2015, Trump se burló de Kelly diciendo que le salía «sangre por ahí» después de que ella le interrogara durante un debate presidencial). Harris fue reducida a un estereotipo sexual, con un invitado en Fox Business llamándola «la Hawk Tuah Girl original», en referencia a un meme viral sobre mamadas. Figuras de la derecha criticaron la vida personal de Harris y el hecho de que —a pesar de ser adorada por dos hijastros, que se referían a ella como «Momala»— nunca había tenido hijos propios, una línea de ataque de la que Merkel, Gillard y Theresa May habían sido objeto antes que ella.

Al principio, nada de eso parecía cuajar. A diferencia de Biden, a quien *Politico* describió en una ocasión como «un agujero negro cultural», Harris era lo suficientemente joven e inteligente como para definirse a sí misma. Desvió los ataques contra sí misma llamándolos, simplemente, «raros» (*weird*). Ella y su equipo apelaron al poder de la cultura viral de internet. Al final, sin embargo, Harris perdió, y el monstruo cultural de los podcasters de extrema derecha, los *influencers incel* y los medios alternativos parecieron tan culpables como la inflación. Lo más desconcertante de todo fue el hecho de que los votantes masculinos de entre dieciocho y veintinueve años se habían desplazado quince puntos hacia la derecha desde 2020, influidos por un aluvión de voces (bromistas de YouTube, *streamers* de Twitch, jugadores de la NFL) que afirmaban que Trump les devolvería su estatus y poder mientras enviaba a las mujeres de vuelta a la cocina.

No tengo ni idea de lo que ocurrirá a continuación. Pero la historia sugiere que las mujeres serán mucho más difíciles de marginar de lo que la administración Trump-Vance pueda anticipar. Y que pronto nos espera otra corrección. El impulso del #MeToo ya se había estancado en 2022, cuando el hecho de que Amber Heard perdiera una demanda por difamación contra Johnny Depp reveló las formas en que la nueva tecnología podría ser un arma contra un individuo utilizando granjas de trolls, bots y campañas dirigidas. Cuando Megan Thee Stallion —una de las mujeres más destacadas del hip hop— alegó y luego testificó que el rapero Tory Lanez le había disparado en el pie, se convirtió en el hazmerreír y el objetivo del acoso en internet. «Una y otra vez, las mujeres son acosadas con reacciones violentas por denunciar a sus agresores, especialmente cuando acusan a alguien que es famoso y rico», escribió en *Elle* en 2023. «A menudo se las acusa de mentir o de intentar sacar dinero de su trauma. Por experiencia propia, sé por qué muchas mujeres no denuncian. Todo el apoyo y la empatía que recibí se vieron ahogados por las abrumadoras dudas y críticas de tantos otros». Aún así, la forma en que su caso se convirtió en punto de partida de debates sobre «misogynoir» —término que combina «misoginia» y «noir» acuñado por la feminista Moya Bailey para describir la opresión racializada a la que se enfrentan las mujeres negras en la cultura contemporánea— fue novedosa, al igual que la firmeza con la que la defendieron sus seguidores. Y la avalancha de acusaciones y demandas centradas en el supuesto comportamiento de Sean «Diddy» Combs confirma que nadie, por muy protegido que esté, es realmente intocable.

Quise escribir este libro porque me quedé realmente atónita por la revocación de Roe contra Wade en 2022 y por la confirmación tácita de que el progreso de las mujeres no es ni será nunca lineal. Me ha noqueado, una vez más, la reelección de Donald Trump y el atractivo de sus mensajes tanto para los hombres como para una considerable minoría de mujeres. Pero sigo creyendo que si comprendemos todas las formas en que las mujeres han sido menoscabadas y derribadas en el pasado reciente podemos identificar y desactivar esos mismos ataques en el presente. Por cada cosa que encontré en mi investigación que me parecía sombría, o incluso horrible, había otras más que afirmaban cómo la cultura puede ampliar nuestra comprensión del mundo y nuestro sentido de lo que es posible. Y cuantas más plataformas tengamos, mayor será la diversidad de ideas a las que estemos expuestos. En los momentos en que me irritan las tendencias arcaicas a las que se les da un giro moderno —*tradwives*, *bimbo chic*, novias que se quedan en casa, *influencers* de doce años hablando del cuidado de la piel—, me consuela recordar que la mayoría de las mujeres que nos ven tienen un lenguaje y un escepticismo nuevos con los que yo ni podría haber soñado mientras veía *Girls Gone Wild* o el vídeo de «Money Maker».

Nuestros modelos narrativos siempre han sido limitados. Pero creo profundamente, y también lo espero, que el arte puede en ocasiones darle la vuelta a todo lo que alguna vez hemos pensado. El tipo de desaprendizaje, en otras palabras, en el que el poder es real, el cambio es necesario y pueden comenzar historias totalmente nuevas.

# Agradecimientos

Este libro simplemente no se habría escrito si no hubiera tenido la suerte de contar con unos cuidados infantiles realmente excelentes. Estoy muy agradecida a Marta Bet, Bethany Webber, Athanasia Mouladaki, Sarah Osei-Bonsu, Eulalia Gaylor y todas las demás personas que cuidaron de mis hijos con una amabilidad y una profesionalidad asombrosas mientras yo estaba trabajando.

También estoy en deuda con muchas personas de *The Atlantic*, que son colegas y amigos brillantes y generosos. Gracias a Jeffrey Goldberg y Adrienne LaFrance por todo su apoyo en todo momento; a Jane Kim y Ann Hulbert por su excelente edición y orientación; a Rebecca Rosen, Megan Garber, Spencer Kornhaber y David Sims por su amistad y solidaridad. Gracias a toda mi gente de BB2 por absorber todo tipo de preguntas y estados de ánimo relacionados con el libro, y por hacer que el trabajo a distancia pareciera mucho menos distante. Mientras trabajaba en *Chica contra chica*, John Hendrickson respondió pacientemente a muchas de mis preguntas sobre cómo se hacen realmente los libros y cómo superar el interminable desánimo. Espero poder devolverles el favor en el futuro.

Un agradecimiento especial a Maria Jose Baptista por ser la animadora con la que todos sueñan; a Elizabeth Direnfeld por las flores literales y espirituales; a Hannah Giorgis y Lauren Williams por su extraordinario apoyo en el chat grupal, y a Daisy Gilbert, que siempre entiende las referencias culturales y siempre me hace reír.

Gracias a mi agente, Elyse Cheney, que vio el potencial de este libro con solo una breve lista de temas y una rápida reunión por Zoom, y luego lo hizo realidad. Le estaré eternamente agradecida. Y gracias a Isabel Mendía por ayudarme a resolver el capítulo que menos quería escribir, y a Beniamino Ambrosi, Natasha Fairweather y Grace Johnson.

Mi increíble editora, Kiara Barrow, ha sido fundamental para ayudarme a dar forma a este libro, y su orientación, ideas y ánimos lo han hecho mucho más sólido y coherente. También estoy muy agradecida a Abigail Scruby, de John Murray Press, por sus sugerencias perspicaces y agudas. Muchas gracias a Morgan Ome, mi verificadora de datos, por su meticuloso trabajo y sus alegres comentarios en Google Doc, y por no desanimarse cuando la sumergí en el capítulo 6. Gracias también a Plaegian Alexander por sus cuidadosas correcciones, y a Natalie Coleman y a todo el equipo de Penguin Press por ayudar a que este libro sea una realidad.

Empecé a presentar este proyecto cuando tenía gemelos de dos años, lo cual era, como mínimo, ambicioso. Nada de esto habría sido posible sin John, que durante casi dos décadas ha sido mi mejor lector y mi mejor amigo. Gracias, siempre y para siempre.